C·H·Beck
PAPERBACK

Florian Meinel

Vertrauensfrage

— Zur Krise des heutigen
Parlamentarismus —

C.H.Beck

Zur Erinnerung an meine Großeltern
Dr. Werner und Edeltraut Meinel,
die am 1. Mai 1960 mit ihren vier Söhnen
die Dresdener Heimat verließen, um in
der Bundesrepublik ein neues Leben zu beginnen

© Verlag C.H.Beck oHG, München 2019
Satz: C.H.Beck.Media.Solutions, Nördlingen
Druck und Bindung: CPI – Ebner & Spiegel, Ulm
Umschlaggestaltung: Geviert, Grafik und
Typografie, Andrea Hollerieth
Umschlagabbildung: Reichstagsmodell,
Sascha Steinach, picture alliance
Gedruckt auf säurefreiem, alterungsbeständigem Papier
(hergestellt aus chlorfrei gebleichtem Zellstoff)
Printed in Germany
978 3 406 73155 6

www.chbeck.de

Inhalt

Vorbemerkung

Bonn war nicht Weimar, aber Berlin ist nicht Bonn. Das Auftreten einer rechten Anti-System-Opposition im Deutschen Bundestag markiert eine Zäsur und zugleich den Abschluss jener großen Verwandlung, in der die Verfassung der Bundesrepublik seit der Wiedervereinigung begriffen ist. Wie stark sich die geteilte Erfahrung von Niederlage und Wiederaufbau von der Gründergeneration auf die Enkel vererbt hatte, erwies sich erst, als jene in ihnen zum zweiten Mal abtrat. Inzwischen hat die politische Polarisierung der deutschen Gesellschaft die Sprache des Verfassungsrechts eingeholt. Die Opposition gegen das Bestehende artikuliert sich in Versuchen, den zivilen Kodex der Bundesrepublik praktisch und semantisch zu zerstören. Die Verteidiger des Status quo glauben, die Verfassung zu bewahren, indem sie deren «Werte» als Abwehrzauber gegen links und rechts aufrufen. Verfassungsfreunde gegen Verfassungsfeinde, Demokraten gegen Antidemokraten, die Insider gegen die Populisten, die Institutionen gegen ihre Verächter, Verteidiger der Demokratie gegen Elitenherrschaft. So bleibt sich das Land aber erst einmal auch dort treu, wo seine verfassungsrechtlichen Gewissheiten zunehmend in Frage stehen: Einer ist des anderen Verfassungsfeind.

Stets hat die Bundesrepublik ihren «Verfassungspatriotismus» weniger auf die staatliche Organisation und die Spielregeln der Politik bezogen als auf das Ideale, auf materiell verstandene Grundrechte und andere Verfassungsgrundsätze. Die Neigung des deutschen Verfassungsdenkens zum Prinzipiellen birgt aber

zwei gegensätzliche Gefahren. Gefährlich ist das aus der End-
phase Weimars bekannte Versäumnis, den wirklichen Verfassungsfeind auch als solchen zu benennen und entschieden zu be-
kämpfen. Gefährlich ist aber auch die Strategie, unliebsame
Gegner allzu umstandslos als Verfassungsfeinde abzuqualifizie-
ren und sich auf diese Weise der schwierigen politischen Auseinandersetzung mit ihnen zu entziehen. Der Möglichkeitsraum der
Politik engt sich dann zunehmend ein, alle politischen Alternativen schrumpfen zusammen auf die eine Frage: Wer ist loyal,
wer illoyal? Die Veränderungsbereitschaft geht verloren, und die
wohlmeinenden Verteidiger der vermeintlichen Alternativlosigkeit werden zu Hauptdarstellern einer «Krise ohne Alternative»
(Christian Meier), zu Beschleunigern wider Willen – *res publica
amissa*, das ist auch das Vexierbild der deutschen Republik.[1]

Wenn inzwischen alltäglich von einer Krise der Demokratie
wie von einer Krankheit gesprochen wird, ist die *Konstitution*
des Patienten, seine *Verfassung*, zu klären. Was sind die verfassungsrechtlichen Besonderheiten der parlamentarischen Demokratie? In welche Richtung entwickelt sie sich? Was sind ihre
politischen Stärken und Schwächen? An welchen Stellen ist sie
verletzlich?

Je selbstverständlicher die Rede von der Krise der Demokratie
wird, desto mehr nimmt der Demokratiebegriff die Züge eines
prekären und diffusen Kampfbegriffs an. Demokratie erscheint in
der öffentlichen Debatte in Deutschland oft als etwas, das früher
mal selbstverständlich war und mit hohen Wahlbeteiligungen, gemäßigten Volksparteien, intaktem Wohlfahrtsstaat, staatsmänni-
scher Vernunft, dem Westen, objektiv berichtenden Medien und
der Abwesenheit von Facebook und Twitter zu tun hatte. Von den
demokratischen Institutionen der Verfassung, ihrer politischen
Funktionsweise, ihren wechselseitigen Verbindungen und ihrer
Entwicklung ist dabei selten die Rede. Das deutsche Verfassungsrecht interessiert sich traditionell stark für die Grundrechte und
die materiellen Verfassungsprinzipien und weniger für die Insti-

tutionen und die Spielregeln, nach denen Politik gemacht wird. Auch in der Verteidigung der deutschen Verfassung als «Verfassung der Mitte», die der Präsident des Bundesverfassungsgerichts vor kurzem vorgelegt hat, kommt das Parlament, kommen überhaupt die Verfassungsinstitutionen nur ganz am Rande vor.[2] Eine Mitte ohne institutionelles Zentrum? Die Erinnerung an das unbegreiflich gewordene Stabilitätsgefühl einer just vergangenen Zeit ersetzt keine politische Analyse.

Wer heute ein Lehrbuch des deutschen Verfassungsrechts aufschlägt, dem bietet sich das Bild eines in sich geschlossenen Verfassungsgefüges: abgestufte demokratische Legitimation der Bundesorgane, Subsidiarität durch Föderalismus, Einbindung in die supranationale Föderation der Europäischen Union, umfassender und ausdifferenzierter Grundrechtsschutz, rechtsstaatliche Gesetzesbindung, Verwirklichung der Prinzipien von Demokratie, Sozial- und Bundesstaat; Ausgleich zwischen den Prinzipien im Wege der Güterabwägung; institutionelle Sicherung durch das Bundesverfassungsgericht als Hüter der Verfassung. – Von den inneren Widersprüchen dieses Verfassungssystems, von seiner unabsehbar schnellen Veränderung, von den wiederkehrenden Geistern der Vergangenheit, von nagenden Zweifeln an der Verfassungsfähigkeit einer Gesellschaft, die so ganz anders ist als die alte Bundesrepublik, kurz: von den Kräften, die an ihren Institutionen zehren, ist darin nicht die Rede. Um sie geht es in diesem Buch. Es stellt die Frage, wie Deutschland heute regiert wird und wie es künftig regiert werden will.

* * *

Das parlamentarische Regierungssystem des Grundgesetzes gilt durch die «geglückte Demokratie» (Edgar Wolfrum) der Bonner Republik als historisch beglaubigt. Nach den Meistererzählungen haben Väter und Mütter des Grundgesetzes nicht noch einmal den Fehler gemacht, neben das parlamentarische System einen Reservediktator mit außerordentlichen Vollmachten zu stellen. Stattdessen hielten sie die Parteien in ihrer Verantwortung für die Regierungsbildung fest. Doch wer wagt es zu beurteilen, wie groß der Beitrag einer Verfassung oder eines Verfassungsgerichts zur Stabilisierung politischer Ordnung am Ende ist? Hätte ein Staat in der sozialen, wirtschaftlichen und vor allem außenpolitischen Situation der alten Bundesrepublik nicht auch mit der Weimarer oder einer beliebigen anderen Verfassung reüssiert? Die Beseitigung illoyaler Parteien stieß in der Nachkriegszeit auf wenig Widerstand; die heutige Auseinandersetzung mit ihnen hat erst begonnen. Und auch das Amt des Reichspräsidenten wurde bekanntlich erst zum Problem, als die Wähler es einem charismatischen Generalfeldmarschall übertrugen, der mit ostentativer Verachtung von Parlament, Parteien und ziviler Politik eine stupende politische Karriere in zwei Regimen gemacht hatte.[3]

Mit ihrem überwiegend taktischen Verhältnis zu den Regeln des parlamentarischen Lebens stellt die AfD der Bundesrepublik die Verfassungsfrage: Wie viel von ihrer Stabilität verdankt dieser Staat einer einmaligen geschichtlichen Konstellation, inwiefern zehrt er von dieser Substanz? Und: Was ist diese Substanz? Wir wissen aus der historischen Parlamentarismusforschung inzwischen recht gut, dass ein gemeinsames Umfeld des politischen Personals die Fähigkeit des Parlaments erhöht, stabile Regierungen zu bilden: Ständiger Umgang und Vertrautheit miteinander schaffen Verlässlichkeit, begünstigen die Kompromissbildung.[4] Ein solches Gefühl politischer Zugehörigkeit konnte sich in der viel belächelten Bonner Provinz naturgemäß sehr viel leichter entwickeln als in der Weite Berlins. Die räumliche Kompaktheit der Parlaments- und Regierungsfunktionen war in Bonn – bei allen Unterschieden zur Metropole London – ähnlich dicht wie im klassischen britischen Arrangement zwischen Westminster, Whitehall und Downing Street.[5] Die soziale Lebenswelt der Berufspolitik war überschaubarer, selbst das Vergnügungsangebot begrenzter, und darüber, wer es wie nutzte, wussten alle Beteiligten sehr gut Bescheid. Die Kenntnisse, die Helmut Kohl, der Meister informeller Macht, von den Lebensumständen derer hatte, denen er das Vertrauen schenkte oder entzog, sind legendär. Wie wenig die Beteiligten selbst an diese soziokulturellen Bedingtheiten des parlamentarischen Regierungssystems dachten, zeigt eine der verfassungspolitisch seltsamsten Entscheidungen aus der Zeit der Wiedervereinigung: der 1991 in das Bonn-Berlin-Gesetz gegossene und bis heute nicht völlig revidierte Beschluss des Bundestags, von Berlin aus eine zu weiten Teilen in Bonn bleibende Regierung kontrollieren zu wollen.

Selbst manche ihrer politischen Gegner haben sich vom Erfolg einer Partei rechts von der Union eine Belebung des Parlamentarismus versprochen, war die AfD doch angetreten, eine schweigende, politisch ortlos gewordene Mehrheit zu repräsentieren. Und tatsächlich hat der Einzug der AfD die Plenarsitzungen auch auf eine oberflächliche Weise lebendiger gemacht. Die Medien sind dankbare Abnehmer jener Strategie der inszenierten Provokation, auf die sich die AfD seit dem Sieg des Höcke-Flügels über den Petry-Flügel im Sommer 2017 verlegt hat. Dieses Verhalten ist aus den Landtagen gut bekannt. Dort nutzt die AfD das Plenum ausgiebig für publikumswirksame Skandalauftritte, während sich ihre Abgeordneten bei der Ausschussarbeit und Regierungskontrolle merklich zurückhalten, wenn man einmal von monothematischen kleinen Anfragen zu Migration und innerer Sicherheit absieht.[6] Noch träumt das konservative Lager davon, die AfD zu spalten, den radikalen Flügel zu isolieren und einen halbwegs loyalen Flügel in sogenannte bürgerliche Koalitionen einzubinden. Doch alle bisherigen Erfahrungen mit der Entwicklungslogik rechter Protestparteien sprechen dafür, dass die Union selbst das erste Opfer dieser Strategie wäre. Die von der AfD ausgehende Belebung des Parlamentarismus wird folglich entweder kurzfristig oder fatal sein.

Fatal hieße: Weimarer Zustände. Erstarkende Ränder, Zusammenrücken der Parteien der Mitte. Die Unterscheidung von Regierung und Opposition würde sukzessive überlagert durch jene von Gegnern und Verteidigern der Verfassung. Während die Mitteparteien unter der gemeinsamen defensiven Handlungsmaxime des Standhaltens zusammenrücken, droht der weitgehende Verlust politischer und institutioneller Innovationsimpulse. Im Ernstfall bliebe dann nur die vage Hoffnung auf das Bundesverfassungsgericht. Ob sie trägt, kann heute niemand sagen. Die Begründung, mit der das Gericht im Januar 2017 die NPD einerseits als verfassungsfeindlich, andererseits aber noch nicht als konkrete Gefahr einstufte und deshalb von einem Verbot absah, ist der Versuch, die moralische Autorität eines letzten Hüters der Verfassung zu reklamieren, sich ihre Ausübung aber für den wirklichen Ernstfall vorzubehalten.[7]

Kurzfristig hieße: Die als Alt-Parteien geschmähten Kräfte raufen sich zu einer Verfassungsreform zusammen, die gerade auch eine Reform der parlamentarischen Demokratie sein müsste. Wie sie aussehen könnte, ist freilich einigermaßen unklar. Die Mängellisten und Reformvorschläge gleichen sich seit Jahrzehnten.[8] Der Wunsch nach einem «lebendigeren» Parlamentarismus gehört ja seit der Adenauer-Ära immer dann zu den politischen Lieblingsthemen öffentlicher Intellektueller, wenn größere Missstände gerade nicht zu beklagen sind. Mit schöner Regelmäßigkeit werden die immer gleichen Vorschläge gemacht: weniger Fraktionsdisziplin, kürzere und dafür bessere Reden, mehr direkte Konfrontation von Regierung und Opposition, weniger Talkshows, mehr direkte Bürgerbeteiligung. Neuerdings wird sogar die Abschaffung des Rednerpultes erwogen, das die zur deutschen Parlamentstradition gehörende bürgerliche Form der geschlossenen Rede vor Publikum symbolisiert. Norbert Lammert hat sich diese Idee bis nach Ende seiner Amtszeit als Bundestagspräsident aufgehoben.[9] Seit langem herrscht auch weitgehend Konsens darüber, dass der Bundestag viel zu groß ist. Ein Parlament von 700 Abgeordneten ist als Betätigungsraum für politische Begabungen zweifellos unattraktiver als eines von vielleicht 400. Verschärft wird das Problem durch den riesigen Berliner Plenarsaal,[10] dessen schiere Dimensionen eine intensive persönliche Auseinandersetzung erschweren. Vielleicht ist es aber auch an der Zeit, noch einmal grundsätzlicher und größer zu denken und das Wahlrecht, die Regierungsorganisation sowie das Zweikammersystem in Frage zu stellen.

* * *

Wenig hat die Funktionsweise der demokratischen Institutionen in der Moderne so grundlegend verändert wie Fernsehen und Rundfunk. Der Totalitarismus war auch ein Medienereignis. In seinem bekannten Aufsatz über das «Kunstwerk im Zeitalter seiner technischen Reproduzierbarkeit» diagnostizierte Walter Benjamin 1937: «Es veröden die Parlamente gleichzeitig mit den Theatern. Das ergibt eine neue Auslese, aus der der Star und der Diktator als Sieger hervorgehen.»[11] Benjamin wusste, dass der Parlamentarismus alten Stils dem plebiszitären Gebrauch von Rundfunk und Fernsehen in der Zwischenkriegszeit wenig entgegenzusetzen hatte. Denn die technische Dauerpräsenz der Exekutive sprengte die Zusammenfassung von Herrschaftsfunktionen in einer geschlossenen, repräsentativen Versammlung.

Doch nach dem Zweiten Weltkrieg erfanden sich die verödeten Parlamente neu und stellten ihre Geschäftsordnung, ihre Zeitpläne, ihre Sprache und Sitzordnung im Großen und Ganzen erfolgreich auf die Logik der Fernsehübertragung um. Vielleicht hängt die Renaissance des Parlamentarismus nach 1945 sogar entscheidend mit der Zentralperspektive des Fernsehzuschauers zusammen, die die sogenannten sozialen Medien sich heute anschicken abzuschaffen. So ist vielleicht noch nicht einmal ansatzweise bedacht, wie sehr sich alle parlamentarischen Institutionen als Folge der Dezentralisierung und Enthierarchisierung der po-

litischen Rede verändern werden. Auch digitale Schwärme schaffen eine «neue Auslese», und wer aus ihr als Sieger hervorgehen
kann, weiß die Welt seit November 2016. Die demokratischen Institutionen werden sich ein weiteres Mal neu erfinden müssen.
Wie diese institutionelle Erneuerung heute gelingen kann, weiß
noch niemand. Sicher aber ist, dass die Zukunftsfähigkeit der
parlamentarischen Demokratie weniger von loyaler Gesinnung
als vom vernünftigen Aufbau der Verfassungsinstitutionen abhängt.

Dazu soll dieses Buch einen Beitrag leisten, indem es die verfassungsrechtlichen Besonderheiten dieses Regierungssystems,
seine politischen Stärken und Schwächen und seine gegenwärtige
Entwicklungstendenz zu verstehen versucht.

Was aber heißt eigentlich: parlamentarische Demokratie? Gewöhnlich unterscheidet man das parlamentarische schematisch
von einem präsidentiellen Regierungssystem. Doch darin liegt gerade für die Bundesrepublik nur ein Teil der Wahrheit. Die große
Besonderheit besteht vielmehr in einem eigentümlichen Dualismus des gesamten Verfassungsaufbaus der Bundesrepublik: Das
parlamentarische System ist gleichsam nur die eine Schicht dieser
Verfassung, der mit einem administrativ-föderalen Komplex –
dem halb verfassungsrechtlichen, halb politischen Arrangement
aus Landesexekutiven, Bundesrat und Länderkoordinierung –
eine zweite, ältere und politisch ganz anders funktionierende
Verfassungsschicht gegenübersteht (→ I. Kapitel). Warum man
die Bundesrepublik dennoch bisher mit Recht als parlamentarische Demokratie verstehen konnte, lässt sich darum nur historisch beantworten: Die drei originär bundesrepublikanischen
Institutionen, die Volksparteien, das Bundeskanzleramt und das
Bundesverfassungsgericht, haben es als Vermittlungsinstitutionen vermocht, beide Verfassungsschichten miteinander zu verknüpfen (→ II. Kapitel). Da die Entwicklung der Bundesrepublik
zum parlamentarischen Regierungssystem aber auf diese Weise
zu einem guten Teil gleichsam unterhalb der formellen Verfas

sungsinstitutionen vonstattenging, ist die normative Grundfrage
dieser Herrschaftsform, die Frage nach dem politischen Repräsentationsprinzip des Deutschen Bundestages, bemerkenswert
unklar geblieben, was nicht zuletzt an den Merkwürdigkeiten des
Wahlrechts liegt (→ III. Kapitel). Nun sind aber alle drei Vermittlungsinstitutionen seit einiger Zeit in einen Prozess fundamentaler Veränderung eingetreten: Die Volksparteien fallen als verfas-
sungstragende Kräfte zusehends aus; Bundesverfassungsgericht
und Bundeskanzleramt sind hingegen in eine Phase der Entgrenzung eingetreten. Für das parlamentarische Regierungssystem
ist dieser Zustand fundamental kritisch, weil die Vermittlungsinstitutionen ihre Funktion in immer geringerem Maße erfüllen
(→ IV. Kapitel). Das betrifft insbesondere auch die Frage nach der
Leistungsfähigkeit und Funktionsweise parlamentarischer Regierungskontrolle, die durch veränderte Paradigmen des Regierungshandelns ohnehin vor großen Problemen steht (→ V. Kapitel). Technische Fragen der Organisation des politischen Lebens
werden so unvermittelt zu Grundfragen nach dem verfassungsrechtlichen Selbstverständnis der Bundesrepublik. Doch nur, wer
den Blick auf die Arbeitsebene der deutschen Demokratie nicht
scheut, kann es wagen, ihr eine Diagnose zu stellen.

I. Das unbekannte Zentrum
der deutschen Verfassung

Was ist das parlamentarische Regierungssystem?

Die deutsche Demokratie ist eine parlamentarische Demokratie. Das deutsche Regierungssystem ist ein parlamentarisches Regierungssystem.[1] Hinter dieser Bezeichnung verbirgt sich etwas sehr viel Prägnanteres als hinter der verbreiteten Sammelbezeichnung Parlamentarismus. Das parlamentarische Regierungssystem ist eine höchst konkrete Sache, eine durch bestimmte Merkmale definierte verfassungsrechtliche Organisations- und Zuordnungsform von Parlament und Regierung. Es bezeichnet einen Verfassungstyp, in dem die höchste Machtbefugnis unter den politischen Institutionen gleichsam zwischen der parlamentarischen Mehrheit und ihrer Regierung angesiedelt ist. Auch das lässt noch vieles offen. Während die englische Variante des parlamentarischen Regierungssystems auf der Vorstellung beruht, dass das Parlament selbst der Sitz der Souveränität ist (*parliamentary sovereignty*), sind Parlament und Regierung nach kontinentalem Denken verfasste, das heißt von der Volkssouveränität abgeleitete Institutionen.

Das parlamentarische unterscheidet sich vom präsidentiellen System dadurch, dass die Regierung nicht aus einer unmittelbaren Personenwahl hervorgeht, sondern mittelbar aus dem gewählten Parlament. Das heißt nicht notwendigerweise, dass die Regierung auch vom Parlament gewählt wird. So ist es in Großbritannien formell immer noch der Monarch, der den Premierminister bestimmt. Auch die Bundesminister werden nicht vom Bundestag gewählt. Es kommt nur darauf an, dass die Regierungsbildung von der Mehrheit im Parlament abhängig ist. Eine Regierung kommt mit einer parlamentarischen Mehrheit ins Amt, und gegen den Willen einer Mehrheit im Parlament kann keine Regierung im Amt bleiben. Legislative und Exekutive sind dadurch nicht, wie in allen Präsidentialsystemen, voneinander als unabhängige Gewalten getrennt und je für sich demokratisch legitimiert, sondern politisch und verfassungsrechtlich auf das engste miteinander verbunden. Deswegen ist die parlamentarische Regierung dem Parlament auch für ihre Amtsführung verantwortlich.

Gewaltenmonismus und institutionelle Unterscheidungen

Walter Bagehot, der Autor eines 1867 erschienenen Klassikers über die englische Verfassung, hat das parlamentarische Regierungssystem darum mit Recht als Gewaltenfusion (*fusion of powers*) von der Doktrin der Gewaltenteilung (*separation of powers*) unterschieden.[2] Richard Thoma, der hervorragende Interpret der Weimarer Verfassung, hat dies mit dem Begriff des «Gewaltenmonismus» zu übersetzen versucht.[3] Das war richtig, aber missverständlich, weil es abschreckend nach illegitimer Machtkonzentration klingt. Auch ist der Monismus für das britische Regierungssystem eine viel einleuchtendere Bezeichnung, wo das Kabinett auf der vorderen Bank der Regierungsseite im Unterhaus schon räumlich mit der Mehrheitsfraktion zu einer Einheit verschmilzt. In Deutschland und allen kontinentalen Staaten hat sich das parlamentarische Regierungssystem hingegen ganz anders, nämlich aus einer Trennung zwischen den absolutistischen Staaten und den Parlamenten entwickelt. Nichts anderes als die *fusion of powers* meint aber auch der in der Politikwissenschaft übliche Begriff des «Handlungsverbunds»[4], der die strategische Einheit von parlamentarischer Mehrheit und Regierung beschreibt.

Parlamentarisches Regierungssystem bedeutet also: Quer zur institutionellen Verknüpfung von Parlament und Regierung verläuft der politische Gegensatz von Regierung und Opposition. Parlamentsmehrheit und Regierung arbeiten zusammen und verfolgen gemeinsame politische Ziele. Die Parteiführung liegt zudem typischerweise in den Händen der Regierungsspitze, weshalb auch die Regierungsparteien kein Gegengewicht zur Regierung bilden. Gleichzeitig arbeitet die parlamentarische Opposition nicht nur gegen die jeweilige Regierung, sondern auch gegen die Agenda der Regierungsmehrheit im Parlament. Das Parlament eines parlamentarischen Regierungssystems ist daher nicht einfach, ja nicht einmal vorrangig «Gesetzgeber». Vielmehr üben Regierung und Parlament die Kontrolle über den Gesetzgebungsprozess ebenfalls gemeinsam aus. Das Parlament ist auch kein externer demokratischer Kontrolleur der Regierungspolitik, keine bloße Interessensvertretung des Volkes gegenüber der Regierung. Es fungiert vielmehr selbst als Träger und Inbegriff politischer Herrschaft, die es gemeinsam mit der Regierung ausübt. Bei dieser Form des Parlamentarismus handelt es sich folglich um die explizite Herrschaft einer demokratisch gewählten Körperschaft, die die Regierung hervorbringt und stützt – bis sie ihr gegebenenfalls das Vertrauen entzieht.

Vorbehalte gegen die parlamentarische Herrschaft

Über den politischen Sinn und die institutionelle Logik des parlamentarischen Regierungssystems herrschen in der deutschen Öffentlichkeit bis heute die erstaunlichsten Fehlvorstellungen. Besonders die einfache Tatsache, dass es sich beim Parlamentarismus um eine Form der Organisation demokratischer *Herrschaft* handelt, ist immer noch mit großen Vorbehalten behaftet. Carl Schmitt und Jürgen Habermas, in deren Theorie des Parlamentarismus jeweils das Moment öffentlicher rationaler Diskussion im Zentrum steht, sind nur die bekanntesten Vertreter einer

Auffassung, die die eigentliche Aufgabe des Parlaments – die Herstellung demokratischer Entscheidungen – latent bezweifelt oder offen bestreitet. Nach einer alten Sprechweise bezeichnet man das Parlament in Deutschland als Volksvertretung und tradiert damit die Gedankenwelt jenes Parlamentarismus des 19. Jahrhunderts, der noch kein Träger einer verantwortlichen Regierung war. Die Abgeordneten, so sagen es die Verfassungen in Deutschland seit 1871, sind «Vertreter des ganzen Volkes, an Aufträge und Weisungen nicht gebunden und nur ihrem Gewissen unterworfen» (Art. 38 GG).[5] Dass dieser Satz seine Bedeutung von Grund auf ändert, wenn das Parlament nicht als Absicherung bestimmter Rechte des Volkes die Herrschaft einer monarchischen Bürokratie *begrenzt*, sondern selbst *herrscht*, wird allzu leicht vergessen.

Demokratische Herrschaft ist ein komplexer und arbeitsintensiver Vorgang; die freie Debatte im Plenum, die am Parlament schon etymologisch angeblich das Wichtigste ist,[6] ist sein Ausnahmefall, nicht sein Normalzustand. Trotzdem verfangen die Bilder des oft leeren Plenarsaals noch immer als Klischee einer Parlamentarismuskritik, in der Hinterzimmer, Absprachen, Lobbyismus und Fraktionszwang als begriffliche Gegensätze dessen firmieren, worum es eigentlich ginge, nämlich: Volksvertretung. Dieser Vorstellung entspricht heute nur das parlamentarische Verhalten der AfD, deren Abgeordnete nur im Plenum viel und laut reden. Regieren müssen die anderen. «Hat man vergessen», fragte Hans Maier die deutsche Öffentlichkeit schon vor fünfzig Jahren, «daß nur in Diktaturen Parlamente gefüllt sind und daß die Plenumspräsenz mit steigender Machtfülle des Parlaments, also je weniger dieses nur ein dekorativer ‹Gesangverein› ist, nicht zunimmt, sondern abnimmt?»[7]

Vertrauensfragen

Im Zentrum des parlamentarischen Regierungssystems als Form der Herrschaftsorganisation steht jenes informelle Prinzip, das die Verfassung als «Vertrauen» bezeichnet. Jeder Bundeskanzler muss das Vertrauen einer sogenannten Kanzlermehrheit gewinnen, um ins Amt zu kommen (Art. 63 Abs. 1 GG). Er kann sich das Vertrauen aussprechen lassen, indem er die Vertrauensfrage stellt (Art. 68 GG). Eine neue parlamentarische Mehrheit kann der Regierung das Vertrauen entziehen, indem sie durch das sogenannte konstruktive Misstrauensvotum einen anderen Kanzler wählt (Art. 67 GG). Die so gebildete Regierung ist nicht weniger legitimiert als eine andere. Die politischen Spitzen der DDR wussten das, als sie 1972 Rainer Barzels Misstrauensvotum gegen Willy Brandt durch die Bestechung einiger Bundestagsabgeordneter hintertrieben. Und vor allem wusste es Helmut Kohl, dessen sechzehnjährige Kanzlerschaft im Oktober 1982 auf diese Weise begann.

Das Vertrauen ist nun allerdings keine moralische oder rechtliche, sondern eine politische Kategorie, die darum auch im Englischen *confidence* und nicht *trust* heißt. «Die Vertrauensfrage», hat die Bundesverfassungsrichterin Gertrude Lübbe-Wolff 2005 in einer berühmten abweichenden Meinung zum Urteil über die von Gerhard Schröder angestrebte Auflösung des Bundestages geschrieben, «ist, wie die Frage vor dem Traualtar, keine Wissensfrage, auf die ebensogut wie der Gefragte oder besser ein Anderer antworten könnte. Der Bundeskanzler, der die Vertrauensfrage stellt, fragt nicht nach einem Wissen, sondern nach dem Willen des Parlaments und der Abgeordneten, an die die Frage nach Art. 68 GG zu richten ist: nach ihrem Willen, ihn und sein politisches Programm mit ihrem künftigen Abstimmungsverhalten zu unterstützen.»[8] Über jede Kanzlerschaft der Geschichte der Bundesrepublik ist bekannt, dass der schwindende Rückhalt in der eigenen Fraktion einen großen Anteil am Machtverlust hatte.

Das Geschäftsordnungsrecht enthält gerade hier, in seinen wichtigsten institutionellen Regeln, einen frappierenden Widerspruch:[9] Während der Bundeskanzler in geheimer Abstimmung mit verdeckten Stimmzetteln gewählt wird (§§ 4, 97 GOBT), wird

über die Vertrauensfrage in öffentlicher namentlicher Abstimmung entschieden. Konsequent ist nur Letzteres. Der politisch
bedeutsamste Vorgang des ganzen Regierungssystems hat nichts
mit dem Schutz der privaten Gefühle der Abgeordneten für den
Regierungschef zu tun, sondern mit der öffentlichen Demonstration vorhandenen oder fehlenden Unterstützungswillens für eine
bestimmte Regierung.

Die Verfassung regelt also die Grenzfälle des Vertrauens: seine
Manifestation, seine Wiederherstellung in ernster Lage und seinen Entzug. Wie das politische Vertrauen hergestellt und auf-
rechterhalten wird, ist rechtlich nicht zu bestimmen. Wie die
parlamentarische Unterstützung der Regierungspolitik in den
Regierungsfraktionen gesichert und die Regierungsmitglieder
umgekehrt auf eine innerhalb der Regierungsfraktionen mehrheitsfähige Linie verpflichtet werden können, sind Fragen des
politischen Instinkts und der Regierungskunst. «Erfahrungsge-
mäß gelingt das am besten, wenn man eine solche Truppe in heftige parlamentarische Feldschlachten hineinführt, auf die sie sich
sorgfältig vorbereiten muß und bei denen sich die Führungsper-
sönlichkeiten herausbilden», hat der Politikwissenschaftler und
Kohl-Biograf Hans-Peter Schwarz, ein intimer Kenner des Regierungssystems der Bonner Republik, einmal bemerkt.[10]

Die asymmetrische Verrechtlichung des Regierungssystems

Die verfassungsrechtliche Analyse wird durch diese politische
Logik erschwert, denn das parlamentarische Regierungssystem
beruht auf einer gleichsam asymmetrischen Verrechtlichung. Die
Interaktion zwischen Opposition und Regierungsmehrheit muss
dem Prinzip des Minderheitenschutzes folgen und ist deshalb
stark verrechtlicht, sei es in Form von Antragsrechten, Bera-
tungs- und Informationspflichten, der Fraktionsfinanzierung
oder der Verteilung der Ausschussvorsitze. Gleiches gilt aus dem-

selben Grund naturgemäß auch für das Wahl- oder das Parteienrecht. Demgegenüber gibt es für das Verhältnis von Regierungsmehrheit und Kabinett – für dieses eigentliche Zentrum des
parlamentarischen Regierungssystems – kaum verfassungsrechtliche Regeln, wenn man einmal von dem Verfahren der Wahl des
Bundeskanzlers absieht. Das ist keineswegs Zufall oder Versäumnis. Die Pointe dieses Regierungssystems besteht ja in der institutionellen und politischen Verbindung von Regierungsmehrheit
und Kabinett: Die Kumulation von Ministeramt und Abgeordne-
tenmandat ist im parlamentarischen System keine zweifelhafte
Durchbrechung der Gewaltenteilung, sondern eine seiner wichtigsten Bedingungen.[11]

Wenn also die informelle Unterstützungsbeziehung zwischen
parlamentarischer Mehrheit und Regierung das Zentrum dieser
Form des Parlamentarismus bildet, dann darf man sich das dazu-
gehörige Verfassungsrecht nicht allzu statisch vorstellen. Es beruht gerade nicht auf festen Institutionen mit eindeutig gegeneinander abgegrenzten Kompetenzen, sondern auf einer offenen
institutionellen Synthese. Von allen Regierungssystemen, hat
Wilhelm Hennis, der energischste intellektuelle Verteidiger des
parlamentarischen Regierungssystems der alten Bundesrepublik,
treffend formuliert, «ist dies sicher das anspruchsvollste und ver-
letzbarste. Wie kein anderes ist es von äußeren Voraussetzungen
und Bedingungen abhängig – mit jeder Parteien- und Koalitions-
konstellation ändert es seinen Charakter. […] Parlamentarische
Regierungsweise ist daher die am wenigsten festgelegte, immer
kann man sehr verschiedenes von ihr erwarten, stets läßt sie Fragen offen.»[12] Natürlich hängen die informellen Regelsysteme, die
das parlamentarische System ausbildet, immer entscheidend von
den verfassungsrechtlichen Vorgaben ab, mit denen es die Akteure zu tun haben.[13] Innerhalb dieses konstitutionellen Rahmens
ist der Raum für politische Spielregeln, die sich schließlich zu
verlässlichen Konventionen verfestigen und auf das Verständnis
der verfassungsrechtlichen Institutionen zurückschlagen kön-

nen, jedoch ausgesprochen groß. Das gilt insbesondere für die Bundesrepublik.

Die dualistische Struktur der deutschen Verfassung

Die besonderen deutschen Schwierigkeiten mit dem parlamentarischen Regierungssystem haben ihren Grund in der Verfassung selbst. Das Verfassungssystem der Bundesrepublik ist nämlich mit der Kennzeichnung als parlamentarisches Regierungssystem gerade nicht im Ganzen institutionell beschrieben. Für das historische Vorbild Großbritannien gilt das durchaus: Alle Institutionen des britischen Regierungssystems mit Ausnahme des *House of Lords* sind gerade aus ihrer Zuordnung zu einer parlamentarisch verantwortlichen Regierung und einem souveränen Parlament verständlich. In der Bundesrepublik war das immer anders. Das Prinzip der parlamentarischen Demokratie beschreibt die deutsche Verfassung nur in einer bestimmten Dimension, in einer ihrer Möglichkeiten. Man muss sich das deutsche Verfassungssystem darum dualistisch vorstellen, als variable Zuordnung zweier Schichten, die zugleich eine sehr deutsche Form von Gewaltenteilung zwischen Politik und Bürokratie verkörpern.

Die spezifischen institutionellen Elemente der parlamentarischen Regierungsweise – die Unterscheidung zwischen Mehrheit und Opposition, die Verbindung von Parlament und Regierung, schließlich die Ministerverantwortlichkeit – kennzeichnen die eine, die neuere Schicht der Verfassung. Sie ist, wie noch zu zeigen sein wird, nur in Ansätzen eine Schöpfung des Grundgesetzes und muss in den meisten Belangen vielmehr als Errungenschaft der bundesrepublikanischen Verfassungsgeschichte gelten (→ II. Kapitel). Der neueren steht eine ältere Schicht, dem parlamentarischen steht ein administrativ-föderaler Teil der Verfassung gegenüber, der in seinen Grundstrukturen ein Kind der Bismarckverfassung und der Reichsgründungsära ist. Seit dem späten 19. Jahrhundert hat sich diese alte Verfassungsschicht zwar vielfach verändert, wurde im Kern aber nie in Frage gestellt.[14] Es gibt auf der Bundesebene noch immer eine sehr ausgeprägte bürokratische Autonomie der Ressorts gegenüber parlamentarischer Steuerung und eine beträchtliche Verselbständigung von großen Teilen der Verwaltung, etwa der Sozialversicherungsträger. Die Landesregierungen und ihre Bürokratien können über den Bundesrat zudem erheblichen politischen Einfluss auf die Bundespolitik nehmen und halten mit der weitgehenden institutionellen Kontrolle über den öffentlich-rechtlichen Rundfunk eine enorme Machtressource in der Hand. Informelle Institutionen der Bund-Länder-Koordinierung wie die Innen- oder Kultusministerkonferenzen verstärken diesen Einfluss zusätzlich.

Die Abkoppelung der Verwaltung vom parlamentarischen System

Die Verwaltungsstaatlichkeit und der sogenannte Vollzugsföderalismus deutscher Prägung hatten von Anfang an eine scharf antiparlamentarische Pointe.[15] Sie trennen die Regierungsverantwortung für die Gesetzesausführung und die parlamentarische Verantwortlichkeit der Regierung systematisch voneinander. Während die meisten Zuständigkeiten für die Gesetzgebung auf der Bundesebene angesiedelt sind (Art. 73 und 74 GG), bleibt der Gesetzesvollzug – und damit die großen Ermessensspielräume und Richtungsentscheidungen, die sich im Rahmen der Gesetzesanwendung ergeben – im Prinzip den Ländern überlassen (Art. 83 GG). So liegen beispielsweise im Asylrecht alle Gesetzgebungszuständigkeiten beim Bund. Die Entscheidung über den Vollzug der Ausreisepflicht abgelehnter Asylbewerber liegt aber weitgehend bei den Landesbehörden. Sind sie aus politischen Gründen gegen Abschiebungen, muss sich der Bund in der Regel

fügen. Selbst eine Vorschrift wie § 58 a Abs. 2 S. 1 des Aufenthalts-
gesetzes, wonach der Bundesinnenminister ausnahmsweise bei
sogenannten «Gefährdern» den Vollzug übernehmen darf, wenn
der Bund an der Abschiebung ein besonderes Interesse geltend
macht, ist verfassungsrechtlich kaum zu rechtfertigen.

Das demokratische Prinzip der parlamentarischen Verantwortlichkeit der Regierung wird damit empfindlich geschwächt: Gesetzgebung und Gesetzesausführung sind absichtsvoll getrennt,
während gleichzeitig das bundespolitische Agieren der Landesexekutiven in den Parlamenten der Länder kaum effektiv kontrolliert werden kann. Was heute vielfach als Demokratiedefizit
der Europäischen Union beklagt wird, kannte man in Deutschland folglich schon immer – nur eine Ebene niedriger. Die Bundesrepublik steht bis heute vor dem Grundproblem, inwiefern
das parlamentarische Regierungssystem, das auf dem Dualismus von Regierung und Opposition aufbaut, mit der föderalen
Struktur des Staates und des Parteiwesens vereinbart werden
kann.

Die Voraussetzungen des parlamentarischen Regierungssystems könnten also im Vergleich insbesondere zu England kaum
größer sein: Dort gibt es keine geschriebene Verfassung mit Vorrang gegenüber der Gesetzgebung und auch kein Verfassungsgericht, dafür aber Zentralstaat, Mehrheitswahlrecht und Zweiparteiensystem. So bleibt das parlamentarische Regierungssystem
für einen Staat mit der politischen, sozialen und föderativen
Struktur der Bundesrepublik eine im Grunde ganz und gar un-
wahrscheinliche Verfassungsordnung. Wie es sich in der Bundesrepublik dennoch konsolidiert hat, ist daher in gewisser Weise
die große ungelöste Frage ihrer Verfassungsgeschichte.

Noch Wilhelm Hennis hatte lange gehofft, die politischen Eliten der Bundesrepublik könnten den Ballast des Bismarck'schen
Erbes abstreifen und die zweite deutsche Demokratie ganz nach
dem englischen Vorbild organisieren. Von der Großen Koalition
erwartete er in den sechziger Jahren die Einführung des Mehr-

heitswahlrechts, um durch die Ausschaltung der FDP und den Übergang zu einem Zweiparteiensystem die alternierende Unterscheidung von Regierung und Opposition auf Dauer zu stellen.[16] Später bedrängte er Helmut Kohl nach der gewonnenen und doch verlorenen Bundestagswahl 1976 erfolgreich, sein Amt als rheinland-pfälzischer Ministerpräsident aufzugeben, als Oppositionsführer nach Bonn zu gehen und ein «Schattenkabinett» aufzubauen, um endlich den demokratischen Missstand zu beseitigen, dass Opposition in Deutschland immer vor allem aus den Ländern kommt.[17] Die Beharrungskräfte der dualistischen Verfassung hat Hennis aber deutlich unterschätzt und zuletzt mit wachsender Verbitterung kurzerhand als Pathologie abgetan.[18] Der informelle Dualismus von Parlamentarismus und Föderalismus erschien ihm immer mehr als Teilaspekt jener institutionellen Unmöglichkeit von Politik, die man damals mit einem Schlagwort konservativer Kritik gerne als «Unregierbarkeit» abkürzte.

Kontinuität als Prinzip

Dabei gibt es gute Gründe, warum ein reines parlamentarisches Regierungssystem kaum die richtige Verfassungsstruktur für die Bundesrepublik wäre. Es gibt in Deutschland nun einmal ein tiefsitzendes Misstrauen gegen das Mehrheitsprinzip in seiner reinen Form und eine ausgeprägte Vorliebe für Verhandlungslösungen, die häufig auf die jahrhundertelange Erfahrung der konfessionellen Spaltung zurückgeführt wird. Die dualistische Struktur ist zugleich eine große Stärke des deutschen Regierungssystems: So hat es nie jene Flatterhaftigkeit ausgebildet, die man gegen den klassischen britischen Westminster-Parlamentarismus einzuwenden pflegt. Dort können, so lautet insbesondere eine amerikanische Standardkritik, neue Mehrheiten unversehens selbst grundlegende politische Entscheidungen umstoßen. Ein so radikaler Bruch wie ihn Margaret Thatcher mit dem britischen

Nachkriegskorporatismus vollzog, wäre in der Bundesrepublik schwer vorstellbar. So hat keine neue Bundesregierung je die politischen Richtungsentscheidungen ihrer Vorgängerinnen wirklich in Frage gestellt oder gar revidiert. Die sozialliberale Koalition setzte nach dem Machtwechsel des Jahres 1969 Adenauers Kurs der Westbindung fort. Helmut Kohls versprochene geistig-moralische Wende ging nicht nur spurlos an der pluralistischen Konsumgesellschaft der achtziger und neunziger Jahre vorüber, sondern ließ auch die sozialpolitischen Errungenschaften der Brandt-Schmidt-Ära völlig unangetastet. Die rot-grüne Regierung unter Gerhard Schröder brach weder mit der Innennoch mit der Europapolitik Kohls, und selbst die Rücknahme des 1997 eingeführten demographischen Faktors in der Rente hielt nur ein paar Jahre. Auch die Kanzlerschaft Merkels begann zwar mit der marktradikalen Programmatik eines legendären Leipziger Parteitags der CDU, revidierte aber am Ende – sieht man einmal ab von dem nach sechs Monaten eilig aufgekündigten Ausstieg aus dem Atomausstieg – keine einzige rot-grüne Errungenschaft. Für all das gibt es keine verfassungsrechtlichen Gründe, und die angebliche Vorliebe der Deutschen für «Kontinuität» ist auch nicht mehr als gutes Klischee. Ein wichtiger Erklärungsansatz dafür dürfte aber die Tatsache sein, dass alle zentralen parlamentarischen Entscheidungen immer schon mit weiteren Akteuren des föderativen Verfassungssystems ausgehandelt sind. Diese können später als Vetospieler auf die errungenen Kompromisse bestehen, auch wenn sich die parlamentarischen Mehrheitsverhältnisse geändert haben. So tragen sie indirekt zur Stabilisierung des Parlamentarismus bei.

Die Verfassung als Errungenschaft

Der parlamentarische und der administrativ-föderale Teil der Verfassung sind, so die These dieses Buches, bis heute verfassungsrechtlich nicht stringent miteinander verknüpft. Auch fehlt bereits ein verfassungsrechtliches Modell, das beide gedanklich integrieren könnte. Im Gegenteil: Die einzige verfassungsrechtlich anschlussfähige Theorie der parlamentarischen Demokratie, der auch das Bundesverfassungsgericht seit langem anhängt, betont nur die parlamentarische Seite dieser Verfassung, während die andere aber geradezu unsichtbar bleibt. Nach dieser maßgeblich von Ernst-Wolfgang Böckenförde entwickelten Konzeption lässt sich das parlamentarische Regierungssystem als eine abgestufte, auf sich selbst zurückverweisende Institutionalisierung von Volkssouveränität interpretieren. Als demokratisch legitimiert kann sich qua Verfassung jedes andere Staatsorgan ausweisen, indem es das, was es tut, als Folge parlamentarischer Entscheidungen und damit einer Willensbetätigung des Souveräns nachweist: Der Bundestag trägt die Bundesregierung, die Bundesregierung steuert die Bundesverwaltung, diese wiederum die nachgeordneten Behörden, so dass die demokratische Legitimationskette in Form bindender Entscheidungen am Ende wieder bei den Bürgern ankommt, von denen sie ursprünglich ausgeht.

Das Bundesverfassungsgericht hat diesen Grundgedanken, der seiner Rechtsprechung zugrunde liegt, vor kurzem noch einmal prägnant zusammengefasst: «Das ‹Ausgehen der Staatsgewalt› vom Volk muss für das Volk wie auch die Staatsorgane jeweils konkret erfahrbar und praktisch wirksam sein. Es muss ein hinreichender Gehalt an demokratischer Legitimation erreicht werden, ein bestimmtes Legitimationsniveau. Nur das vom Volk gewählte Parlament kann den Organ- und Funktionsträgern der Verwaltung auf allen ihren Ebenen demokratische Legitimation vermitteln.»[19] Das bedeutet: Je unmittelbarer die Ausübung legaler Macht an die demokratische Wahl angebunden ist, desto höher ist ihre Legitimation, und je weiter sie sich umgekehrt in den Untiefen der administrativen Organisation verliert, umso schwächer ist die Machtausübung legitimiert. Und schließlich: Je einschneidender die jeweilige Machtbefugnis ist, umso enger muss sie an die Quelle der Legitimation gebunden sein. Mit Wilhelm

Hennis' Interpretation hat diese an Böckenförde angelehnte Lesart bei allen Unterschieden eines gemein: Sie setzt die Entwicklung der Bundesrepublik zur vollen parlamentarischen Demokratie einigermaßen sicher voraus. Und wie bei Hennis ist das ein Problem, weil die Wirklichkeit anders aussieht.[20]

Der Ausgleich dieser Spannung zwischen Exekutivförderalismus und parlamentarischem Regierungssystem ist dem Grundgesetz nicht gelungen. Die erfolgreiche Verklammerung der beiden Verfassungsschichten war vielmehr die gemeinsame historische Leistung der drei genuin neuen Institutionen des Regierungssystems der Bundesrepublik im Vergleich zur Weimarer Republik: der Volksparteien, des Bundeskanzleramts und des Bundesverfassungsgerichts. *Die von ihnen garantierte Verklammerung von Parlament und Regierung ist der institutionelle Kern der Verfassung der Bundesrepublik.* Nur wenn man versteht, wie die Volksparteien, das Bundeskanzleramt und das Bundesverfassungsgericht den parlamentarischen und den bürokratisch-föderalen Komplex bisher in einen Ausgleich gebracht haben, lässt sich der Zustand des heutigen parlamentarischen Regierungssystems verfassungsrechtlich bewerten. Es zeigt sich dann auch, dass die problematische Geschichte des Parlamentarismus im Kaiserreich und in der Weimarer Republik in den Institutionen der Bundesrepublik unterschwellig präsent geblieben ist. Denn jene Verklammerungen lösen sich, weil die Vermittlungsinstitutionen in der Ära der Großen Koalition in eine Krise geraten sind (→ IV. Kapitel). Wo das geschieht, bildet das Regierungssystem zwar an der Oberfläche neue Erscheinungsformen aus, fällt aber in der verfassungsrechtlichen Tiefenstruktur zugleich in einen früheren, scheinbar überwundenen Zustand zurück und realisiert die andere seiner Möglichkeiten.

Die Republik der Außenseiterin

Die Bundeskanzler der Bundesrepublik waren zumeist Insider, die sowohl eine parteipolitische als auch eine föderative Machtbasis hatten. Patrick Bahners hat Helmut Kohl als politischen Insider par excellence beschrieben, dessen Macht nicht auf Charisma gründete, sondern auf einer von Jugend an erworbenen Vertrautheit mit den Lebenswelten der Partei-, der Landes- und der Bundespolitik. Aber auch Schröder, Schmidt und Brandt waren Insider. Damit verglichen hat Angela Merkel das Kanzleramt als Außenseiterin ohne sogenannte Hausmacht in Partei und Fraktion betreten. Ihre Regierungszeit hat die Verfassungslage der Bundesrepublik so fundamental verändert wie zuvor nur die sozialliberale Ära. «Merkel hat die Republik nicht nur verwaltet. Sie hat die Regeln der alten BRD kontrolliert gesprengt», hat der Politikwissenschaftler Philip Manow in einem der Nachrufe auf die Kanzlerin geschrieben, die zu Beginn ihrer vierten Amtszeit erschienen.[21]

Technokratie oder Moral?

Die Klagen über ihren «undemokratischen» Regierungsstil füllen inzwischen Bände. Doch was damit gemeint ist, ist merkwürdig unklar geblieben. Von Verschwörungstheorien und abstrusen Behauptungen wie dem Umvolkungsnarrativ einmal abgesehen, konkurrieren im Wesentlichen zwei Deutungen. Für die einen besteht das demokratische Problem dieser Kanzlerschaft vor allem in der Logik des Sachzwangs und einer unpolitischen Technokratie. Als Sündenfall der Merkel-Ära gilt neuerdings ihre Sprache, jenes Ensemble aus «toxischen Phrasen» einer vermeintlichen Alternativlosigkeit («TINA»), die jede demokratische Entscheidung unterlaufen.[22] Die Bundeskanzlerin wäre dann die Volkstribunin einer Wohlstandsgesellschaft mit abnehmendem politischen Orientierungsbedarf: Lebt euer Leben, ich kümmere mich um den Rest. Nur trifft das Urteil aber spezifisch weder auf die Person der Bundeskanzlerin noch auf die Politik ihrer Zeit, sondern auf eine ganze Epoche zu. In den Nullerjahren sprachen ja auch Unternehmensberater, Politikwissenschaftler und Lebensratgeber im weichen Sound der Technokratie. Gerhard Schröders Interpretation der Richtlinienkompetenz («Basta-Politik»), die er seit dem Frühjahr 2003 praktizierte, stand jedenfalls in schlechtem Ansehen. Wer wollte der Politik aber verübeln, dass sie zu einer Gesellschaft, die die Macht verachtet, in einer Sprache spricht, die sie dezent verschweigt und durch Management ersetzt? Dass diese Sprache heute niemand mehr hören kann und sie trotzdem bei Wahlen gelegentlich honoriert wird, kann man schwerlich der Politik in die Schuhe schieben.

Anderen gilt gerade das Gegenteil von Sachzwang als undemokratisch, nämlich hochgradig kontingente, disruptive Politikwechsel: Wehrpflicht, Atomausstieg, Euro-Rettung, Flüchtlingskrise und Ehe für alle sind Stichworte einer Politik, mit der Partei und Parlament gezielt überrumpelt wurden. Niemand würde es heute mehr – wie noch Arnulf Baring kurz nach der Wiederwahl der rot-grünen Regierung und ein halbes Jahr vor Beginn der Agenda-Reformen – für bedauerlich halten, dass das Grundgesetz keinen Artikel 48 kennt und deswegen «erforderliche, schmerzliche Reformen ohne das Parlament [...] mit Hilfe präsidialer Notverordnungen» unmöglich sind.[23] Die fundamentalen politischen Entscheidungen seit 2005 wurden meist ganz und gar nicht technokratisch, sondern, jeweils mit den Mitteln demoskopischer Feinsteuerung, ziemlich explizit moralisch begründet. Darauf hat Christoph Möllers vor kurzem aufmerksam gemacht: «In vielen Mitgliedstaaten der Europäischen Union gilt die Verbindung von Sparsamkeit gegenüber Griechenland, einem Mitglied der EU, und Offenheit gegenüber außereuropäischen Flüchtlingen als recht erratisch [...]. In beiden Fällen schienen mit diesen Entscheidungen Tugenden verwirklicht zu werden, einmal Eigenverantwortung und Sparsamkeit, einmal Hilfsbereitschaft, und diese Tugenden gelten als nationale Tugenden.»[24]

Max Weber hat vor hundert Jahren in seiner berühmten Rede über «Politik als Beruf» die Frage nach der Möglichkeit eines parlamentarischen Regierungssystems in Deutschland mit jener nach einer Verantwortungsethik von Berufspolitikern verknüpft.[25] Die stille Übereinkunft von Gesinnungsethik und Bürokratie ist seither ein genauso deutsches wie konfessionelles Thema geblieben, das in dem banalen, aber deshalb auf symbolischer Ebene umso wirkmächtigeren Satz «Wir schaffen das» aus dem Munde der Pastorentochter in äußerster Verdichtung zum Tragen kommt: Zwischen dem nationalen Kollektiv (*wir*) und dem Lebensprinzip der Arbeit (*schaffen*) können politische Entscheidungen diskret kaschiert werden.

Die Schwäche parlamentarischer Machtinstrumente

Was beide einander ausschließenden Deutungen allerdings verbindet, ist ein Unbehagen an der strukturellen Schwäche des Handlungsverbunds von Parlament und Regierung. Sowohl die technokratische Selbstläufigkeit wie auch die disruptive Überrumpelung des Parlaments wären ja lediglich zwei unterschiedliche Varianten einer zunehmenden Entkopplung von parlamentarischer Willensbildung und Regierungshandeln, ohne dass mit ihnen schon etwas über die Ursachen gesagt wäre. Wohl aber hieße das, dass die in weiten Teilen der Öffentlichkeit kursierenden, zum Teil auf abstrusen Geschlechterklischees («Mutti», «Mutter Teresa») aufgebauten Erklärungen mit der angeblich jede agonale Politik scheuenden Persönlichkeit der Bundeskanzlerin kaum zutreffen können.

Es fällt jedenfalls auf, dass bestimmte verfassungsmäßige Handlungsmöglichkeiten, die das parlamentarische Regierungssystem bietet, zur Zeit politisch nicht genutzt werden. So wäre es zwar absurd zu behaupten, dass Politik früher nicht disruptiv war. Doch wenn sie es war, war sie typischerweise parlamentarisch. Helmut Kohl verkündete sein – freilich unabgestimmtes – Zehn-Punkte-Programm zur deutschen Wiedervereinigung in der Haushaltsdebatte des Bundestages am 28. November 1989, Gerhard Schröder seine Agenda 2010 in der Regierungserklärung vom 14. März 2003. Auch hat Schröder seine beiden großen politischen Kehrtwenden – den Afghanistan-Feldzug und die Agenda-Politik – jeweils ausdrücklich oder stillschweigend mit dem verfassungsrechtlichen Disziplinierungsinstrument der Vertrauensfrage nach Art. 68 GG verknüpft, den Führungsanspruch gegenüber seinen Regierungsfraktionen also explizit gemacht.

Dagegen hat Angela Merkel die Energiewende zunächst durch das per Pressestatement im Bundeskanzleramt verkündete Atommoratorium eingeleitet, das sie dem Bundestag erst einige Tage später in einer Regierungserklärung erläuterte. Ihre Kehrtwende in der Frage des Eherechts Homosexueller vollzog Merkel bei einem Gespräch im Berliner Gorki-Theater, und zwar, wie es die hauseigene Kolumne formulierte, auf Einladung eines «Frauenmagazin[s] im Tante-Hedwig-Style, dessen Kernthema der perfekte Käsekuchen und die perfekte Hose mit dem perfekten Sitz ist, also eine Illustrierte, die unter dem Bann der totalen Vermeidung alles Politischen entsteht».[26] Und nach den Regeln des parlamentarischen Regierens hätte es für die Bundeskanzlerin nahegelegen, für die Fundamentalentscheidung ihrer Amtszeit in der Flüchtlingskrise unter Einsatz der Autorität ihres Amtes die Zustimmung der Koalitionsfraktionen herbeizuzwingen, schon um den Eindruck eines womöglich am Parlament vorbeigeplanten politischen Handstreichs gar nicht erst aufkommen zu lassen. Als Bundeskanzlerin einer schwarz-gelben Regierung hatte Merkel in der Griechenland-Rettungspolitik noch stets darauf Wert gelegt, eine eigene Mehrheit für ihre Politik zu organisieren, ohne sich auf die SPD, die ihren Kurs aus inhaltlichen Gründen mittrug, verlassen zu müssen.

Das Drama der SPD

Dass es nicht allein an Stil und Persönlichkeit der Bundeskanzlerin liegen kann, wenn die Instrumente des parlamentarischen Regierens im Kurs fallen, zeigt das zaudernde Agieren der SPD.[27] Die Sozialdemokraten hatten 2017 mit Martin Schulz zum ersten Mal seit Schröder einen Kanzlerkandidaten, der Euphorie auslöste, weil er über die Scharmützel innerhalb der Großen Koalition erhaben schien und unverbraucht war. Was hätte dagegen gesprochen, die Regierung auf parlamentarischem Wege zu beenden, Schulz mit der rot-rot-grünen Mehrheit des damaligen Bundestages zum Kanzler zu wählen und aus dem Amt heraus, mit allen «legalen Prämien auf den Machtbesitz» (Carl Schmitt), in den Wahlkampf zu ziehen? Mehr als ein paar kleine Zugeständnisse hätte die SPD den Linken bis zur Bundestagswahl vielleicht nicht machen müssen. Danach wären die Karten ohnedies neu gemischt worden. Schulz hätte zwar bis zur Wahl kein Mandat gehabt, doch auch Kurt Georg Kiesinger war kein Abgeordneter des Bundestags, der ihn 1966 nach dem Rücktritt Erhards dennoch zum Kanzler wählte. Vor allem hätte Schulz der Union mit dem Kanzleramt – und der Kanzlerin – ihren politisch profitabelsten Besitz geraubt und die Partei ganz sicher in Diadochenkämpfe gestürzt. Auch die SPD war im Bundestagswahlkampf 1983 nach dem Misstrauensvotum gegen Helmut Schmidt und dem Lagerwechsel der FDP zunächst einmal stark mit sich selbst beschäftigt.

Es kam bekanntlich anders, und das Wahljahr 2018 stürzte die SPD noch in ganz andere Krisen. Damit stellt sich die Frage nach den strukturellen Aspekten des Vorgangs: Warum hat damals niemand die Frage nach einem parlamentarisch initiierten Machtwechsel gestellt? Wäre eine Regierung, die sich einem Koalitionswechsel innerhalb einer Legislaturperiode verdankt, heute überhaupt noch in der Weise denkbar wie in der alten Bundesrepublik vor der Wiedervereinigung? Brächte der Bundestag noch

die institutionelle Autorität auf, auf dem Weg über ein konstruk-
tives Misstrauensvotum einen Regierungswechsel ohne den sogenannten Wählerauftrag einzuleiten? Wenn nicht, dann hätte
sich der Möglichkeitsraum demokratischer Politik innerhalb der
Verfassung substantiell verkürzt. Dafür spricht auch, dass die
SPD sich noch nicht einmal dazu durchringen konnte, ihren Verbleib in der Koalition im Sommer 2018 ultimativ von der Entlas-
sung Horst Seehofers abhängig zu machen, als dieser gegen alle
Regeln der Kabinettsdisziplin das Manöver begann, gleichzeitig
seinen Nachfolger im Amt des Ministerpräsidenten und die Bundeskanzlerin zu demontieren.

Das Erbe Merkels und das Menetekel
der Großen Koalition

Arbeitsprinzip Supermajorität

Am Anfang der Gegenwart steht der Herbst 2005, der Einstieg in
die Kette Großer Koalitionen. Nachdem die Union die angestrebte schwarz-gelbe Mehrheit bei der Bundestagswahl verpasst
hatte, kam Angela Merkel ins Amt durch das folgenreiche Regie-
rungsbündnis mit einer SPD, die durch die Abspaltung der
Linkspartei bereits in heftigen inneren Kämpfen steckte. Seither
ist die Große Koalition allen Akteuren zur Selbstverständlichkeit
geworden. Zwischen 2009 und 2013 war sie ja auch nur scheinbar
unterbrochen. Eine andere Machtoption als die des Juniorpartners
in der Großen Koalition hatte die SPD auch 2013 nicht, wie sie
seit 2009 wusste. Auch in der Zeit der schwarz-gelben Koalition
stand die SPD-Fraktion im Bundestag als Reservemehrheit zur
Verfügung, wenn sich die Kanzlerin – etwa in der Euro-Rettungspolitik – auf die Gefolgschaft der Regierungsfraktionen nicht
allzu sicher verlassen konnte. Überhaupt, Europa: Die Struktur

des europäischen Rechtsetzungsverfahrens zieht eine gewisse Neigung zum großkoalitionären Entscheiden gerade im Regierungssystem des größten und einflussreichsten Mitgliedstaates nach sich. Nicht nur hat die Bundesregierung es im Rat der EU mit einem Rechtsetzungsorgan ohne klare Parteimehrheiten zu tun, in dem deswegen Positionen einer Großen Koalition eine größere Realisierungschance haben. Sondern eine Mehrheit aus CDU und SPD entspricht zugleich der Mehrheit aus EVP und SPE im Europäischen Parlament, so dass auch dies die Präferenz der Akteure für großkoalitionäres Entscheiden begünstigen könnte.

Es gehört zur verfassungsrechtlichen Signatur der Merkel-Ära, dass keine einzige große Entscheidung mit knappen parlamentarischen Mehrheiten rechnen musste. Die Mehrheit einer zumindest virtuellen Großen Koalition war in der Regel klar, bevor der Gesetzgeber mit einer wirklich wichtigen Sache befasst wurde. Philip Manow hat vor kurzem daran erinnert, dass auch der Vermittlungsausschuss und das Vermittlungsverfahren, die während der Arbeit an der ersten Föderalismusreform einmal im Zentrum der deutschen Verfassungsdiskussion standen, so gut wie funktionslos geworden sind.[28] Während der drei Jahre der zweiten rot-grünen Koalition (2002–2005) wurde er mehr als hundertmal angerufen, in der vergangenen 18. Wahlperiode (2013–2017) noch ganze dreimal.

Die demokratischen Kosten des Vielparteiensystems

Die Idee des parlamentarischen Regierungssystems beruht allerdings auf der kontinuierlichen politischen Auseinandersetzung zwischen Regierung und Opposition im Parlament, also innerhalb *einer* Institution. Der Normalfall der parlamentarischen Regierungsform ist also die innerparlamentarische Machtkonkurrenz um die parlamentarische Vorrangstellung und das Recht zur Regierungsbildung. Die Veränderung des Wählerverhaltens und der Parteienstruktur seit dem Ende der rot-grünen Koalition trifft das parlamentarische Regierungssystem deswegen in seinem Kern: Die SPD hat nach der Abspaltung der WASG durch Abwanderungen zu allen anderen, überproportional aber zu den «kleinen» Parteien sukzessive fast zehn Millionen Zweitstimmen gegenüber 1998 verloren und damit den Anspruch auf die Kanzlerschaft faktisch eingebüßt, auch wenn in immer eigenwilligeren Manövern weiterhin Kanzlerkandidaten aufgestellt werden. Seit eineinhalb Jahrzehnten gibt es auf Bundesebene außer der CDU keine Partei mehr, die ernsthaft und dauerhaft den Anspruch stellen kann, die Regierung anzuführen. Die Möglichkeit des Machtwechsels wirkt wie ausgeschaltet. Es fehlt eine Opposition, die sich als «Regierung im Wartestand» anbieten könnte.

Nicht die Machtversessenheit der Parteien scheint auf einmal das vordringliche Problem, sondern der fehlende Wille der Parlamentsparteien zur Übernahme von Regierungsmacht, der sich seit den zwanziger Jahren nicht mehr derart gespenstisch manifestiert hat wie nach der Bundestagswahl 2017. Schon 2013 scheuten die Grünen vor einer kleinen Koalition mit der CDU zurück, die noch ohne die FDP möglich gewesen wäre. Vier Jahre später scheiterten die wochenlangen Verhandlungen über die Bildung eines Dreier-Bündnisses ohne Gründe, an die man sich heute noch erinnern könnte, bevor die SPD von einem plötzlich in die Rolle eines Weimarer Präsidenten gerutschten Bundespräsidenten in die Erneuerung der Großen Koalition gezwungen werden musste, von der sie sich gerade durch Beschluss losgesagt hatte. –

Diese Entwicklung stellt vieles grundsätzlich in Frage, was vor kurzem noch selbstverständlich schien: Das moderne parlamentarische Regierungssystem der Parteiendemokratie hatte sich gebildet, ja vielmehr: der alte Parlamentarismus einer bürgerlichen Klassenherrschaft wurde überhaupt erst demokratisch, als im 20. Jahrhundert die Entscheidung über die Regierungsführung vom Parlament auf die Wähler überging, indem das Recht zur Regierungsbildung dem Anführer der siegreichen Partei zufiel. Die fast sechs Monate nach der Bundestagswahl haben anschau-

lich die politischen Kosten einer Regierungsbildung demonstriert, die weniger Entscheidung der Wähler als Folge unabsehba-
rer Verhandlungen ist.

Die Zukunft der Verfassung

Trotzdem werden Diskussionen um grundlegende Verfassungs-
reformen, wie sie die Zeit der ersten Großen Koalition in der
zweiten Hälfte der sechziger Jahre begleiteten, kaum mehr geführt. Allenfalls aus völlig zweckrationalen Erwägungen kommt
einmal so etwas wie eine Verfassungsfrage auf, etwa die während der Staatsschuldenkrise vor allem vom Bundesverfassungsgericht forcierte Debatte darüber, ob die immer gigantischeren
Rettungsschirme den Rahmen des Grundgesetzes sprengen und
nur mit einem neuen Grundgesetz einzufangen seien. Nur scheinbar unzuständig war der Bundesfinanzminister, der laut über
eine Volksabstimmung nach Art. 146 GG nachdachte. Noch immer verkündet das Grundgesetz ja in seiner letzten Bestimmung,
dass es seine Gültigkeit an dem Tage verliert, an dem eine Verfassung in Kraft tritt, die von dem deutschen Volke in freier Entscheidung beschlossen worden ist. Die Debatte verebbte aber mit
der Konsolidierung der Märkte.

Auch das ist vielleicht ein Erbe der Einheit: Auf die Möglichkeit des Art. 146 GG hatten ja nicht wenige westdeutsche Inter-
preten mit einer geradezu sakralen Überhöhung des Grundgesetzes reagiert.[29] Die Verfassungsprojekte der Wendejahre sind
überwiegend gescheitert. Die Chance einer neuen gesamtdeut-
schen Verfassung verstrich ungenutzt, auch die theoretischen
Impulse zu einer neuen Verfassungsbewegung der Bürgergesell-
schaft fanden kaum Widerhall.[30] Der europäische Verfassungspro-
zess ist später an den Referenden in Frankreich und den Nieder-
landen gescheitert; sprunghafte Vertiefungen der Europäischen
Integration, wie sie zum Beispiel von einem neuen Wahlrecht
zum Europäischen Parlament mit einheitlichen europaweiten

Listen ausgehen könnten, sind zur Zeit kaum zu erwarten, sodass man auch in Deutschland entsprechende Fragen erst gar nicht zu stellen braucht. – «Schreckt uns», wie Horst Dreier fragt, «die Vorstellung einer offenen Verfassungszukunft so sehr?»[31] Oder verdrängt die panische Diskussion darüber, wie die Demokratie verteidigt werden kann, schon völlig die Frage, ob sie in guter Verfassung ist?

Die verdrängten Fragen stellen sich trotzdem: Ist das parlamentarische Regierungssystem noch zeitgemäß? Ist es weiterhin die richtige Verfassungsform angesichts der inneren und äußeren Aufgaben, vor denen die Bundesrepublik heute steht? Für die Bonner Republik sind diese Fragen historisch beantwortet: Die Integration einer posttotalitären Industriegesellschaft ohne starke Milieubindungen ist ihr ebenso gelungen wie die Integration der 1968 entstandenen Systemopposition. Ob man das nach dreißig Jahren auch für die Integration der ehemaligen DDR sagen kann? Für die Berliner Republik müssen jene Fragen politisch beantwortet werden: Auch die Integration einer zunehmend diversen Einwanderungsgesellschaft ist mehr als eine Verteilungs- und Verwaltungs-, nämlich eine Verfassungsfrage, die sich auch nicht auf Dauer durch Antidiskriminierungsrecht an die Justiz wird abschieben lassen. Die sich verschärfenden Schwierigkeiten der parlamentarischen Mehrheitsbildung könnten die Bundesrepublik bald vor Alternativen stellen: Durchlavieren mit Minderheitsregierungen oder Abkoppelung der Regierungsbildung vom Parlament? Hat ein neuer Präsidentalismus Vorzüge? Gibt es Mischformen?

Nach der NS-Herrschaft war die Entscheidung für den Parlamentarismus gleichbedeutend mit der Entscheidung für ein Regierungssystem, das die Tendenz einer monokratischen Exekutive zur plebiszitären Autokratie ausschalten sollte. Ein parlamentarischer Regierungschef braucht eben im Normalfall sowohl das Vertrauen der Wähler, um ins Amt zu kommen, als auch, um sich im Amt zu halten, das Vertrauen einer Mehrheit von Abgeordneten, die einen sehr viel genaueren Blick auf das Regierungshandeln haben und auf seinem Erfolg ihre politische Existenz aufgebaut haben. Noch ist zwar kein Anführer einer deutschen Massenbewegung erkennbar, doch die Frage, ob jene Überlegungen auch heute noch tragend sind, macht die Frage nach der Zukunft des parlamentarischen Regierungssystems ungemein aktuell. Macht es die Verfassung der Bundesrepublik weniger verletzlich gegen das Szenario einer autoritären Revolte? Auch die geschichtsphilosophische Skepsis, das Zeitalter der Verfassung für vergangen zu halten, muss man sich leisten können.

Das Leben des Parlamentarismus mit der Parlamentarismuskritik

Keine Verfassungsinstitution wurde so oft totgesagt wie der Parlamentarismus. «In dem Parlamente», so beschrieb Marx 1852 dessen Klassencharakter, «erhob die Nation ihren allgemeinen Willen zum Gesetze, d. h. das Gesetz der herrschenden Klasse zu ihrem allgemeinen Willen. Vor der Exekutivgewalt dankt sie jeden eignen Willen ab und unterwirft sich dem Machtgebot des fremden, der Autorität.»[32] Noch vor dem Übergang zum semiparlamentarischen Regierungssystem nach Ende des Ersten Weltkriegs erklärte mit Georg Jellinek, dem führenden Staatsrechtler des späten Kaiserreichs, zum ersten Mal ein Bürgerlicher den Parlamentarismus für überlebt: Die plebiszitäre Massendemokratie ermögliche eine «unmittelbare Teilnahme des Volkes an der Staatsgewalt» und mache die parlamentarischen Institutionen allmählich überflüssig.[33] Für Lenin war deren Zerschlagung oberste Revolutionspflicht.[34] Auch Carl Schmitt rechnete den Parlamentarismus 1923 in einer bis heute nachwirkenden Schrift zur politischen Formenwelt des Liberalismus und stilisierte ihn

so zum Gegensatz der Massendemokratie des 20. Jahrhunderts.[35]
Nach dem Zweiten Weltkrieg erneuerten linke Autoren wie Johannes Agnoli und Peter Brückner Schmitts radikale Parlamentarismuskritik unter umgekehrtem Vorzeichen.[36] Wo der Wohlfahrtsstaat die Prämien auf den Machtbesitz ungeheuer ausweite,
sei das Parlament nichts weiter als eine Verschleierung der autoritären Herrschaft und Opposition deshalb nur noch außerparla-
mentarisch möglich. Seit die APO nach der Bundestagswahl 1983
in Gestalt der Grünen selbst ins parlamentarische Regierungssystem integriert wurde, ist der theoretische Antiparlamentarismus des Marxismus weitgehend verschwunden, verstummt ist
die Parlamentarismuskritik nicht. Nur ist sie vorwiegend funktio-
nalistisch geworden. In allen Diskussionen über die Steuerungs-
schwäche des regulativen Rechts, über die Politikverflechtung
und die Zukunft der mitgliedstaatlichen Demokratie in der Europäischen Union schwang ja stets die Frage nach der Zukunftsfähigkeit des Parlamentarismus mit.

Der Antiparlamentarismus ist ein Chamäleon, das neuerdings
vor allem die Farbe einer utopischen Transparenz-Ideologie angenommen hat. Entwicklungen wie die Informationsfreiheits-
gesetzgebung und Bewegungen wie *lobbycontrol.de* oder *abgeord-
netenwatch.de*, für deren Existenz jeweils gute Gründe sprechen
mögen, schüren immer auch ein latentes Ressentiment gegen
alles, was am Parlament nach normaler Politik aussieht: Ausschüsse tagen nichtöffentlich? Statt der Öffentlichkeit werden
nur die Abgeordneten vom Stand der Beratungen über das Frei-
handelsabkommen informiert? Durch seinen ausufernden Gebrauch der sozialen Medien erzeugt der politische Betrieb mitunter selbst Erwartungen, die er auf Dauer nur enttäuschen kann.
Denn dass die Bürger nicht alles durchschauen, ist unter anderem eine Folge davon, dass gute Politik nur von Berufspolitikern
gemacht werden kann, sprich: eine Frage ihrer Professionalität.
Selbstverständlich haben die hochgradig bürokratisierten, von
einem großen Verwaltungsstab mit tausenden von Mitarbeitern,

wissenschaftlichen Diensten und Serviceeinrichtungen aller Art
unterstützten Parlamente in ihrem Erscheinungsbild nur noch
wenig mit den bürgerlichen Versammlungen gleichen Namens
aus dem 19. Jahrhundert zu tun. Doch jede Spezialisierung bringt
es nun einmal mit sich, dass Außenstehenden nicht alles durch-
sichtig ist. Großforschungseinrichtungen sind ja auch nicht
transparent. Man kann keinen transparenten und zugleich professionellen Parlamentarismus wollen. Leider sind diejenigen,
die sich besonders grundsätzlich über die Intransparenz des politischen Betriebs beklagen, meist dieselben, die auf allen erdenklichen Feldern besonders viel politischen Handlungsbedarf
sehen.

Unterdessen erlebt der rechte Antiparlamentarismus eine Renaissance – nicht nur auf der Straße, wo die Verballhornung
«Volksverräter» kursiert und der Bundestag als «Pack-Station»
verunglimpft wird, sondern gerade auch im akademischen Dis-
kurs. Längst ist vergessen, dass der Erste unter den Verfassungs-
kritikern der Bundesrepublik den alten Antiparlamentarismus in
die Beschreibung einer sich selbst stabilisierenden Industriegesellschaft übersetzt und damit erledigt hatte.[37] Wutbürgerliche
Gelehrte wie Egon Flaig tischen der deutschen Öffentlichkeit un-
geniert noch einmal die öden Konserven des Antiparlamentarismus auf, wenn sie sich über den «verfassungswidrigen Fraktionszwang», die Unterdrückung der «freien Meinungsbildung» und
die zum Tauschhandel verkommene Ausschussarbeit beklagen.[38]
Peter Sloterdijk hat der Politik vor einigen Jahren im *Spiegel*
bescheinigt, den «Monolog eines Autistenclubs» aufzuführen.[39]
Mit ähnlichem Unterton – wenn auch mit anderer politischer
Zielsetzung – lamentierten Peter Bofinger, Jürgen Habermas und
Julian Nida-Rümelin auf dem Höhepunkt der Eurokrise über die
Umwandlung der sozialstaatlichen Bürgerdemokratie in eine
marktkonforme Fassadendemokratie.[40] Auch spricht man in geradezu grotesker Verkennung der Sozialstruktur gerade deut-
scher Politik wieder ganz unverblümt von der politischen Klasse.

Die Parlamentarismuskritik ist nach alledem im letzten Jahrhundert kaum von der Stelle gekommen. Das Gegenteil gilt, wie das folgende Kapitel zeigt, für ihr Objekt, die parlamentarische Regierungsform.

II. Jahrgang 1919:
Eine verfassungsgeschichtliche Skizze des parlamentarischen Regierungssystems

Verfassung und Verfassungswirklichkeit

Das parlamentarische Regierungssystem war in Deutschland nie selbstverständlich. Noch nicht einmal die deutschen Liberalen haben es vorbehaltlos gewollt. Es war auch nicht einfach da, nachdem es einmal durch einen Akt der Verfassunggebung eingeführt wurde. Vielmehr wird der Beitrag der Verfassung zu seiner Funktionsweise hierzulande oft überschätzt. Nach dem in Deutschland vorherrschenden Verfassungsbegriff stellt man sich das Verhältnis von Verfassung und Politik statisch vor[1] – in der Zeit ebenso wie in der Struktur. In räumlichen Kategorien denkt man die Verfassung als den festen, unverrückbaren Rahmen, innerhalb dessen der politische Betrieb handelt. Weil die Verfassung nur ihre Abänderung durch formelle Revision vorsieht (Art. 79 Abs. 1 GG), erscheint ihre Veränderung im Laufe der Zeit sogar als Pathologie. Ein solcher statischer Verfassungsbegriff hat vielleicht für eine sehr traditionelle Vorstellung von Gewaltenteilung, in der die Kompetenzen der drei Staatsgewalten präzise abgegrenzt und die wechselseitigen *checks and balances* abschließend festgelegt sind, eine gewisse Plausibilität. Auch in der amerikanischen Verfassungstheorie hat sich eine solche Vorstellung freilich inzwischen als unhaltbar erwiesen.[2]

Was das parlamentarische Regierungssystem betrifft, so gehört die Idee einer statischen verfassungsrechtlichen Institutionenordnung jedenfalls ins Reich der Ammenmärchen für Volljuristen. In seinem Zentrum steht nicht die *Trennung*, sondern die *Verbindung* von Parlament und Regierung. Als politische Form ist es deswegen viel variabler und organisiert sich fortwährend selbst. Dass man sie dennoch in verfassungsrechtlichen Begriffen der Statik einer starren Kompetenzordnung denkt, ist kennzeichnend für eine ausgesprochene Juristenverfassung, deren Handhabung und Auslegung die Sache berufsmäßiger Verfassungsinterpreten geworden ist – mit dem Bundesverfassungsgericht an der Spitze. Berufsmäßige Verfassungsinterpreten sperren sich aus beruflichem Eigeninteresse reflexhaft gegen die Vorstellung, dass im Zentrum der Verfassung keine allzu feste Kompetenzordnung, sondern ein offenes institutionelles Arrangement zwischen Parlament und Regierung steht. Doch darin besteht gerade die Pointe des parlamentarischen Regierungssystems. Im Fall des Westminster-Parlamentarismus, der nie in Form einer geschriebenen Verfassung fixiert wurde, ist das offensichtlich. Aber auch in Deutschland ist das parlamentarische Regierungssystem nicht nur, ja nicht einmal in erster Linie eine Schöpfung der Verfassungen von 1919 und 1949, sondern hauptsächlich eine Errungenschaft bundesrepublikanischer Politik.

Eine Verfassung ohne Theorie

Dieser Zusammenhang wird auch deswegen zumeist nicht klar genug ins Auge gefasst, weil das deutsche Verfassungssystem bis heute ohne eigene politische Theorie geblieben ist. Es gibt eine an der Verfassung interessierte Theorie der amerikanischen, der englischen und der französischen Demokratie. In Deutschland dagegen verwalten die Juristen ihre Juristenverfassung und kaschieren gekonnt ihr wachsendes Unvermögen, die normativen Grundlagen der Verfassung mit deren organisatorischen Bestimmungen zusammenzudenken. Weil die Politikwissenschaftler sich überwiegend bloß mit der Empirie des sogenannten politischen Systems beschäftigen, ist es leicht, sie zu ignorieren. Sicher, die ganz anderen historischen Bedingungen des deutschen Parlamentarismus sind seit langem recht gut erforscht.[3] Auch gibt es hervorragende Untersuchungen zur Funktionsweise des parlamentarischen Regierungssystems in der Bundesrepublik, angefangen bei den Pionierwerken des in Deutschland immer noch nahezu unbekannten Emigranten Gerhard Loewenberg oder des Konstanzer Politikwissenschaftlers Gerhard Lehmbruch.[4] In der deutschen Parlamentarismustheorie herrscht aber nach wie vor ein Bild des Parlaments, das im Wesentlichen mit öffentlicher Deliberation beschäftigt sei.[5] Die Realität eines parlamentarischen Regierungssystems ist den deutschen Intellektuellen zumeist suspekt geblieben. Sie haben seit Immanuel Kant eine ausgeprägte Vorliebe für das allgemeine Gesetz[6] und hegen deshalb tiefsitzende Vorbehalte gegen eine Form des Parlamentarismus, an der die Gesetzgebung politisch gerade nicht das Entscheidende ist. Dieselben Vorbehalte hatte – freilich ohne alle Vorliebe für das Gesetz – auch der intellektuelle Antirationalismus von der Romantik bis zu Carl Schmitt. Die Staatsrechtslehre, deren Beruf die Auslegung des Grundgesetzes ist, muss deswegen bis heute weitgehend ohne eine vernünftige Theorie des deutschen Regierungssystems auskommen und behilft sich teils mit Anleihen bei den klassischen Theoretikern der Weimarer Zeit, teils mit der Rezeption US-amerikanischer Demokratietheorie.

Die Verknüpfung von Parlament und Regierung

Das parlamentarische Regierungssystem ist in Deutschland ein Kind der Revolution. In wenigen Sätzen eingeführt durch eine Abänderung der Reichsverfassung kurz vor Ende des Ersten Weltkriegs, wurde es vor hundert Jahren erstmals durch die Weimarer Reichsverfassung vom 11. August 1919 politische Realität.[7]

Im Zeitpunkt seiner Einführung liegt nun allerdings schon das Grundproblem, das sich seither gleich geblieben ist. Es besteht in der Schwierigkeit der institutionellen Rückbindung einer schon voll ausgebildeten, in einem Bundesstaat handelnden und vergleichsweise großen bürokratischen Regierung an ein Parlament, das nicht seinen bürgerlichen Vorbildern aus dem 19. Jahrhundert entsprach, sondern in das mit Funktionärsparteien, plebiszitären Techniken der Propaganda und allgemeinem Wahlrecht bereits die politische Wirklichkeit des 20. Jahrhunderts Einzug gehalten hatte. Wie also lassen sich zwei Institutionen verfassungsrechtlich verknüpfen, die über lange Zeit strikt getrennt waren und im Zeitalter der Massendemokratie immer stärkeren zentrifugalen Kräften unterlagen?

Die verfassungsrechtliche Ausrufung einer parlamentarisch verantwortlichen Regierung ändert nichts an dem Problem, dass die Regierung auch tatsächlich auf die dauernde Interaktion mit dem Parlament angewiesen sein muss, damit das verfassungsrechtliche Institut der parlamentarischen Verantwortlichkeit einen praktisch-politischen Sinn hat. Genauso wenig wie die Verantwortlichkeit des Vorstands einer Aktiengesellschaft erschöpft sich die parlamentarische Verantwortlichkeit der Regierung in einem abstrakten Prinzip; vielmehr ist sie auf Verfahren und Sanktionen angewiesen, in denen sie laufend aktualisiert wird. Das parlamentarische Budgetrecht allein ist dabei zwar ein wichtiges, aber keinesfalls ein allein ausreichendes Mittel. Auch der amerikanische Kongress hat und der Reichstag des Kaiserreichs hatte ein Ausgabenbewilligungsrecht. Die parlamentarische Verantwortlichkeit lässt sich auch nicht sicherstellen, indem nur das Parlament förmliche Gesetze beschließen darf. Das Monopol der Legalität verschafft dem Parlament nämlich noch keine Kontrolle über alles, was nicht Gesetzgebung, sondern was Vollziehung, Organisation, Planung, Kommunikation, auswärtige Beziehungen, Krisenbewältigung, kurz: was Regierung ist.

Die Verfahren der Geltendmachung parlamentarischer Verantwortlichkeit können ganz verschieden sein. In den Westminster-Parlamenten sind die wöchentlichen *Questions to the Prime Minister* ein medienwirksames Spektakel und eine sichtbare Manifestation demokratischer Rechenschaftspflicht. Auch die Minister erscheinen dort sehr viel häufiger als in Deutschland zur Beantwortung von Fragen im Parlament und seinen Ausschüssen.[8] Im französischen Parlamentarismus des 19. Jahrhunderts haben sich förmliche Interpellationen mit anschließenden Abstimmungen über die Politik der Minister als Mittel der Verantwortlichkeit herausgebildet.

Derlei Verfahrensregeln waren dem deutschen Verfassungsrecht zunächst mehr oder weniger fremd: Das Zitierrecht des Art. 33 Abs. 1 WRV, der dem heutigen Art. 43 Abs. 1 GG entspricht, machte die ausnahmsweise Herbeirufung eines Ministers von einer Mehrheitsentscheidung abhängig. Diese Regel wird meist nur dann bedeutsam, wenn die Regierung über keine parlamentarische Mehrheit verfügt. Auch heute zitieren die Regierungsfraktionen ihre eigenen Minister nicht herbei, sondern beeinflussen sie über informelle Kanäle viel wirkungsvoller. Den Oppositionsfraktionen fehlen dazu die Mittel. Überhaupt gibt es im Bundestag keine Kultur des mündlichen Antwortens. Kleine und große Anfragen beantwortet die Bundesregierung schriftlich. In der Fragestunde demonstriert sie oft eine politische Unsitte, indem sie Fragen von Abgeordneten durch parlamentarische Staatssekretäre beantworten lässt, die nicht der Bundesregierung angehören und damit auch nicht parlamentarisch verantwortlich sind.

Dieses Grundproblem ist in der deutschen Verfassung seither immer virulent geblieben. Auch das Grundgesetz hat es nicht «gelöst», wie man zu sagen pflegt. Dass sich in der Bundesrepublik dennoch ein parlamentarisches Regierungssystem etablieren konnte, ist die geschichtliche Leistung, die nachkonstitutionelle Errungenschaft der drei genuin neuen, verfassungsrechtlich in dieser Form überhaupt nicht vorgesehenen Institutionen des deut-

schen Regierungssystems: der Volksparteien, des Bundeskanzleramts und des Bundesverfassungsgerichts. Sie sind die unbe-
sungenen Helden der parlamentarischen Demokratie in der
Bundesrepublik. Das Bundeskanzleramt ist die institutionelle
Schaltstelle für fast die gesamte Interaktion von Parlament und Regierung. Die Führung der Regierung durch Volksparteien sorgte
für eine enge personelle und programmatische Verbindung zwischen Regierungskabinett und Fraktion. Und schließlich verhalf
das Bundesverfassungsgericht mit einer extensiven Handhabung
seiner Befugnisse dem Parlament und insbesondere auch der parlamentarischen Opposition zur Konsolidierung ihrer Stellung.
Was das parlamentarische Regierungssystem ist und wo seine
Besonderheiten liegen, lässt sich deshalb nur historisch erklären.

Weimar: Die halbe Parlamentarisierung
der Bürokratie

Das ganz andere Vorbild England

Als die Weimarer Verfassung vor hundert Jahren, im August
1919, in Kraft trat, waren die Vorstellungen von der Funktionsweise einer parlamentarischen Regierung widersprüchlich. Oft
bezog man sich auf das britische Regierungssystem als Vorbild –
und tut es noch bis heute. Doch die Bedingungen, unter denen
sich dort das Parlament seine Vorrangstellung erkämpft hat, finden in Deutschland keine Entsprechung. Das gewohnheitsrecht-
liche Prinzip der parlamentarischen Verantwortlichkeit des Kabinetts entstand in England nämlich schon im 18. Jahrhundert,
als das Parlament mehrere Regierungen zum Rücktritt zwang. In
diesem komplizierten Prozess kam nicht zuletzt das politische
Kapital zum Tragen, das das englische Parlament durch den Sieg
über die Monarchie im englischen Bürgerkrieg errungen hatte.[9]

Nun war England im 18. Jahrhundert weder ein absolutistischer Staat wie die Monarchien auf dem Kontinent noch eine Demokratie im heutigen Sinne. Es gab kein universelles Wahlrecht, keine parlamentarische Öffentlichkeit und keine Parteien, wie wir sie heute kennen. Parlamentarische Regierung bezeichnete eine Form der Regierungskontrolle durch eine kleine, sozial homogene Oberschicht, deren wechselseitige Loyalitäten durch die gemeinsame Standesherkunft gesichert waren: Man kannte sich. Bei allen Machtkämpfen verhinderte dies jene starke ideologische Polarisierung, die für den Parlamentarismus seit dem späten 19. Jahrhundert charakteristisch geworden ist. Auch entwickelten sich die parlamentarisch verantwortlichen Minister aus einem kollegialen Beratungsgremium der Krone, noch bevor sie durch die Herrschaft über eine ausgebaute Ressortverwaltung jene politische Hausmacht erlangten, die das moderne Ministeramt prägt. Der englische Fall ist also deswegen einzigartig, weil das parlamentarische Regierungssystem hier vor der Demokratie, vor den Parteien und vor der Bürokratie entstanden war.[10]

Gewisse Elemente dieses Entstehungszusammenhangs haben sich bis heute erhalten. Das Prinzip der Parlamentssouveränität (*parliamentary sovereignty*) beruht auch heute noch auf Gewohnheitsrecht. Rechtlich fixierte Kompetenzen des Parlaments existieren ebenso wenig wie eine Verfassungsgerichtsbarkeit in unserem Sinne. Auch ansonsten beruht das britische Regierungssystem auf anderen Prämissen: Wo es keinen Föderalismus gibt, muss man sich auch keine Gedanken über Landesverwaltungen machen, die parlamentarisch nicht verantwortlich sind. Vor allem ermöglicht das Mehrheitswahlrecht im Regelfall Regierungsbildungen ohne Koalitionszwang. Kabinette sind dadurch parteimäßig homogen. Die parlamentarische Verantwortlichkeit der Regierung besteht folglich nicht in der individuellen Verantwortlichkeit des ressortzuständigen Ministers, sondern in der *collective responsibility* des ganzen Kabinetts unter Führung des *Prime Minister*.

Das deutsche Problem

In seinen Entstehungsbedingungen und Pfadabhängigkeiten unterscheidet sich das deutsche vom britischen Regierungssystem radikal. Es hat sich in mehreren, höchst unterschiedlichen Phasen der Parlamentarisierung einer schon voll ausgebildeten bürokratischen Exekutive herausgebildet, die vor dem Ersten Weltkrieg unter der Kontrolle des vom Kaiser ernannten Reichskanzlers und des von der preußischen Bürokratie beherrschten Bundesrates stand. Der Reichstag konnte die Regierung weder aus dem Amt jagen noch in ihrem Handeln effektiv kontrollieren. Der berühmte zweite Satz des Art. 9 der Reichsverfassung von 1871 sorgte dafür, dass Parlament und Regierung auch organisatorisch sorgfältig getrennt blieben: «Niemand kann gleichzeitig Mitglied des Bundesrathes und des Reichstages sein.»

Der Reichstag wurde zwar demokratisch gewählt, ohne aber Träger einer parlamentarischen Regierung zu sein. Ihm blieb also allein die Gesetzgebungsarbeit, der er sich umso hingebungsvoller widmete. Dass er, wie alle deutschen Parlamente seit Beginn des 19. Jahrhunderts, versuchte, vor allem durch öffentliche Rede und Debatte jenen Einfluss auszuüben, den ihm die Verfassungen versagten, war für eine Institution mit diesen Kompetenzen natürlich folgerichtig, aber nicht unbedingt Ausdruck der Stärke. Viel zu spät, nämlich erst in den letzten Wochen des Ersten Weltkriegs, wurde die Reichsregierung schließlich doch parlamentarisch verantwortlich gemacht. Zur gleichen Zeit entwickelte Max Weber in einer Reihe von Aufsätzen, die während der Weimarer Verfassungsberatungen unter dem Titel «Parlament und Regierung im neugeordneten Deutschland» erschienen, und in seinem im Sommer 1919 gehaltenen Vortrag «Politik als Beruf» die bis heute einzige politische Theorie des parlamentarischen Regierungssystems in Deutschland. Mit erstaunlicher Klarheit erkannte er in der Autonomie der entwickelten Bürokratie den Kern des institutionellen Problems des parlamentarischen Regie-

rungssystems in Deutschland. Webers Bewunderer, der österreichische Ökonom Joseph Schumpeter, beschrieb dieses Problem
ein Jahr nach Ende des Zweiten Weltkriegs als die Schwierigkeit,
«die Hand der führenden Gruppe auf den Mechanismus der Bürokratie zu legen»[11].

Mit der Einführung des allgemeinen Wahlrechts, des Mehrheitsprinzips und der parlamentarischen Verantwortlichkeit der
Regierung war für Weber die Sache nicht getan. Es ging ihm gerade darum, dass den führenden Parlamentspolitikern, die zugleich an der Spitze der politischen Parteien standen, der Zugang
zur Macht, zu Regierungsämtern mit politischen Gestaltungspotentialen, eröffnet wurde. Die Bedeutung des parlamentarischen
Regierungssystems erkannte Weber mit anderen Worten darin,
der Politik, der ethisch verantwortlichen Gestaltung der Zukunft,
gegenüber der Bürokratie ein eigenständiges Bewegungsfeld zu
sichern. Ermöglichen sollte das die Verbindung der politischen
Großorganisationen im Parlament mit der Regierungsverantwortung. Die wichtigste Voraussetzung dafür seien Berufspolitiker, die sich nicht damit begnügen, die Regierung im Parlament durch bloßes Reden auf eine bessere Politik zu verpflichten,
selbst also nur die «negative Politik» der «altbürgerlichen Spießbürgerdemokratie»[12] zu betreiben. Zum parlamentarischen Berufspolitiker gehörte es für Weber vielmehr ganz wesentlich, die
Regierungsführung aktiv zu kontrollieren und zugleich selbst
Regierungsverantwortung anzustreben. Über die Unwahrscheinlichkeit dieser Haltung täuschte sich Weber, der sich der notorischen Neigung der Deutschen zum gesinnungsethischen Ressentiment gegen die professionelle Politik durchaus bewusst war,
keine Sekunde. Deswegen plädierte er in den Verfassungsberatungen des Jahres 1918/1919 auch nicht für ein rein parlamentarisches System, sondern für einen plebiszitär legitimierten Reichspräsidenten zur Disziplinierung des Parlaments. Hierin sollte
ihm die Weimarer Verfassung bekanntlich folgen.

Nicht weniger folgenreich ist aber ein anderer Aspekt an der von Weber offengelegten Problematik. Mit der nachträglichen Parlamentarisierung einer schon ausgebildeten Reichsregierung wurden jenes Verwaltungsmodell und der ihm zugehörige Bürokratietypus zugleich verfassungskräftig festgeschrieben und in die demokratische Republik übernommen. Nicht die Verwaltung wurde in Aufbau und Gliederung dem parlamentarischen Regierungssystem, sondern dieses wurde umgekehrt dem tradierten deutschen Verwaltungssystem angepasst. Die Bürokratie war als Verfassungsfaktor sozusagen gesetzt, die Frage nach ihrer Funktionsweise innerhalb des Regierungssystems brauchte und braucht bis heute nicht gestellt zu werden. Dass man auch mal den Verwaltungsaufbau ändern könnte, auf diesen verwegenen Gedanken ist in Deutschland bisher noch kein Verfassungsreformer gekommen.

Die Organisierung von Verantwortlichkeit

In der Reichsverfassung vom August 1919 wurde die alte organisatorische Trennung von Reichstag und Reichsregierung zwar nicht beseitigt, die Verbindung von Reichstagsmandat und Regierungsamt aber immerhin personell ermöglicht. Art. 54 fasste das parlamentarische Prinzip wie folgt zusammen: «*Der Reichskanzler und die Reichsminister bedürfen zu ihrer Amtsführung des Vertrauens des Reichstags. Jeder von ihnen muss zurücktreten, wenn ihm der Reichstag durch ausdrücklichen Beschluss sein Vertrauen entzieht.*» Diese Bestimmung ist für die Herausbildung des spezifisch deutschen Verfassungsmodells einer parlamentarischen Regierung unendlich folgenreich gewesen: Die aus Reichskanzler und Ministern bestehende Kollegialregierung wurde gerade nicht als solidarisch verantwortliche Gruppe mit kollektiver Verantwortlichkeit, sondern als Kollegium aus *je für sich* verantwortlichen Chefs der obersten Reichsbehörden, sprich: der Ministerien, organisiert.[13] Damit steht die Regierungsorganisation im deutschen Verfassungsmodell seit ihren Anfängen

nicht nur im Gegensatz zum Archetyp England. Auch in der ita-
lienischen Verfassung heißt es zum Beispiel: «Die Minister sind
gemeinsam für die Handlungen des Ministerrates und einzeln für
die Handlungen ihres Geschäftsbereiches verantwortlich.»
(Art. 95 Abs. 2: *I Ministri sono responsabili collegialmente degli atti
del Consiglio dei Ministri, e individualmente degli atti dei loro
dicasteri.*) Die Weimarer Verfassung und auch das Grundgesetz
kennen nur den zweiten, nicht aber den ersten Teil dieses Satzes.
Die politische Folge, die sich nach 1919 aus dieser bloß individuellen Verantwortlichkeit ergab, ist unmittelbar einsichtig: Jedes
Mitglied der Reichsregierung musste, insbesondere in der Situation einer Minderheitsregierung, darauf achten, die Herausbildung negativer Mehrheiten im Reichstag zu seinem Sturz zu verhindern. So feindlich sich KPD und NSDAP im Reichstag waren,
zogen sie bei Misstrauensvoten nämlich oft an einem Strang.

In der Forschung ist diese Regelung häufig als Fehlschlag beurteilt worden, weil der Reichstag es zu leicht hatte, missliebige Minister durch Misstrauensvoten aus dem Amt zu entfernen. Eine
einheitliche, stabile Regierungspolitik wurde durch Sonderarran-
gements erschwert, die die einzelnen Minister aus Angst vor dem
jederzeit drohenden Vertrauensentzug mit unterschiedlichen
parlamentarischen Mehrheiten unterhielten. Vom Grundgesetz
her betrachtet, das die individuellen Sanktionen später abschaf-
fen sollte, liegt dieser Schluss sicher nahe. Allerdings entsprach
die individuelle Ministerverantwortlichkeit nach Ende des Ersten
Weltkriegs so sehr der Struktur der Reichsexekutive, dass die
Entscheidung der Nationalversammlung in dieser Frage fast
alternativlos war: Die Reichsminister verfügten als Chefs der
mächtigen Reichsministerien über eine enorme persönliche
Machtstellung, die im «Kabinett» gar nicht so ohne weiteres einzufangen war. Bis zum Beginn der Ära der Präsidialkabinette gaben denn auch prominente Minister wie Matthias Erzberger,
Gustav Stresemann oder Otto Geßler den Ton an, oft mehr als
ihre Regierungschefs. Und da der Reichstag im Wege der Ver-

hältniswahl gewählt wurde, war von Anfang an mit Koalitionsregierungen zu rechnen. – Was hätte «kollektive Verantwortlichkeit» in der Weimarer Koalition aus SPD, Zentrum und DDP
ohne starke ideologische Übereinstimmungen auch konkret be-
deuten sollen? Im November 1928 stimmten bei einer Reichstags-
abstimmung über die Einstellung des Panzerschiffbaus der sozialdemokratische Reichskanzler Hermann Müller und die drei
sozialdemokratischen Minister Carl Severing, Rudolf Hilferding
und Rudolf Wissel mit der SPD-Fraktion gegen einen entgegen-
gesetzten ausdrücklichen Regierungsbeschluss.[14] Dagegen stütz-
ten sie beim darauffolgenden Misstrauensvotum der KPD den
parteilosen Minister Wilhelm Groener, dessen Politik sie eigentlich offen bekämpften.

Solche Vorgänge sind heute selten geworden. Noch 1955
stimmte Adenauers alter Rivale Jakob Kaiser, den man als Minister für gesamtdeutsche Fragen politisch eingebunden hatte, mit
den FDP-Ministern in der Regierung gegen die Ratifikation des
Saarabkommens. Dagegen trat Sabine Leutheusser-Schnarren-
berger 1995 als Justizministerin zurück, nachdem das Kabinett
gegen ihren Widerstand den Großen Lauschangriff beschlossen
hatte. Auch insofern markiert der Verbleib Horst Seehofers in der
Koalition im Sommer 2018 einen außergewöhnlichen, ja kritischen Fall, der die in Jahrzehnten gefestigte Verfassungsnorm der
Kabinetts- *und* Fraktionsdisziplin offen in Zweifel zieht.

Während also die individuelle parlamentarische Verantwortlichkeit der Minister angesichts ihrer starken Ressortmacht durchaus konsequent war, lag das eigentliche Problem in der gleichsam
nur halben parlamentarischen Verantwortlichkeit des Reichskanzlers. Gewiss: Auch er war auf das Vertrauen des Parlaments
angewiesen. Außerdem musste er sich jedoch der Unterstützung
des Reichspräsidenten versichern, der einen Reichskanzler mit
parlamentarischer Mehrheit jederzeit entlassen (Art. 53 WRV)
und – falls vorhanden – dessen parlamentarische Basis durch die
Auflösung des Reichstags (Art. 25 WRV) auch zu beseitigen ver-

suchen konnte. Eine politische Führungsrolle des Reichskanzlers konnte sich zwischen den beiden Polen des Verfassungssystems, zwischen Reichstag und Reichspräsident, folglich erst etablieren nach der Ausschaltung jedweder parlamentarischen Verantwortlichkeit, das heißt in der Zeit der Präsidialkabinette. Hierin liegt der zutreffende Kern der düsteren Verfassungsanalysen, die Carl Schmitt 1932 unter dem Titel «Legalität und Legitimität» veröffentlichte, und ein wesentlicher Grund, weshalb der Reichstag in der Weimarer Zeit den aus dem Konstitutionalismus ererbten Defekten verhaftet blieb.

Zerrbilder der Parlamentarismustheorie –
ein Erbe Weimars

Aus der prekären Stellung der parlamentarischen Regierung hatte Carl Schmitt aber schon in seiner ebenso einflussreichen wie verhängnisvollen Schrift über «Die geistesgeschichtliche Lage des heutigen Parlamentarismus» von 1923 ein systematisches Argument gemacht. Die freie öffentliche Deliberation, die die vordemokratischen Parlamente als Ersatz für ihren Ausschluss von der Macht zum Prinzip stilisiert hatten, gab Schmitt als angebliches überzeitliches Idealbild des Parlamentarismus aus. Damit ließ sich dann treffsicher darlegen, wie wenig der parlamentarische Betrieb seiner Zeit diesem Ideal entsprach: Die Reden im Parlament bestanden in der Wiedergabe parteipolitisch abgestimmter Positionen; die im Plenum getroffenen Entscheidungen waren in den nichtöffentlichen Ausschüssen längst ausgehandelt; die Abgeordneten waren keine freien Bürger, die ihrem Gewissen folgten und das Volk vertraten, sondern standen unter dem dauernden Druck der Parteien, der Verbände und der in ihnen organisierten Interessen. Eine solche Beschreibung des Weimarer Reichstags war bestenfalls die halbe Wahrheit. Zur ganzen hätte auch gehört, dass die vermeintlichen Defekte zugleich zarte Ansätze zur echten Beteiligung des Parlaments an

der Regierungsverantwortung waren. Dass die ethische Qualität
eines Parlaments nicht proportional mit seinem Einfluss wächst,
ist freilich ein sehr unspezifisches Problem der Macht, das ebenso
für jede andere Institution gilt. Für das Parlament trifft diese
Annahme vermutlich noch nicht einmal zu: Die von seinen
Gegnern ostentativ in der Zeitform der tiefsten Vergangenheit
vorgetragene Erzählung vom englischen Parlamentarismus des
18. Jahrhunderts als *goverment by discussion* ist längst widerlegt.
In Wahrheit war gerade der bürgerliche Frühparlamentarismus,
wo er Macht hatte, in einem Maße korrupt, das heute niemand
mehr für hinnehmbar hielte.

Einflussreich wurde Schmitts Parlamentarismuskritik nicht
zuletzt durch Jürgen Habermas' Demokratietheorie, der sein
Verhältnis zum Parlamentarismus freilich im Laufe der Zeit
grundlegend überdacht hat. Im Frühwerk übernahm er Schmitts
Erzählung vom frühliberalen Redeparlament als demokratie-
theoretisches Ideal, um daraus eine Verfallsgeschichte der bürgerlichen Öffentlichkeit abzuleiten. Später rehabilitierte Habermas
den Parlamentarismus und betrachtet ihn nunmehr als Modell-
fall öffentlicher Deliberation einer demokratischen Bürgergesell-
schaft.[15] Das Bindeglied zwischen beiden Lesarten ist freilich die
Abwesenheit von Herrschaft, die systematische Invisibilisierung
von Macht. Sie ist für beide, Schmitt und Habermas, das normative Prinzip des Parlamentarismus, dem er natürlich fast nie entspricht. Selbstredend hatten beide politisch gänzlich Verschiedenes im Sinn. Auch hat Habermas Diskussion und Herrschaft
nicht einfach gegeneinander ausgespielt. Doch bleibt auch in seinem Denken die Vorstellung von der Möglichkeit einer Demokratie gegen das Parlament stets präsent. Zuletzt hat er während
der Eurokrise die Hoffnung geäußert, «dass das Bundesverfassungsgericht den politischen Parteien mit der Anordnung eines
verfassungsändernden Plebiszits die Initiative abnimmt».[16]

So gelten ja in der deutschen Öffentlichkeit ausgerechnet jene
Entscheidungsprozesse als «Sternstunden des Parlamentaris-

mus», für die man die komplexe Einrichtung Parlament am wenigsten benötigt, weil sie keinen parteipolitischen Index haben
und von der Regierungskoalition nur wenig Führungsstärke verlangen: Hauptstadt Bonn oder Berlin, Reichstag verhüllen ja oder
nein, Sterbehilfe pro und contra, Mahnmal, Gedenkstunde. Gerne erklärt man hierzulande unter Hinweis auf Art. 38 Abs. 1 GG
die berühmten Gewissensfragen zu den angeblichen parlamentarischen Sternstunden und bedient damit die alte deutsche Sehnsucht nach der Abwesenheit von Politik. Das bewies zuletzt die
Entscheidung für die «Ehe für alle», Gewissensfrage ohne Zweifel. Als das Parlament sich als Machtform bewies, die binnen kurzem entscheidungsfähig war, als die Mehrheit stand, klagte man
über die Politisierung des Verfahrens. Für die wirklichen Sternstunden des Parlaments, für die Haushaltsdebatten, für das Beharren des Haushaltsausschusses auf dem korrekten Budgetvollzug, für die offene parlamentarische Feldschlacht in den
Regierungsfraktionen um das Tarifeinheitsgesetz oder das Aufbegehren der CDU/CSU-Fraktion gegen ihre Marginalisierung
durch die Abwahl Volker Kauders im September 2018 hat die
deutsche Öffentlichkeit stets nur wenig übrig. Noch Roger Willemsens Bestseller «Das hohe Haus» zeugt von dem weitgehenden
Unverständnis für das, was das Parlament produziert: nämlich
weniger politische Debatten als vielmehr politische Entscheidungen.

Von der Politikwissenschaft sind die falschen Prämissen dieser
Theorie nie ernsthaft in Frage gestellt worden. In den zeitgenössischen deutschen Handbüchern der Demokratietheorie gibt es
in der Regel noch nicht einmal einen Eintrag zum Parlamentarismus oder zum parlamentarischen Regierungssystem. Die
deutsche politische Theorie beschäftigt sich zwar mit allen möglichen Aspekten von Demokratie und Demokratisierung, nur
nicht mit den theoretischen Problemen des deutschen Regierungssystems – ebenso wenig übrigens die deutsche Staatsrechtslehre, in deren Vorzeigeprojekt, dem zwölfbändigen Handbuch

des Staatsrechts, der Bundestag bloß als ein Staatsorgan unter vielen vorkommt, das parlamentarische Regierungssystem nur am Rande. Sofern die Staatsrechtslehre überhaupt Demokratietheorie betreibt, beschäftigt sie sich lieber mit den klassischen Autoren der Weimarer Republik, die noch kein volles parlamentarisches Regierungssystem im heutigen Sinne kannten, oder mit dem Import von amerikanischer Theorie. Nur gibt es dort Gewaltenteilung, die Funktion der Legislative ist damit von vornherein eine völlig andere als in der Bundesrepublik.

Der Parlamentarismus und das Grundgesetz

Ausgangsbedingungen

Das Bonner Grundgesetz reagierte auf die Probleme des Weimarer Parlamentarismus bekanntlich durch die Aufwertung des Amtes des Bundeskanzlers, der nunmehr aus einer parlamentarischen Wahl hervorgehen und parlamentarisch voll verantwortlich sein sollte – ohne das plebiszitär legitimierte Amt des Präsidenten neben und über sich (Art. 63, 65 S. 1 GG).[17] Im Parlamentarischen Rat hatte die inzwischen in der historischen Forschung vielfach widerlegte Auffassung vorgeherrscht, die zu starke Stellung des Parlaments gegenüber der Exekutive sei ein Grund für die Instabilität der Weimarer Koalitionsregierungen gewesen. Deshalb sollte die Möglichkeit parlamentarischer Misstrauensvoten gegen einzelne Minister fortan entfallen. Misstrauensvoten gegen den Kanzler sollten nur noch gleichzeitig mit der Wahl eines neuen Kanzlers, also konstruktiv möglich sein (Art. 67 GG). Die Abhängigkeit der Regierung von festen parlamentarischen Mehrheiten sollte so gering wie möglich sein, da 1948/49 ohnehin niemand mit solchen Mehrheiten rechnete.

Die alte organisatorische Trennung von Parlament und Re-

gierung freilich, der in Weimar nicht behobene konstitutionelle
Dualismus, blieb im Grundgesetz unangetastet. Auch das Grundgesetz kennt keine organisatorischen Verbindungen von Bundesregierung und Parlament. Was man also als parlamentarisches
Regierungssystem bezeichnet, ist im Grundgesetz im Grunde
nicht geregelt.[18] Die verfassungsrechtliche Führungsrolle der Regierung im Parlament kommt ironischerweise nur in der Not-
standsregelung des Art. 81 GG zum Ausdruck, in der der Bundesrat als Ersatzgesetzgeber fungiert. Die Verfassung kennt die für
parlamentarische Regierungssysteme an sich typische rechtliche
Sonderstellung von Gesetzentwürfen der Regierung im parlamentarischen Verfahren nicht. Art. 76 Abs. 2 GG schreibt vielmehr
das Gegenteil vor und unterwirft Regierungsvorlagen einem
besonderen vorherigen Konsultationsverfahren über den Bundesrat. Auch kennt das Grundgesetz keine parlamentarischen Interpellationen. Die parlamentarischen Leitungsorgane, Bundestagspräsident (Art. 40 Abs. 1 S. 1 GG) und Ältestenrat (§ 6 GOBT),
wurden nicht zu derartigen Verbindungsinstitutionen fortentwi-
ckelt, sondern in ihrem früheren Zustand belassen, den der liberale Staatsrechtler Julius Hatschek, Verfasser der ersten deutschen
Darstellung des Parlamentsrechts, schon 1915 in seinen Wesenszügen beschrieben hatte: Der Seniorenkonvent im Reichstag, der
heute dem Ältestenrat im Bundestag entspricht, war bereits eine
auf halbem Weg zur Kabinettsregierung stehengebliebene Institution, die mit der Aufstellung der parlamentarischen Agenda deren Funktionen teilweise ersetzte.[19] Im Gegensatz zum *Speaker*
amerikanischer Prägung gehört die Unparteilichkeit bis heute
zum Amtsverständnis des Parlamentspräsidenten. Neben der Erfüllung seiner unmittelbaren parlamentarischen Leitungsauf-
gaben fungiert er im deutschen Regierungssystem wie eine Art
zweiter Bundespräsident. Im Ältestenrat werden Geschäftsordnungsfragen nicht nach Mehrheiten, sondern nach parlamentarischem Brauch im Konsens behandelt.[20] Die Überparteilichkeit
geht freilich nicht ganz so weit wie in Großbritannien, wo die

Opposition üblicherweise sogar darauf verzichtet, im Wahlkreis gegen den amtierenden *Speaker of the House of Commons* einen Gegenkandidaten aufzustellen.

Auch die Ämterverfassung des Grundgesetzes orientiert sich nicht an den strengen Gesetzmäßigkeiten der parlamentarischen Regierung. Anders als in manchen Landesverfassungen, nach denen der Ministerpräsident nur aus den Abgeordneten des Landtags gewählt werden kann, muss der Bundeskanzler kein Mitglied des Bundestages sein. Inwiefern das Parlament auch Rekrutierungsstätte für Regierungspolitiker ist, lässt die Verfassung folgenreich offen. Bis heute gibt es ja im deutschen Regierungssystem keinen natürlichen Weg von der Fraktionsführung zur Regierung. Vielmehr führt der Weg zum Kanzleramt in der Regel über die Staatskanzleien der Länder. Angela Merkel ist insoweit die große Ausnahme. Auch Minister wird man in der Bundesrepublik nicht ausschließlich über den Aufstieg in der Fraktionshierarchie; neben dem Parlament sind auch die Landesregierungen aufgrund ihrer durch den Bundesrat vermittelten Dauerpräsenz in der Bundespolitik «Stätten der Führerauslese» (Max Weber). Wenigstens im Nachhinein müssen sich solche Minister aber eine parlamentarische Basis verschaffen: Wer aus den Ländern auf ein Ministeramt rückt, wie 2005 Peer Steinbrück oder zuletzt sein Nachnachfolger Olaf Scholz, muss für seinen Einzug spätestens in den nächsten Bundestag sorgen. Echte und noch dazu parteilose Quereinsteiger wie Paul Kirchhof oder Werner Müller blieben ohne Fortune. Parlamentarisch denkende Fraktionen sollten es nicht goutieren, wenn an ihnen vorbei steile Karrieren gemacht werden.

So wird man ohne Kenntnis der späteren Verfassungsentwicklung sagen müssen: Das Grundgesetz hat keine vom Parlament getragene Regierung, sondern eine Exekutive organisiert, die dem Parlament, einmal gewählt, als «die Bundesregierung» gegenüberzutreten vermag. Vor allem übernahm das Grundgesetz aus der Bismarckverfassung des Jahres 1871 die höchst unscheinbare, aber für das Regierungssystem schlechterdings fundamentale Vorschrift des Art. 43 GG: «(1) *Der Bundestag und seine Ausschüsse können die Anwesenheit jedes Mitgliedes der Bundesregierung verlangen.* (2) *Die Mitglieder des Bundesrates und der Bundesregierung sowie ihre Beauftragten haben zu allen Sitzungen des Bundestages und seiner Ausschüsse Zutritt. Sie müssen jederzeit gehört werden.*» Diese Sätze bergen eine spektakuläre Asymmetrie: Während Absatz 1 den Zugriff des Parlaments auf Mitglieder der Bundesregierung von einem Mehrheitsbeschluss abhängig macht und damit für den Normalfall innerhalb einer Koalitionsregierung ausschließt, wird das Parlament in Absatz 2 für die Exekutive außerordentlich weit geöffnet.

Diese Vorschrift ist eine denkbar starke Negation des parlamentarischen Regierungssystems. Denn sie verleugnet die für dieses Verfassungsmodell so konstitutive Unterscheidung zwischen den parlamentarisch verantwortlichen Mitgliedern der Bundesregierung (Art. 62 GG) und der unter ihrer Verantwortung stehenden, selbst aber nicht verantwortlichen Bürokratie. Dass die Minister im Bundestag jederzeit das Wort ergreifen können, ist eine parlamentarische Selbstverständlichkeit. Dass aber auch subalterne Landes- oder Bundesbeamte mit entsprechender Vollmacht dazu befugt sind, ist das Erbe einer Bismarck'schen Raffinesse mit dezidiert antiparlamentarischer Pointe. Auch die Mitglieder des Bundesrates sind ja in dieser Eigenschaft dem Parlament gegenüber nicht verantwortlich.

Da kann es bisweilen zu komischen Situationen kommen wie am 26. November 1975, als der rheinland-pfälzische Ministerpräsident und CDU-Vorsitzende Helmut Kohl gegen den Protest des SPD-Fraktionsvorsitzenden Herbert Wehner von der Bundesratsbank aus in der Debatte über die deutsch-polnischen Vereinbarungen eine Erklärung «für meine Freunde in der CDU/CSU» abgab. Die Zurechtweisung durch Bundeskanzler Schmidt folgte auf dem Fuß: «Der Herr Ministerpräsident Kohl hat in diesem

Hause Rederecht nur in seiner Eigenschaft als Mitglied des Bundesrates und in keiner sonstigen Eigenschaft. (Beifall bei der SPD und der FDP – Zwischenruf [CDU/CSU]: Die anderen Eigenschaften bringt er aber mit!)» Abgeordneter wurde Kohl erst ein Jahr später, nach der Bundestagswahl 1976.

Die Interventionen von der Bundesratsbank sind selten geworden. Als der kurzzeitige Hamburger Innensenator Ronald Schill («Richter Gnadenlos») im August 2002 unter Berufung auf Art. 43 Abs. 2 GG eine irrlichternde Rede über seine Lieblingsthemen Kriminalität und Zuwanderung hielt, wurde das von allen Fraktionen als missbräuchlich eingestuft.[21] Das gehört ebenso zur Durchsetzung des parlamentarischen Prinzips wie die Tatsache, dass es dem Bundestag inzwischen gelungen ist, die Präsenz von Spitzenbeamten auf der Regierungsbank substanziell zurückzufahren. Vor allem aber das Ausschussverfahren wird bis heute sehr stark durch die Einbeziehung der «Beauftragten» in Art. 43 Abs. 2 GG geprägt: An Ausschusssitzungen des Bundestages nehmen nämlich in der Regel nicht nur die Ausschussmitglieder teil, sondern auch eine oftmals weit größere Zahl an Ministerialbeamten, während Fraktionsmitarbeiter nicht zugelassen sind.[22] In dieser Regelung kommt also weniger die politische Vertretung der Regierungspolitik als vielmehr das Gewicht der großen Zahl und das Fachwissen der Bürokratien zur Geltung. So ist in der Regelung des Artikels 43 in nuce die ganze Möglichkeit des Rückfalls von Politik in die «Beamtenherrschaft» (Max Weber), das potentielle Übergewicht der Mechanismen administrativ-föderaler Koordinierung ohne das Parlament, in das Grundgesetz übernommen worden.

Abkehr vom parlamentarischen Regierungssystem?

Die Staatsrechtslehrer der frühen Bundesrepublik zogen aus dieser Verfassungslage ziemlich einhellig die Konsequenz, das Grundgesetz habe eine «Abwendung vom parlamentarischen

System» vollzogen.[23] Und tatsächlich ließ sich ja das Grundgesetz im Stile eines gaullistischen Verfassungsideals antiparlamentarisch interpretieren: Der Kanzler – und nicht das Parlament! – bestimmt die Richtlinien der Politik. Bald bürgerte sich die Bezeichnung «Kanzlerdemokratie» ein,[24] die den doppelten Gegensatz zur parlamentarischen und zur Präsidentialdemokratie ausdrücken sollte.[25] Die Verfassung erlaube es dem Bundeskanzler, so schrieb der konservative Publizist Rüdiger Altmann, weitgehend ohne parlamentarische Vertrauensbasis zu regieren. Das Grundgesetz sei im Verhältnis der Regierung zum Parlament «ohne große und belebende Ideen geblieben. Es war eher eine Abrechnung mit der Vergangenheit, erfüllt von der Furcht, daß die Geschichte sich wiederholen könnte.»[26] In der frühen Literatur zum Grundgesetz dominierte eine seltsame Vorstellung von Gewaltenteilung ohne demokratisch gewählte Exekutive. Erst der Bonner Staatsrechtslehrer Ernst Friesenhahn fand 1957 die später vielzitierte Formel, mit der sich das Grundgesetz stärker *parlamentarisch* interpretieren ließ: «Das Parlament darf sich zwar nicht in die laufende Verwaltung einmischen, da dies dem Rechtsstaatsgrundsatz widersprechen würde. *Die Staatsleitung aber steht Regierung und Parlament gewissermaßen zur gesamten Hand zu.*»[27]

Auch wenn die einheitliche Leitung der Regierungspolitik durch den parlamentarischen Regierungschef damit etabliert war, blieben die organisatorischen Grundprobleme des deutschen Regierungsmodells – also die starke bürokratische Selbstständigkeit der einzelnen Ressorts, die fehlende Verknüpfung von Parlamentsfraktionen und Regierung sowie die durch den Bundesrat jetzt noch stärkere Verknüpfung von Landesbürokratie und Bundesregierung – weiterhin ungelöst. In gewisser Weise wurden sie sogar verschärft. Denn die Minister agierten aufgrund der ausgeprägten bürokratischen Ressortautonomie nunmehr ohne jede direkte parlamentarische Sanktionsmöglichkeit. Art. 65 Satz 2 des Grundgesetzes entspricht nur äußerlich Artikel 56 Satz 2 des der Weimarer Verfassung, ohne das individuelle Misstrauensvotum aber nicht mehr im Sinngehalt. Tatsächlich deuteten in der Adenauer-Zeit zunächst zahlreiche Entwicklungen darauf hin, dass sich die Bundesrepublik nicht zu einem parlamentarischen Regierungssystem entwickeln würde. Das gilt nicht nur für die Renaissance des Föderalismus in den fünfziger Jahren. Auch war Adenauers Verhältnis zur CDU/CSU-Bundestagsfraktion deutlich loser als bei späteren Bundeskanzlern. Die CDU war zu dieser Zeit noch eine lockere Honoratiorenpartei, die Unionsfraktion deswegen weitaus weniger auf eine einheitliche Parteilinie verpflichtet, die von Interessenverbänden ausgehenden zentrifugalen Tendenzen in den Regierungsfraktionen hingegen deutlich stärker. Die Volkspartei, die aus der Parteireform unter Kohl hervorgehen sollte, lag noch in weiter Ferne. Eine Informationspolitik, wie sie Adenauer gegenüber dem Bundestag betrieb, ließ sich später kein Parlament mehr bieten. Auch entwickelten sich innerhalb der Bundesregierung regelrechte Abschottungstendenzen. Der Aufbau des geheim tagenden Bundessicherheitsrates als parlamentarisch nicht kontrollierbare Regierungsinstitution ist dafür nur ein Beispiel.

Adenauers Werk – und der Beitrag der SPD

Die Entwicklung der Bundesrepublik zu einem parlamentarischen Regierungssystem verdankt sich ausnahmslos der Weiterentwicklung des Verfassungssystems in der Zeit *nach* dem Grundgesetz. Am Anfang stand Adenauer. Seine Entscheidung gegen eine Große Koalition mit der SPD auf dem berühmten Rhöndorfer Treffen vom 21. August 1949[28] schuf jenen Dualismus zwischen Regierungs- und Oppositionslager, der den Bundestag mit dem kurzen Intermezzo der Jahre 1966–1969 von den Anfängen der Bundesrepublik bis zum Beginn der Großen Koalitionen 2005 fast sechzig Jahre lang prägte: Union gegen SPD, «bürgerliches» gegen «linkes» Lager. Erst unter diesen Bedingungen begannen

sich im Deutschen Bundestag in den ersten Wahlperioden genuine Züge parlamentarischer Verantwortlichkeit der Regierung
und einer stärkeren institutionellen Verknüpfung von Parlament
und Regierung zu entwickeln. Dazu trug vor allem auch das
Wahlrecht bei, das die dramatische Schrumpfung und dadurch
Konsolidierung des Parteiensystems von elf auf zweieinhalb Parteien innerhalb weniger Jahre forcierte.

Die politische Theorie blieb freilich auch jetzt noch skeptisch.
Die deutschen Intellektuellen haben – von einigen bemerkens-
werten Ausnahmen wie Wilhelm Hennis oder Ernst Fraenkel abgesehen – der verfassungsrechtlichen Entwicklung in dieser Zeit
wenig Verständnis entgegengebracht und den Parlamentarismus
ausgerechnet in seiner Konsolidierungsphase noch einmal für tot
erklärt. Jetzt war es die marxistische Kritik am Parlamentarismus
als Form einer Klassenherrschaft, die im Zeichen des wachsenden
Wohlfahrtsstaates wiederaufgenommen und radikalisiert wurde:
Johannes Agnoli beschrieb den Parlamentarismus in seinem mit
Peter Brückner verfassten Kultbuch «Die Transformation der
Demokratie» als repressive Struktur mit dem Zweck, die Mehrheit der Bevölkerung von der Herrschaft auszuschließen, und begründete damit die Notwendigkeit einer außerparlamentarischen
Opposition. Schon Ende der fünfziger Jahre hatte der junge Jürgen Habermas das Wachstum sozialstaatlicher Daseinsvorsorge
als Gefahr für die Möglichkeit oppositioneller politischer Beteiligung gedeutet[29] und war sich darin mit konservativen Skeptikern
wie Ernst Forsthoff und Arnold Gehlen im Grunde einig.

Die real existierende Opposition im Deutschen Bundestag
strafte alle geschichtsphilosophisch aufgeladenen Thesen von ihrem Verschwinden jedoch Lügen. Angetrieben von der SPD-Fraktion setzte der Bundestag gegen Adenauers Rechtsauffassung,
gegen die überwiegende Meinung der verfassungsrechtlichen
Kommentatoren und ohne entsprechende verfassungsrechtliche
Regelung Misstrauens- und Missbilligungsanträge gegen mehrere
Minister ebenso wie die Streichung des Ministergehalts aus

dem Haushaltsplan als zulässige Mittel parlamentarischer Politik durch:[30] Noch in der Zeit seit der Wiedervereinigung sind im Bundestag insgesamt 14 Missbilligungs- und Entlassungsanträge gegen Regierungsmitglieder zur Abstimmung gestellt worden,[31] in der letzten Wahlperiode hingegen kein einziger mehr. Die Parlamentsreform des Jahres 1969 erweiterte die Kontrollrechte der parlamentarischen Ausschüsse beträchtlich. Auch informell wurde die Verbindung von Fraktion und Kabinett in der frühen Bundesrepublik immer enger; die Teilnahme der Vorsitzenden der Regierungsfraktionen an den Kabinettssitzungen wurde ebenso üblich wie die Rolle des Regierungschefs als «Ober-Vorsitzender seiner Kanzlerfraktion» (Hans-Peter Schwarz).[32] Schon in der ersten Wahlperiode nahm Adenauer an 33 Sitzungen des Fraktionsvorstands teil. Jedenfalls bei wichtigen Gesetzesvorhaben legte er auf die Teilnahme der Fraktionsführung an den Kabinettsberatungen großen Wert und setzte – gegen den Widerstand seiner Minister – im April 1951 eine entsprechende förmliche Vereinbarung durch. Bis heute wird die Teilnahme der Fraktionsvorsitzenden an den Kabinettssitzungen, die für die Einbindung der Fraktionen in die Regierungspolitik so essentiell ist, lediglich in Koalitionsvereinbarungen geregelt.[33] Und wiederum sind es Staatsrechtler, die in Verkennung des genuin verfassungsrechtlichen Sinns dieser Praxis einen Verstoß gegen das Gewaltenteilungsprinzip wittern.[34] Unter der Kanzlerschaft Merkels ist die Teilnahme der Fraktionsvorsitzenden an den Kabinettssitzungen nicht mehr üblich.

Das Bundeskanzleramt als parlamentarische Regierungszentrale

Vor allem aber war die Adenauer-Ära die Entstehungszeit der ersten großen Vermittlungsinstitution zwischen Parlament und Regierung: des Bundeskanzleramtes in seiner heutigen Form. Die Funktion, die es im Regierungssystem einnimmt, kommt in der Verfassung überhaupt nicht vor. Worin besteht sie? Die ein-

zelnen Ressorts haben mehr oder weniger eindeutige Zuständigkeiten, die sich aus einem Organisationserlass des Bundeskanzlers ergeben. Das Innenministerium ist zuständig für die
Bundespolizei, das Verkehrsministerium für die Aufsicht über
den Bahnkonzern und das Bildungsministerium für die Beaufsichtigung der Landesbehörden beim Vollzug des BaFöG. Die
Reichweite ihrer Zuständigkeiten bestimmt folglich auch das
Ausmaß der parlamentarischen Verantwortlichkeit der Minister.
Nicht so beim Bundeskanzler: Er bestimmt nach Art. 65 Satz 1 GG
die «Richtlinien der Politik», für die allein er dem Bundestag gegenüber Verantwortung trägt. Das Bundeskanzleramt unterstützt
den Bundeskanzler in der Wahrnehmung seiner Richtlinienkompetenz; es ist folglich keine normale Behörde mit klar bestimmten sachlichen Kompetenzen. Die Richtlinienkompetenz ist nämlich gar keine Kompetenz, sondern bedeutet nichts anderes als
politische Führung. Das Bundeskanzleramt ist also vor allem der
Beraterstab, der den Regierungschef bei der Entwicklung einer
allgemeinen Regierungspolitik unterstützt.

Wie umfassend die Funktionen des Bundeskanzleramtes sind,
versteht man nur, wenn man sich noch einmal das Grundproblem des deutschen Regierungsmodells in Erinnerung ruft: die
große Autonomie und geringe parlamentarische Kontrollierbarkeit der Einzelressorts. Kaum etwas wird in der deutschen Regierungspraxis so hochgehalten wie die «Ressortautonomie», obwohl sie verfassungsrechtlich betrachtet gar keine Autonomie ist,
sondern nur ein anderes Wort für die notwendige Trennung von
Aufgabenbereichen, damit Minister für etwas individuell verantwortlich sein können und nicht, wie in Großbritannien, als Kollegium.

Die verfassungsrechtlich naheliegende Konsequenz dieser
starken Ressortautonomie, nämlich die Verbindung aus indivi-
dueller Ministerverantwortlichkeit und der Möglichkeit parlamentarischer Misstrauensvoten gegen einzelne Minister, gilt seit
der Weimarer Republik mit Recht als gescheitert. Denn die par-

lamentarische Interaktion von Regierung und Regierungsfraktionen setzt ja eine hinreichend kohärente, koordinierte Regierungspolitik voraus. Im klassischen Modell des *cabinet government* ist das die Funktion des kollegial handelnden, solidarisch verantwortlichen Kabinetts, das es in Deutschland so nicht gibt. An seine Stelle tritt das Bundeskanzleramt. Es ist die Führungs-, Koordinations- und Planungseinrichtung schlechthin, kurz: die Regierungszentrale,[35] und gleicht darin dem Weißen Haus oder No. 10 Downing Street. Die Aufgaben solcher Regierungszentralen sind äußerst vielfältig: von der Beratung, Planung, Organisation, Kontrolle und Koordination der Ressortbehörden über hochrangige Personalentscheidungen, Repräsentation, Öffentlichkeitsarbeit und Informationsmanagement bis hin zur Außenpolitik.

Natürlich besaßen auch die Reichskanzler der Weimarer Zeit eine eigene Behörde, doch sie war im Vergleich zu den mächtigen Ministerien klein und im Grunde nicht mehr als ein Kabinettssekretariat. Auch das Bonner Bundeskanzleramt begann 1949 als «Bundeskanzlei» mit etwas mehr als hundert Mitarbeitern.[36] Zieht man davon noch jene Beamten ab, die sich um die Außenpolitik zu kümmern hatten, die Adenauer zunächst selbst im Kanzleramt wahrnehmen musste, blieb für die eigentliche Koordinierungsfunktion nur wenig Personal übrig. Am schnellsten wuchs die Regierungszentrale dann unter Brandt und seinem Kanzleramtsminister Horst Ehmke.[37] Der Planungsstab wurde erheblich vergrößert. «Mehr Demokratie wagen» bedeutete organisatorisch: mehr zentrale Koordinierung der Regierungspolitik. Heute hat das Bundeskanzleramt weit über tausend Mitarbeiter. Dass es offiziell nur etwa 600 sind, liegt an einem organisatorischen Trick. Das mächtige Presse- und Informationsamt, das nahezu die gesamte regierungsamtliche Öffentlichkeitsarbeit koordiniert und heute zum Leidwesen der AfD[38] auch in den sozialen Medien für die Tätigkeit der Regierung wirbt, tritt zwar nach außen als eigene Behörde auf; rechtlich handelt es sich aber um

nichts weiter als eben ein Amt, eine weitere Abteilung des Bundeskanzleramts, deren Chef, der im Rang eines Staatssekretärs
stehende Regierungssprecher, anders als ein Minister unmittelbar den Weisungen der Kanzlerin untersteht.[39]

Im Zuge seiner Expansion hat das Bundeskanzleramt mit der
Zeit zugleich die umfassende Koordination der Beziehungen von
Parlament und Regierung übernommen. Es ist heute wie No. 10
Downing Street die institutionelle Schaltstelle des parlamentarischen Regierungssystems. Eine wichtige Rolle kommt dabei
dem System der sogenannten Spiegelreferate zu, das sich Hans
Globke – der wichtigste und wegen seines Kommentars zu den
Nürnberger Rassegesetzen berüchtigtste Mitarbeiter Konrad
Adenauers – bereits in den fünfziger Jahren ausgedacht hat. Wie
das System funktioniert, zeigt der Organisationsplan des Kanzleramtes: Jedes Bundesressort findet sich dort gewissermaßen
noch einmal im Miniaturformat. Im Kanzleramt spiegelt sich
zum Beispiel der Aufgabenbereich des wichtigen Bundeswirtschaftsministeriums in fünf kleinen Referaten über Grundsatzfragen, Wettbewerb, Außenwirtschaft, Innovation und Energie.
Dagegen kommt das Bundeskanzleramt mit einem einzigen Spiegelreferat für das politisch sehr viel weniger prestigeträchtige
Bildungsministerium aus. Während also die Kanzler der Weimarer Republik darauf vertrauen mussten, dass ihnen die Minister
aus ihren Ressorts alle relevanten Informationen zutrugen, haben Bundeskanzler eigene Leute, die die Ressortpolitik kennen,
kontrollieren und koordinieren. Gleichzeitig ist das Bundeskanzleramt die zentrale Durchlaufstelle für den gesamten förmlichen
Verkehr der Ministerien mit dem Bundestag und fungiert als
Zentralverwaltung der parlamentarischen Ministerverantwortlichkeit.

Die damit zusammenhängenden Funktionen sind freilich
nicht in der Verfassung, sondern recht unscheinbar in der Geschäftsordnung der Bundesregierung und in der Gemeinsamen
Geschäftsordnung der Bundesministerien geregelt. Das Bundes-

kanzleramt plant, wann welche Gesetzesinitiativen beim Bundestag eingebracht werden, und erstellt einen Zeitplan für das parlamentarische Verfahren. Dieses Prozedere gilt auch dann, wenn die führende Rolle der Bundesregierung im Gesetzgebungsverfahren unsichtbar ist: Weil Gesetzentwürfe der Bundesregierung nach Art. 76 Abs. 2 GG in einem langwierigen Verfahren zunächst dem Bundesrat zur Stellungnahme zugeleitet werden müssen, werden gerade wichtige Gesetzentwürfe, bei denen es auf das Timing ankommt, von den Regierungsfraktionen eingebracht, obwohl sie in Wahrheit von der Regierung stammen.

Die rechtliche Privilegierung von Gesetzesvorlagen der Regierung gegenüber anderen Anträgen, die ein englischer Jurist die wichtigsten zwei Zeilen des Parlamentsrechts genannt hat («*Government business shall have precedence at every sitting*»),[40] wird im deutschen Parlamentsrecht auf diese Weise zwischen Bundestagspräsidium und Bundeskanzleramt rein informell bewerkstelligt. Die Macht der Bundesregierung als Agendasetter ist verfassungsrechtlich unsichtbar und trotzdem praktisch hochgradig gefestigt. Im Bundeskanzleramt liegt der Schlüssel zu dieser Macht. Deswegen ist es auch überhaupt nicht gleichgültig, wenn die Bundesregierung sich zur Ausarbeitung von Gesetzentwürfen großer Anwaltsfirmen bedient, was etwa nach einem Gesetzentwurf zur Bankenrettung, den die Berliner Kanzlei Linklaters im Auftrag des damaligen Wirtschaftsministers Karl-Theodor zu Guttenberg erstellt hatte, kontrovers diskutiert wurde.[41] Sicher: Wer auch immer den Text geschrieben hat, am Ende ist es das Parlament, das entscheidet. Und überhaupt: «Kein Gesetz kommt aus dem Parlament so heraus, wie es eingebracht worden ist» (bekannt als Struck'sches Gesetz). Formal gesehen, ist das richtig, nur macht die Regierung beim Gebrauch von ihrer Gesetzesinitiative – und zwar gleichgültig, ob nach Art. 76 Abs. 2 S. 1 GG oder auf der Schnellstrecke über die Regierungsfraktionen – den Vorrang des *government business* geltend, den es als gewohnheits-

rechtliche Regel eben sehr wohl auch im deutschen Parlamentsrecht gibt.

Das Bundeskanzleramt entscheidet mit, wann welche zentralen politischen Vorhaben von den Ministerien bekanntgegeben
werden, und steuert damit die politische Agenda der Regierung.
Es leitet parlamentarische Anfragen der Opposition an die zuständigen Ministerien weiter, überwacht die zeitnahe Beantwortung und antwortet in besonders wichtigen Fällen gleich selbst.
Es entscheidet, welche Akten der Bundesregierung an einen parlamentarischen Untersuchungsausschuss herausgegeben werden.
Hinzu kommen Aufgaben, die zwar überhaupt nicht geregelt
sind, sich aus der Praxis aber ergeben haben. So hat das Bundeskanzleramt maßgeblichen Einfluss darauf, welcher Minister sich
in Sitzungswochen des Bundestages am Mittwoch um 13 Uhr der
Regierungsbefragung unterziehen muss. Je nachdem, welcher
Minister gerade in der Schusslinie steht oder einen politischen
Lauf hat, kann auch eine solche Entscheidung von eminenter Bedeutung sein. Und schließlich kontrolliert das Bundeskanzleramt
die gesamte eigentliche Ressorttätigkeit, lässt sich früh und umfassend über geplante Initiativen informieren, schreitet bei einer
zu eigensinnigen Personalpolitik der Ressorts ein und vermittelt
bei Konflikten zwischen Ministern.

Die organisatorischen Verknüpfungen zwischen Regierung,
Kanzleramt und Parlament können vielfältige Formen annehmen, etwa die Einberufung des Koalitionsausschusses oder die
Teilnahme der Vorsitzenden der Regierungsfraktionen an den
Kabinettssitzungen (unter Umständen einschließlich von Fraktionsexperten zu einem bestimmten Thema).[42] Unter Adenauer
war diese Verbindung noch durch ein einfaches informelles Arrangement gewährleistet: Die Fraktionsvorsitzenden Heinrich
von Brentano und Heinrich Krone gehörten zum engsten Bera-
terkreis des Kanzlers, während die eigentliche Koordination zwischen Parlament und Regierung von einem eigenen Ministerium
für Angelegenheiten des Bundesrates (!) wahrgenommen wurde.[43]

Doch schon Willy Brandt verlegte die Aufgaben dieses Ministeriums ins Kanzleramt und machte die Koordination des parlamentarischen Prozesses damit zur Chefsache. In der Praxis gehört sie heute zu den Aufgaben des Staatsministers bei der Bundeskanzlerin, der dabei von einer eigenen Gruppe 12 «Kabinett und Parlament» unterstützt wird. Aufseiten des Parlaments wird die Koordination mit der Regierungspolitik lediglich durch einen in der Geschäftsordnung nicht vorgesehenen Vertreter der Bundesregierung gewährleistet, der nach ständiger informeller Praxis an den Sitzungen des Ältestenrats des Bundestages teilnimmt.

Wie sich «die Bundesregierung» aus Sicht des Parlamentes darstellt, entscheidet heute also wesentlich das Bundeskanzleramt und ersetzt damit gleichsam die Institution, die im parlamentarischen Regierungssystem der Bundesrepublik fehlt: das solidarisch verantwortliche, kollegial handelnde Kabinett. Daraus ergibt sich eine wichtige Konsequenz: Die in der Institution des Bundeskanzleramtes angelegte Informalisierung der Regierungspraxis, die unter anderem durch Helmut Kohls Küchenkabinett sprichwörtlich geworden ist, liegt, wie vor allem Gerhard Lehmbruch herausgearbeitet hat, innerhalb und *nicht* außerhalb der Logik des parlamentarischen Regierungssystems.[44]

Das faktische Parlamentsauflösungsrecht des Bundeskanzlers

Die Richtlinienkompetenz des parlamentarisch regierenden Bundeskanzlers gegenüber dem Bundestag kommt verfassungsrechtlich im Instrument der Vertrauensfrage des Art. 68 GG nur teilweise zum Ausdruck. Der Bundeskanzler *kann* den Antrag stellen, sich das Vertrauen aussprechen zu lassen. Falls der Bundestag diesem Antrag nicht entspricht, *kann* der Bundeskanzler den Bundespräsidenten bitten, den Bundestag aufzulösen. Der Bundespräsident *kann* dieser Bitte nachkommen, *kann* sie aber auch ablehnen und die Regierung auf den Gesetzgebungsnotstand (Art. 81 GG) verweisen. Zu ergänzen ist: Das Bundesverfas-

sungsgericht *kann* die Entscheidung des Bundespräsidenten auf
Antrag von Abgeordneten überprüfen (Art. 93 Abs. 1 Nr. 1 GG)
und gegebenenfalls aufheben. Dieses vierfache «kann» hat der
Vertrauensfrage und dem Gesetzgebungsnotstand den Ruf als
zahnlose Tiger des Verfassungsrechts eingebracht, weil neben
dem Kanzler und seinen Fraktionen mit Bundespräsident und
Bundesverfassungsgericht eben immer noch zwei andere Akteure mit Vetorechten im Spiel sind.[45] Doch diese formale Konstruktion der Verfassung beweist nur, dass die Vertrauensfrage
nach der Vorstellung des Parlamentarischen Rates in erster Linie
die Regierungsstabilität sichern sollte. Ursprünglich war sie tatsächlich nicht oder nur zum Teil als parlamentarisches Führungs-
instrument des Bundeskanzlers und auch nicht als Befugnis zum
plebiszitären Appell des Regierungschefs an die Wähler konzi-
piert, sobald eine Regierung glaubt, die vorhandene parlamentarische Basis habe sich politisch erschöpft. Die Vertrauensfrage
sollte ursprünglich vor allem einem Minderheitskanzler dazu
dienen, sich aus der Umklammerung einer ihm feindlichen Parlamentsmehrheit zu befreien. Deswegen liegt sie ja auch im politischen Ermessen des Bundespräsidenten, der die politische Lage
zwischen Parlament und Regierung von einem äußeren Stand-
punkt aus bewerten soll.

Damit unterscheidet sich das Amt des Bundeskanzlers formell
sehr wesentlich von dem bis vor Kurzem im Vereinigten König-
reich praktizierten *prime ministerial government*. Zu den politisch wichtigsten Befugnissen des englischen Premierministers
gehörte seit Beginn des 20. Jahrhunderts die zuvor dem Kabinettskollegium vorbehaltene Ausübung der königlichen Prärogative,
das Parlament aufzulösen. An entsprechende Ersuche der Regierungschefs haben sich die Monarchen seither stets gehalten. Die
Premierminister konnten – wie John Major bei der Ratifizierung
des Vertrags von Maastricht – auch beides verbinden, also dem
Parlament durch die Vertrauensfrage die Zustimmung zu einer
bestimmten Politik abnötigen und für den Fall der Ablehnung

mit der Parlamentsauflösung drohen.[46] Erst durch den *Fixed-term Parliaments Act* von 2011 wurde diese Machtbefugnis auf Druck der damals mit David Cameron koalierenden Liberaldemokraten abgeschafft. Seither führt der Weg zu Neuwahlen nur noch über eine verlorene Vertrauensabstimmung im Unterhaus – oder über eine Zweidrittelmehrheit, mit der sich das Parlament selbst auflösen kann.[47]

Damit ist der Sinn des Auflösungsrechts etwas unklar geworden, das nämlich früher nicht nur dem Minderheitspremier zustand, sondern auch einem Premier, der ohne erlittene Abstimmungsniederlagen in den Commons über eine sichere Mehrheit verfügte. Dieser Sinn bestand nach der etablierten Praxis darin, bei großen politischen Richtungsentscheidungen die Übereinstimmung der von Regierung und Regierungsmehrheit betriebenen Politik mit der Wählerschaft zu gewährleisten. Die Auflösbarkeit, schreibt Albert Venn Dicey, der große Systematiker des englischen Verfassungsrechts der Jahrhundertwende, in seiner klassischen Darstellung, sei gerade die Konsequenz aus der hervorragenden verfassungsrechtlichen Stellung des Parlaments. Weil es Träger der Souveränität ist, muss es eine Sicherung für die «sympathy between the action of the legislature and the will of the people» geben: «[A]nd this security is given by the right of dissolution, which enables the Crown or the Ministry to appeal from the legislature to the nation.» Die Auflösung bedeute damit einen «appeal from the legal to the political sovereign».[48]

Mit der Durchsetzung des parlamentarischen Regierungssystems hat sich allerdings auch Art. 68 GG sukzessive in eine derartige Befugnis des Bundeskanzlers verwandelt, den Bundestag aufzulösen. Während die vorzeitige Auflösung des Bundestages im Jahr 1972 noch am ehesten der Konstellation entsprach, die die Verfassung ursprünglich im Auge hatte – Willy Brandt hatte das konstruktive Misstrauensvotum des Oppositionsführers Rainer Barzel knapp überstanden, aber wohl eine feste Mehrheit und infolgedessen auch die von ihm am 20. September 1972 gestellte

Vertrauensfrage verloren –, war die Situation zehn Jahre später schon ganz anders. 1982 fand sich Helmut Kohl in der Lage eines britischen Premierministers, der sich seiner Mehrheit zwar sicher oder doch weitgehend sicher sein konnte, aber für eine aus dem Parlament heraus getroffene politische Richtungsentscheidung eine plebiszitäre Bestätigung wünschte. Kohl regierte nach dem Misstrauensvotum gegen Helmut Schmidt ja mit einer christlich-liberalen Koalition, die als solche 1980 nicht zur Wahl gestanden hatte. Im Wahlkampf gegen den Unionskandidaten Strauß hatte die FDP schließlich noch Helmut Schmidt und der SPD die Treue geschworen. Nach nur zweieinhalb Monaten seiner Kanzlerschaft sagte Kohl deswegen im Bundestag: «In der Regierungserklärung […] habe ich das Programm der von FDP, CSU und CDU getragenen Bundesregierung vorgestellt und unsere Absicht bekräftigt, möglichst am 6. März 1983 vor den Wähler zu treten. […] Nachdem wir das Dringendste getan haben, ist es geboten, sich dem Votum des Wählers zu stellen.»[49] Obwohl Kohl sich auf den Präzedenzfall des Jahres 1972 berief, wies Brandt ihn in der Bundestagsdebatte völlig zutreffend darauf hin, dass die Sachlage damals eine ganz andere gewesen war. Ein parlamentarisches Patt bestand 1982 gerade nicht.

Als das Bundesverfassungsgericht über dieses Vorgehen zu entscheiden hatte, befand es sich, wie auch nach Gerhard Schröders Vertrauensfrage im Sommer 2005, in einer jener unmöglichen Entscheidungssituationen, in denen Verfassungsgerichte manchmal sind. Der Senat verkündete sein Urteil am 16. Februar, die Wahl war aber schon für den 6. März angesetzt. Hätte das Gericht den Wahlkampf stoppen, Regierung und Parlament zur Rückkehr an ihren Arbeitsplatz verdonnern sollen? Das Gericht löste sich aus dem Dilemma durch eine Entscheidung, in der es im Ergebnis Kohl, in der Begründung aber seinen Gegnern recht gab.[50] Sogar das differenziert ausgestaltete Zusammenwirken aller politischen Institutionen im Verfahren des Art. 68 GG sei als «Sicherung gegen jeden Mißbrauch» nicht ausreichend.

Das Gericht forderte von einem Bundeskanzler, der die Vertrauensfrage stellt, zusätzlich den Nachweis einer sogenannten
«materiellen Auflösungslage»: «Aus dem normativen Zusammenhang erschließt sich danach, daß die Auflösung des Bundestages auch über den Weg des Art. 68 GG stets eine politische Lage
der Instabilität zwischen Bundeskanzler und Bundestag voraus-
setzt und als ungeschriebenes Tatbestandsmerkmal erfordert,
daß der Bundeskanzler der stetigen parlamentarischen Unterstützung durch die Mehrheit des Bundestages nicht sicher sein
kann.»[51]

Obwohl die neugebildete Regierung keine Abstimmungsnie-
derlage erlitten hatte, sah das Gericht den materiellen Auflösungs-
tatbestand als erfüllt an, wobei es sich zur Begründung vor allem
auf das Seelenleben der FDP bezog. Es verteidigte auf diese Weise
einerseits die Konzeption des Parlamentarischen Rates gegen
Kohls Interpretation des Art. 68 GG im Stile des *prime ministerial
government* und gab so all jenen ein Argument an die Hand, die
das Seelenleben der FDP etwas anders bewerteten. Dazu trugen
im Übrigen auch die abweichenden Meinungen der Verfassungs-
richter Hans-Justus Rinck und Joachim Rottmann bei, die das
Vorgehen des Bundeskanzlers schlechthin als verfassungswidrig
ansahen.

Dass das Kriterium der «materiellen Auflösungslage» immer
erfüllt ist, dass es sich also im strengen Sinne überhaupt nicht um
ein Kriterium handelt, zeigte sich spätestens 2005, als auch Gerhard Schröder die Vertrauensfrage als freies Auflösungsrecht interpretierte. Auch damals war die Mehrheitsfähigkeit der Regierung im Bundestag nicht erkennbar gefährdet. Wiederum aber
war innerhalb der Wahlperiode mit der Politik der Agenda 2010
ein derart einschneidender politischer Kurswechsel vollzogen
worden, dass Schröder unter dem Eindruck von Wahlnieder-
lagen der SPD auf Landesebene, vor allem aber aufgrund der
Abspaltung der WASG das Wahlergebnis von 2002 nicht mehr
als hinreichende Legitimitätsbasis betrachtete. Das Bundesver-

fassungsgericht stellte jetzt zwar den Einschätzungsvorrang des Bundeskanzlers etwas stärker in den Vordergrund, hielt aber im Grundsatz an seiner Theorie der Auflösungslage fest und verlangte dazu vom Bundeskanzler «Tatsachen», um sich dann freilich mit übereinstimmenden Berichten über heftige Richtungskonflikte innerhalb des Regierungslagers zu begnügen.[52] Auch diese Entscheidung fiel mit 5:3 Stimmen wieder knapp aus.

Die Verfassungsrichterin Gertrude Lübbe-Wolff übte in ihrer abweichenden Meinung damals fundamentale Kritik an der Rolle, die sich das Bundesverfassungsgericht als Kontrollinstanz in diesem Prozess selbst zugesprochen hatte. Dass aber in der Entwicklung hin zu einer faktischen Kompetenz des parlamentarisch regierenden Bundeskanzlers, auf dem Wege des Art. 68 eine Auflösung des Parlaments zu bewirken, nicht nur eine «Abweichung» von einer ursprünglichen verfassungsmäßigen Konzeption mit stetiger Gefahr des Missbrauchs liegen könnte, sondern eine im Kern auch demokratisch richtige Verfassungsentwicklung, sah auch sie nicht. Dabei kommt gerade im Verfassungsinstitut der Vertrauensfrage die politische Verbundenheit von Bundesregierung und Bundestagsmehrheit – und damit der Grundgedanke des parlamentarischen Regierungssystems – besonders deutlich zum Ausdruck. Deshalb ist übrigens auch die Gefahr eines Missbrauchs dieses Instruments, wie die Verfassungsgeschichte der letzten siebzig Jahre zeigt, eher zu vernachlässigen. Für ein freies parlamentarisches *Selbstauflösungsrecht* mit einer qualifizierten Mehrheit wäre dieses Prinzip der politischen Verbundenheit gerade nicht maßgeblich. Die Enquête-Kommission Verfassungsreform des Deutschen Bundestages hatte 1976 eine Ergänzung des Art. 39 GG vorgeschlagen, wonach der Bundestag auf Antrag eines Viertels seiner Mitglieder mit einer Zweidrittelmehrheit seine Selbstauflösung beschließen können sollte.[53] Die Empfehlung wurde nicht aufgegriffen, und nach der durch Kohl und Schröder initiierten und vom Bundesverfas-

sungsgericht letztlich akzeptierten Umdeutung des Art. 68 GG
hat sich der Vorschlag auch erledigt.

Die Normalität des parlamentarischen Machtwechsels und die Volksparteien als Vermittlungsinstitutionen

Spätestens mit der Wahl Willy Brandts zum Bundeskanzler war
die verfassungsrechtliche Entwicklung zum parlamentarischen
Regierungssystem politisch beglaubigt. Die Einleitung von
Machtwechseln durch Wahlen wurde 1969 durch den Austausch
von Regierungs- und Oppositionsrolle im Bundestag Realität.
Die Bedeutung, die diese Zäsur für die Demokratisierung der
Bundesrepublik hatte, ist immer wieder hervorgehoben worden.
   Der Machtwechsel 1969 bedeutete aber verfassungsgeschicht-
lich gesehen die endgültige Durchsetzung der *zweiten* Vermittlungsinstitution zwischen Parlament und Regierung: der Volkspartei. Bei der Gründung der Bundesrepublik war keine der
beiden großen Parteien Volkspartei im heutigen Sinne des Wortes, drei Jahrzehnte später waren es beide durch und durch. Nach
dem Machtwechsel sollte es nie wieder möglich sein, die Regierung mit einer Partei zu führen, die organisatorisch und pro-
grammatisch derart wenig konsistent war wie die CDU vor der
Parteireform Helmut Kohls. Für die Sozialdemokraten ist die
Entwicklung von einer Klassen- zu einer Volkspartei geläufig:
Mit dem Godesberger Programm von 1958 akzeptierte die SPD
die Sozialordnung der Bundesrepublik im Kern und erarbeitete
sich dadurch eine echte parlamentarische Machtoption, die sie
1966 und 1969 in zwei Schritten realisierte.
   Weniger selbstverständlich, aber nicht minder wichtig war die
grundlegende Transformation der CDU nach dem Einschnitt des
völligen Machtverlusts im Bund. Vor allem unter dem Parteivor-

sitz Helmut Kohls und seinem Generalsekretär Kurt Biedenkopf
entwickelte sie sich ab 1973 von einer losen Honoratiorenpartei
zu einer Volkspartei mit programmatischem Anspruch. Im Zentrum dieser Reform stand jene Professionalisierung, die eine
Partei im parlamentarischen Regierungssystem von einem Wahl-
verein zu einem Verfassungsfaktor macht: die engere Koordination von Fraktion, innerparteilicher Willensbildung und Programmatik. Dazu musste der Partei aber erst einmal eine von
der Fraktion unabhängige Organisationsform verpasst werden:
Grundsatzprogramm, diskussionsintensivere Parteitage, Fachta-
gungen, Umbau der Parteizentrale zu einer Serviceeinrichtung
des Wahlkampfmanagements. Helmut Kohl war es übrigens
auch, der die parlamentarische Opposition sichtbar aufwertete,
als er sich nach der verlorenen Bundestagswahl 1976 entschloss,
den CDU-Fraktionsvorsitz im Bundestag zu übernehmen und
sein Ministerpräsidentenamt in Rheinland-Pfalz aufzugeben.
Strauß und Stoiber blieben nach ihren gescheiterten Kanzlerkan-
didaturen hingegen in der Münchener Staatskanzlei; als CSU-Po-
litiker hätten sie freilich auch wenig Chancen auf den Fraktions-
vorsitz gehabt.

In dieser Herausbildung der Volksparteien liegt vermutlich der
größte Unterschied zwischen der Kanzlerdemokratie der Adenauer-Zeit und allen späteren parlamentarischen Regierungen
der Bundesrepublik. Die Volksparteien leisten einen doppelten –
nämlich einen inhaltlichen und personellen – Beitrag zur Ver-
koppelung von Parlament und Regierung: Zum einen ist eine
Volkspartei keine Klassen- und Milieupartei mehr, sie muss also
zwischen sehr unterschiedlichen Gruppen Kompromisspositio-
nen finden und strebt die Regierungsübernahme darum typischerweise nicht mit einer Klassen- und Milieuideologie, sondern mit einer Regierungsprogrammatik an, die paradoxerweise
zugleich auf enger Verbindung wie auch auf politischer Distanzie-
rungsfähigkeit von wirtschaftlichen und gesellschaftlichen Interessengruppen gegründet sein muss. So ist es der Volkspartei

möglich, die Fraktions- *und* die Regierungspolitik stärker durch die Parteilinie zu prägen. Das gilt aber auch umgekehrt: Ohne verpflichtungsfähige Parteien und Fraktionen, das heißt Organisationen, deren Mitglieder sich auf eine einheitliche Linie und konsistentes Abstimmungsverhalten verpflichten lassen, macht es keinen Sinn, den Regierungsanspruch zu stellen.

In der SPD entsprach die stärkere Abhängigkeit der Fraktions- und der Regierungspolitik von der ideologischen Ausrichtung der Partei natürlich schon früher dem Selbstverständnis einer Weltanschauungspartei,[54] wenn auch nie dem ihrer Kanzler. Deswegen war der Weg der SPD zur Volkspartei auch kürzer als der der CDU. Dass eine Fraktion der Partei bei der Kür des Kanzlerkandidaten die Gefolgschaft verweigert und sich damit durchsetzt wie in der Union 1980, wäre in der SPD schwer denkbar. Der berühmte Satz Karl Kautskys hat hier lange nachgewirkt: «Der sozialdemokratische Abgeordnete ist als solcher kein freier Mann – so lächerlich das klingen mag – sondern blos der Beauftragte seiner Partei.»[55] Auch der Sozialdemokrat Hans Kelsen war in der Zwischenkriegszeit entschieden der Auffassung, dass Parteien bei Divergenzen das Recht haben sollten, Abgeordnete aus dem Parlament zu entfernen.[56]

Hierin zeigt sich der eigentliche Sinn der durch Konrad Adenauer dem Amt des Bundeskanzlers eingeschriebenen Personalunion mit dem Parteivorsitz. Wer wie Ludwig Erhard und nach 2004 auch Gerhard Schröder von dieser Regel abweichen musste, hielt sich nicht lange. Angela Merkel hat bei ihrem Verzicht auf den Parteivorsitz am 29. Oktober 2018 ganz offen das Ende ihrer Kanzlerschaft ins Auge gefasst. Und der einzige Bundeskanzler, der nie Parteivorsitzender war, war vielleicht der, der am stärksten gegen seine Partei und Fraktion regierte: Helmut Schmidt. Natürlich ist diese Einheit von Kanzlerschaft und Parteivorsitz auch eine Regel politischer Klugheit, weil sie Rivalen daran hindert, sich über die Partei eine Machtstellung gegen den Kanzler zu verschaffen. Doch man muss nur die Regierungsführung von

Angela Merkel mit der ihres angeblichen Ziehvaters Helmut Kohl
vergleichen, um zu sehen, dass es dabei um mehr geht. Während
Kohl als erster Unionspolitiker durch und durch Parteipolitiker
war und entschieden die Auffassung vertrat, dass der Parteivor-
stand sowohl gegenüber der Bundestagsfraktion als auch gegenüber der Bundesregierung eine Führungsrolle einnehmen solle,
hat Merkel ihren zum Leidwesen vieler Parteimitglieder eher
halbherzig wahrgenommenen CDU-Vorsitz immer unter die gegenteilige Prämisse eines unbedingten Vorrangs der Regierungs-
räson gestellt. Der Handlungsverbund aus Kanzler, Kanzleramt,
Fraktion und CDU-Ministerriege war in der Ära Kohl stabil, der
einzige Aufruhr kam 1989 aus der Partei.[57] Merkel hatte dagegen
vor allem während der Euro- und der Flüchtlingskrise mit häufigen Rebellionen in der Fraktion zu kämpfen, die nur mit Hilfe ihrer verlässlichen Mehrheitsbeschafferin SPD politisch folgenlos
blieben.

Nun verdammt man in der Bundesrepublik spätestens seit
Richard von Weizsäckers berühmten Philippiken in der späten
Kohl-Ära[58] diese graduelle Informalisierung der Macht im Parteienstaat immer gerne als Pathologie politischer Pflichtverges-
senheit und darf sich dabei allgemeiner Zustimmung gewiss sein,
gerade auch bei Parteipolitikern, die ihre Karriere hinter sich
haben. Als der CDU-Mann Weizsäcker nach der Wiedervereinigung mit seiner Kritik auf den Plan trat, begannen die Volksparteien ihre Integrationskraft aber bereits zu verlieren. Nichtsdesto-
trotz muss auch heute jeder Bundespräsident mindestens einmal
in seiner Amtszeit mit einer Rüge der Parteien aufwarten, am
besten in einer Ruck-Rede. Auch verkaufen wütende alte Männer
wie Hans Herbert von Arnim («Der Staat als Beute», «Die Hebel
der Macht und wer sie bedient») mit den immer gleichen Thesen
über den wuchernden Parteienstaat immer noch große Auflagen.
Richtigerweise ist aber die Informalisierung, man könnte auch
sagen: die verfassungsrechtliche Verflüssigung des Verhältnisses
von Parlament und Regierung, eine ganz wesentliche Funktions-

bedingung des parlamentarischen Regierungssystems. Und sie ist die große Leistung der Volksparteien.

Die personelle Kehrseite dieser institutionellen Vermittlung ist die bis zur regelmäßigen Ämterhäufung gehende Elitenzirkulation zwischen Parteiführung, Fraktionsführung und Bundesregierung. Erst sie macht die Volkspartei als Betätigungsfeld von Berufspolitikern so attraktiv. Natürlich gibt es hier gravierende Unterschiede zwischen den Parteien. Die Grünen etwa hatten zum parlamentarischen Prinzip der Machtkonzentration in der Fraktion immer schon ein ambivalentes Verhältnis. Der Grundsatz der Trennung von Parteiamt und Mandat wurde erst vor kurzem für den Publikumsliebling Robert Habeck über Bord geworfen. Die Partei hat darum in ihrer Geschichte auch außer Joschka Fischer kaum bedeutende Parlamentarier hervorgebracht. Gleichwohl stehen gerade die Grünen als Produkt der Parlamentarisierung der Außerparlamentarischen Opposition für einen der größten politischen Integrationserfolge der Verfassung.

In einem blieb die Entwicklung zu den Volksparteien freilich fragmentarisch: Das Wahlrecht wurde in der 1953 geschaffenen Form im Kern bis heute beibehalten. Zu Beginn der Großen Koalition der sechziger Jahre waren sich Union und SPD im Grundsatz einig, das modifizierte Verhältniswahlrecht zugunsten eines Mehrheitswahlrechts nach englischem Vorbild aufzugeben. Eine solche Reform, die mit Wilhelm Hennis einen intellektuellen Fürsprecher auf der Höhe des Problems besaß,[59] hätte für die weitere Entwicklung des parlamentarischen Regierungssystems unabsehbar weitreichende Folgen gehabt. Sie hätte zweifellos kurzfristig das Ende von Koalitionsregierungen bedeutet, vielleicht eine Entföderalisierung des Parteiensystems, vielleicht auch eine veränderte politische Idee parlamentarischer Repräsentation, womöglich eine Angleichung der Bundesrepublik an das Regierungssystem von Westminster, sicherlich aber eine viel größere und stabilere Dominanz der CDU auf Bundesebene und eine Schwä-

chung der durch das Verhältniswahlrecht ermöglichten Innovationsimpulse.[60] Die Reform kam nicht zustande. Die SPD zog es in
letzter Minute vor, ihren künftigen liberalen Koalitionspartner
vor dem politischen Tod zu bewahren. So war das Kabinett Adenauer III (1957–61) die einzige Bundesregierung ohne Koalition,
und so blieb den Volksparteien die Konkurrenz durch Klientel-,
Milieu-, Themen- und Protest-, kurz: durch kleine Parteien erhalten.

Sinn und Unsinn der Parlamentarischen Staatssekretäre

Die von den Parteien ausgehende Verknüpfung von Fraktions-
eliten und Regierung wird nur unvollständig erfasst, wenn man
allein die Bundesregierung in Rechnung stellt. Die Größe der
Kabinette ist seit den Anfängen der Bundesrepublik vergleichsweise konstant geblieben. Adenauer begann mit 14 Ministern,
Ludwig Erhard regierte mit 22, während Angela Merkel heute mit
15 auskommt. Doch die Zahlen trügen, denn die Beziehungen der
Minister zum Parlament werden heute sehr maßgeblich durch
eine Institution geprägt, die es überhaupt erst seit der Zeit der
ersten Großen Koalition, nämlich seit 1967 gibt: die Parlamentarischen Staatssekretäre. Sie sind gleichsam Mittelsleute zwischen
Regierung und Fraktion. Angehörige der Bundesregierung im
verfassungsrechtlichen Sinne sind sie nicht (Art. 62 GG), aber
nach § 1 Abs. 2 des Gesetzes über die Parlamentarischen Staatssekretäre (ParlStG) «unterstützen» sie «die Mitglieder der Bundesregierung, denen sie beigegeben sind, bei der Erfüllung ihrer
Regierungsaufgaben». Worin ihre Aufgaben eigentlich bestehen,
ist nicht ohne weiteres klar: Innerhalb des Ministeriums haben
sie wenig zu sagen, da sie anders als die beamteten Staatssekretäre nicht Teil der bürokratischen Weisungshierarchie sind. Ihr
eigentliches Betätigungsfeld ist die Vertretung der Bundesregierung im Parlament.

Auch diese Entwicklung hat sich sozusagen unterhalb des

Verfassungsrechts Bahn gebrochen.[61] Sie ist aber nicht etwa deswegen ambivalent, wie manchmal gesagt wurde, weil «die Bundesregierung» nach Art. 62 GG ausdrücklich nur aus «dem Bundeskanzler und den Bundesministern» besteht. § 1 Abs. 1 ParlStG
sagt ja ausdrücklich, dass sie den Ministern lediglich «beigegeben» werden. Das Problem besteht vielmehr darin, dass die
Institution eine Spaltung des parlamentarisch verantwortlichen
Ministeramtes in zwei Teile vornimmt. Wiederum zeigt der Vergleich mit Großbritannien die Besonderheit des deutschen Regierungsmodells: Auch dort gibt es *junior ministers*, die keinen
Kabinettsrang haben, aber einem Ressort zugeteilt sind; nur ist
die parlamentarische Verantwortlichkeit des Kabinetts in Großbritannien eben kollegial, nicht individuell organisiert. Auch die
junior ministers können daher für das Kollegium sprechen. Die
deutschen Minister sind individuell verantwortlich; die individuelle Verantwortlichkeit lässt sich aber nicht vertreten, anders
als die kollektive Verantwortlichkeit, die notwendig auf Stellvertretung angelegt ist. Dadurch entsteht die Gefahr, dass die
deutschen Minister ihre parlamentarische Rechenschaft mehr
oder weniger vollständig an ihre «Parlamentarischen» delegie-
ren. Rechenschaftslegung und Verantwortlichkeit treten ausein-
ander. Auch Minister, die nicht zugleich Abgeordnete sind, haben ja Parlamentarische Staatssekretäre, die dann der Fraktion
sogar sehr viel näher stehen als sie selbst.

   Den genannten Nachteilen stehen die gewichtigen Vorzüge
dieses Amtes gegenüber. Der wichtigste ist: Es stellt für eine
größere Zahl von Abgeordneten eine institutionelle Verbindung
von Fraktionspolitik und Regierungslogik her. Unter dem vierten
Kabinett Merkel arbeiten 35 Parlamentarische Staatssekretäre,
ein moderater Zuwachs seit Beginn der Kanzlerschaft Merkel
(29), aber keineswegs ein Höchststand: Helmut Kohl regierte
zwischenzeitlich mit 42 Parlamentarischen. Die Interdependen-
zen zwischen Fraktion und Regierung steigen dadurch sprunghaft an: Die Regierungsfraktionen haben beispielsweise im

Deutschen Bundestag 399 Sitze, von denen nur 10 Sitze, also 2,5 Prozent, von Ministern bekleidet werden; durch die Parlamentarischen Staatssekretäre schnellt die Quote der Abgeordneten, die Teil der Regierungsverantwortung sind, auf 11,3 Prozent.

Lob der Parteipatronage

Der parteipolitisch vermittelte Zugang zu leitenden Regierungsämtern wie dem des Parlamentarischen Staatssekretärs weitet die Möglichkeiten der personellen Verbindung von parlamentarischer Politik und Regierungsbürokratie beträchtlich aus. Man bezeichnet diesen Tatbestand meistens als «Parteipatronage» und verbindet damit Vorstellungen von politischer Korruption. Sagt nicht auch die Verfassung, dass jeder Deutsche «nach seiner Eignung, Befähigung und fachlichen Leistung gleichen Zugang zu jedem öffentlichen Amte» (Art. 33 Abs. 2 GG) haben soll? Ist deswegen nicht Parteipatronage, die Auswahl des Leitungspersonals nach Parteizugehörigkeit, ein verfassungswidriger Missstand? Diese Frage wäre – wo sie nicht bloß Geschmacksfrage ist – zunächst mit dem Hinweis darauf zu beantworten, dass jene Verfassungsvorschrift, was den Bereich der leitenden Verwaltung betrifft, natürlich ihrerseits der historische Ausdruck der stolzen und unendlich zweischneidigen Unabhängigkeit des deutschen Beamtentums von «der Politik» ist.[62] Auch sieht § 30 Beamtenstatusgesetz ausdrücklich vor, dass leitende Beamte bei ihrer Amtsausübung «in fortdauernder Übereinstimmung mit den grundsätzlichen politischen Ansichten und Zielen der Regierung stehen» müssen.

Parteienpatronage stellt entgegen einer landläufigen Meinung aber keine Fehlentwicklung, sondern weithin eine verfassungsmäßige Notwendigkeit dar. Minister treffen in ihrem Amt auf eine bürokratische Leitungsebene, deren Sachverstand ihnen fehlt; ihnen bleibt deswegen in der Regel gar nichts anderes übrig, als über die gemeinsame Parteizugehörigkeit sicherzustellen, dass ihre Verwaltung in Übereinstimmung mit den politischen Zielen der Regierung handelt. In Deutschland sind aber die Möglichkeiten der Parteien, ihr Personal in Ämter zu bringen und dadurch politisch zu verpflichten, wegen der starken bürokratischen Autonomie außergewöhnlich gering. Das gilt nicht nur im Vergleich zu den USA, wo nach einer Wahl tausende von Regierungsbeamtenstellen mit Parteigängern besetzt werden können, sondern gerade auch im Vergleich mit anderen parlamentarischen Demokratien. Selbst die Abteilungsleiter – die nach den beamteten Staatssekretären die höchste Ebene der Ministerialorganisation bilden – sind in Deutschland nur etwa zur Hälfte parteipolitisch gebunden.[63] Das liegt vor allem daran, dass die Regierungsbürokratie eben nicht nur vom Parlament, sondern immer auch von Landesbürokratien kontrolliert wird: Zwischen Bund und Ländern herrscht eine hohe Elitenzirkulation,[64] die durch die ständige Repräsentation der führenden Politiker und Spitzenbeamten der Länder auf der nationalen Ebene über das Bundesratssystem (Art. 43 Abs. 2, Art. 51 Abs. 1 S. 1 GG) stark begünstigt wird.

Wie es im amerikanischen Regierungssystem Karrieren gibt, die aus einem beruflichen Hin- und Herpendeln zwischen Politik und Wirtschaft gestrickt sind (*revolving doors*), pendeln deutsche Politiker routiniert zwischen Landes- und Bundesebene. Durch diese Interaktion der sich gegenseitig überwachenden Verwaltungen sind die Parteien, die auf beiden Ebenen mitmischen, dann nicht mehr auf die Instrumente der Parteipatronage aus dem Bundesparlament heraus angewiesen. Das aber heißt: Je weniger Parteipatronage aus dem Parlament, desto weniger demokratische Rückkopplung der Verwaltung. Die Parlamentsparteien können die Regierung letztlich vielleicht sogar zu wenig durch Ämterbesetzung steuern. Deshalb verlagert sich die Parteipatronage auch auf andere Organisationen, wo sie wirklich ein politisches Ärgernis ist – in den öffentlich-rechtlichen Rundfunkanstalten oder in der Kommunalwirtschaft.[65]

Die rechtliche Verknüpfung von Parlament und Regierung durch das Bundesverfassungsgericht

Im deutschen Regierungssystem fällt die Aufgabe der inhaltlichen Koordination von Fraktions- und Regierungslinie vor allem den Volksparteien zu, während in der institutionellen Koordination des parlamentarisch verantwortlichen Regierungshandels und seiner Abstimmung mit dem parlamentarischen Verfahren das politische Gewicht und die herausgehobene verfassungsrechtliche Bedeutung des Bundeskanzleramtes liegt. Mit dem Bundesverfassungsgericht gibt es aber noch eine dritte Vermittlungsinstitution, die das Wechselspiel zwischen Parlament und Regierung maßgeblich prägt, obwohl sie nicht unmittelbar daran beteiligt ist. Das Bundesverfassungsgericht ist in dieser Funktion ebenfalls keine Schöpfung der Verfassung, sondern ein Kind der Verfassungsentwicklung. Wie viel es zum Gelingen der parlamentarischen Demokratie beigetragen hat, ist oft gesagt worden. Worin dieser Beitrag eigentlich bestand, darüber herrschen aber nicht selten kitschige Vorstellungen vom Gericht als moralischer Instanz, politischer Bildungseinrichtung und Demokratieerzieher. Eine Läuterungsgeschichte, die Christoph Schönberger mit Goetheversen ironisiert hat: «*Karlsruhe! Dir fiel ein besonder Los: / Wie Bethlehem in Juda, klein und groß!*» Wie also hat das Gericht zum Aufbau des parlamentarischen Regierungssystems in der Bundesrepublik beigetragen? Wie bewirkte es verfassungsrechtlich die Abhängigkeit der Regierung vom Parlament? Wie verknüpfte es Parlament und Regierung normativ zu einem Handlungsverbund?

Ausgangsbedingungen der Verfassungsgerichtsbarkeit im parlamentarischen Regierungssystem

Verfassungsgerichte legen Verfassungsrecht nie einfach nur so aus, «wie es ist». Verfassungsrecht ist politisches Recht. Verfassungsgerichte sind, wenn sie Streitigkeiten innerhalb des politischen Systems entscheiden, politische Akteure, die das Verhalten anderer Akteure im Regierungssystem beeinflussen – auch und gerade wenn sie nicht nach politischen, sondern nach rechtlichen Kriterien entscheiden.[66] Das gilt insbesondere für das Bundesverfassungsgericht, das Hans-Ulrich Wehler als «eigentliche Innovation im politischen System» der Bundesrepublik im Vergleich zu Weimar bezeichnet hat.[67] Nicht nur gehört es längst zu den professionellen Standards der Gesetzesvorbereitung und der parlamentarischen Beratung, Gesetze auf ihre Vereinbarkeit mit der Karlsruher Rechtsprechung zu überprüfen. Die latente Präsenz der Verfassungsgerichtbarkeit prägt das deutsche Regierungssystem, weil keine andere Institution mehr für sich denkbar ist ohne die rechtliche Gestalt, die sie gerade durch die Rechtsprechung des Bundesverfassungsgerichts angenommen hat. Das gilt insbesondere für das Verhältnis von Parlament und Regierung, das im Grundgesetz ja nur sehr unvollkommen geregelt wird. Die autoritäre Interpretation als «Kanzlerdemokratie» mit den politischen Wesenszügen der französischen Verfassung Charles de Gaulles von 1958, die in der Adenauer-Zeit noch gängig war, lag *auch* innerhalb der Möglichkeit dieser Verfassung, und es ist die Leistung des politischen Systems, dass die Bundesrepublik einen anderen Weg gegangen ist.

Ein politisches Gericht

Die Rolle, die Verfassungsgerichte im Regierungssystem spielen, bewegt sich im Zwischenraum von Recht und Politik und ist deshalb voller Ambivalenzen.[68] Als Gericht kann es die Interaktion von Parlament und Regierung nur in rechtlichen Kategorien, in Verfahrensnormen, Organisationsprinzipien und festen Kompetenzen, denken. Es ist ein König Midas, der alles Politische, das er anfasst, in Recht verwandelt. Und das Bundesverfassungsgericht fasst das Politische gerne und häufig an. Eine *political question doctrine*, mit der sich zum Beispiel die amerikanische Justiz Zurückhaltung im politischen Prozess auferlegt, kennt es nicht.

Die politische Rolle des Bundesverfassungsgerichts ergab sich nicht schon daraus, dass der Parlamentarische Rat ihm die Zuständigkeit übertrug für «Streitigkeiten über den Umfang der Rechte und Pflichten eines obersten Bundesorgans oder anderer Beteiligter, die durch dieses Grundgesetz oder in der Geschäftsordnung eines obersten Bundesorgans mit eigenen Rechten ausgestattet sind» (Art. 93 Abs. 1 Nr. 1 GG), auch wenn schon diese verfassungsrechtliche Bestimmung im internationalen Vergleich eine deutsche Besonderheit geblieben ist.[69] Mit der Nennung der durch die Geschäftsordnung berechtigten anderen Beteiligten hatte der Parlamentarische Rat allerdings schon auf den Sinn des Verfahrens hingewiesen: Minderheitenschutz. Denn der sogenannte Organstreit ist natürlich nie ein abstrakter Streit über Rechte und Pflichten. Er erlaubt es dem in einem politischen Konflikt Unterlegenen, die Auseinandersetzung mit rechtlichen Mitteln fortzuführen. Das sind im politischen Machtkampf meist die Opposition, Minderheitsfraktionen oder einzelne Abgeordnete. Wie und mit welcher Stoßrichtung das Organstreitverfahren zum Instrument des parlamentarischen Minderheitenschutzes werden sollte, war in der Verfassung aber keineswegs vorgezeichnet.[70] Erst der Gesetzgeber und das Bundesverfassungsgericht selbst haben das Verfahren an die institutionellen Gegebenheiten des parlamentarischen Regierungssystems angepasst.

Die verfassungsrechtliche Aktivierung der parlamentarischen Minderheiten und der Parteien

Das Bundesverfassungsgericht und sein Prozessrecht sind in ihrer heutigen Form eine Schöpfung des Deutschen Bundestages.[71] Unter anderem sieht das Gesetz über das Bundesverfassungsgericht (1951) in § 64 eine Möglichkeit vor, die von Juristen als Prozessstandschaft bezeichnet wird: Minderheitenfraktionen können geltend machen, dass eine bestimmte Maßnahme der Regierung Rechte des Bundestages verletzt – wohlgemerkt nicht ihre Rechte als Minderheit gegenüber der Mehrheit, etwa in einem Gesetzgebungsverfahren, sondern die Rechte des ganzen Parlaments gegenüber der Regierung. Wichtig ist das natürlich vor allem in der für das parlamentarische Regierungssystem typischen Konstellation, dass die Mehrheit des Bundestages ganz und gar hinter dem Vorgehen ihrer Regierung steht. Erst dadurch hat das Organstreitverfahren seinen sozusagen extrovertierten Charakter erhalten; erst dadurch ist das Verhältnis von Parlament und Regierung vollends in den Zuständigkeitsbereich des Bundesverfassungsgerichts gerückt.

So hat das Bundesverfassungsgericht zum Beispiel, als nach dem Ende der deutschen Teilung die Bundeswehr zu einer Einsatzarmee wurde, die «Parlamentsarmee» erfunden, indem es 1994 auf Antrag der oppositionellen SPD-Fraktion – damals völlig überraschend – befand, dass für einen Einsatz bewaffneter Streitkräfte die vorherige konstitutive Zustimmung des Bundestages nötig ist.[72] In vielen Situationen können parlamentarische Minderheiten geltend machen, dass Handlungen anderer Organe ihre Statusrechte verletzen. Deshalb konnte das Gericht zum Beispiel 1983 und 2005 auch über die beiden vorzeitigen Auflösungen des Bundestages nach einer sogenannten auflösungsgerichteten Vertrauensfrage entscheiden, wobei ja jeweils eine Mehrheit diese Auflösung wollte. Und es konnte in der Euro-Rettungspolitik die Regierung auf Betreiben weniger Abgeordneter jahrelang vor sich

her treiben, obwohl hinter den währungspolitischen Entscheidungen überwältigende parlamentarische Mehrheiten standen.

Die zweite Grundsatzentscheidung über seine politische Rolle
hat das Bundesverfassungsgericht selbst getroffen. Nach der
ständigen Rechtsprechung können politische Parteien sich im
Organstreitverfahren auf das Recht auf Chancengleichheit im
politischen Wettbewerb (Art. 21 GG) berufen. Die Verfassungs-
rechtswissenschaft hält das heute praktisch einmütig für falsch,
weil das Gericht die Parteien auf diese Weise wie die Staatsorgane
behandelt, für die das Verfahren eigentlich gedacht ist. So entschied das Bundesverfassungsgericht etwa 1976 in einem berühmten Fall auf Antrag der CDU gegen die Bundesregierung, die in
großem Stil Steuergelder für eine Wahlkampagne verwandt hatte,
mit der die sozialliberale Koalition als solche für ihre Wiederwahl warb («Wir sind auf dem richtigen Weg. Leistung verdient
Vertrauen. Wir sichern die Zukunft.»).[73] Und so konnte das Gericht Anfang 2018 auf Antrag der AfD die Bundesbildungsminis-
terin wegen ihres Aufrufs gegen eine Demonstration der Partei
verurteilen.[74]

Natürlich ist diese Praxis etwas unorthodox. Parteien sind aus
gutem Grund keine staatlichen Einrichtungen, sondern gesell-
schaftliche Organisationen. Auch beruht die Begründung des
Gerichts, Parteien seien «notwendige Bestandteile des Verfassungsaufbaus» und übten deshalb «Funktionen eines Verfas-
sungsorgans aus [...], wenn sie bei der politischen Willensbildung des Volkes mitwirken»,[75] auf einem schrägen Schluss von
der Funktion auf eine bestimmte rechtliche Qualifikation. In der
Sache hat das Gericht mit dieser Rechtsprechung aber Bedeuten-
des geleistet: Es sind eben die Parteien, unter ihnen vor allem die
Volksparteien, die die verfassungsrechtlich kaum gewährleistete
Rückbindung der Regierung an das Parlament im deutschen Regierungssystem verbürgen. Ihnen den Zugang zum Organstreitverfahren zu eröffnen, war eine vorweggenommene Anerken-
nung dieser Entwicklung.

Die demokratische Umdeutung des Gesetzesvorbehalts

Das Organstreitverfahren hat aber Grenzen, weil es nur punktuell funktioniert. Die Opposition kann schon aus Zeitgründen nicht jeden parlamentarischen Konflikt vor das Bundesverfassungsgericht tragen. Der wichtigste Beitrag des Gerichts zur Parlamentarisierung des deutschen Regierungssystems hat deswegen – äußerlich betrachtet – mit dem Verhältnis von Parlament und Regierung auch nur indirekt zu tun. Es handelt sich um die demokratische Neuausrichtung des sogenannten Vorbehalts des Gesetzes.

Die Lehre vom Gesetzesvorbehalt gehörte im 19. Jahrhundert zum Verfassungskompromiss des deutschen Bürgertums mit dem monarchischen Staat. Demzufolge hatte die demokratisch nicht kontrollierte monarchische Verwaltung grundsätzlich sehr umfassende Befugnisse. Allein für «Eingriffe in Freiheit und Eigentum», wie die stehende Wendung hieß, bedurfte die Exekutive der Zustimmung des Parlaments in Form eines Gesetzes. Enteignung, Steuererhebung, Verhaftung oder Wehrpflicht waren also in gut rechtsstaatlicher Manier nur auf gesetzlicher Grundlage möglich.

Das Bundesverfassungsgericht hat diesen Grundsatz mit der Zeit immer stärker als Ausdruck des Gestaltungsanspruchs *demokratischer* Gesetzgebung interpretiert und einen *demokratischen* Parlamentsvorbehalt aus ihm gemacht. Das Parlament sollte nicht mehr nur Eingriffe in Freiheit und Eigentum, sondern alles, was demokratisch «wesentlich» ist – im Prinzip also alle politischen Fragen –, fortan selbst regeln: den Umgang mit Strafgefangenen, die Einführung von Sexualkunde im Schulunterricht oder die Frage des Kopftuchs islamischer Lehrerinnen im Schuldienst, um nur einige beliebige Beispiele aus der Rechtsprechung zu nennen. Was ist demokratisch wesentlich? Wenn es grundrechtsrelevant ist, besonders viele betrifft oder eine Sache allgemeinpolitische Bedeutung hat.

Um diese Rechtsprechung richtig zu verstehen, muss man sich zunächst klarmachen, dass sie aus der Perspektive des verfassungsrechtlichen Idealtypus des parlamentarischen Regierungssystems im Grunde ganz verfehlt war. Der Vorzug dieses Verfassungsmodells gegenüber dem der Gewaltenteilung besteht ja gerade darin, dass Parlamente sich weniger, nicht häufiger mit der Gesetzgebung beschäftigen müssen. Demnach genügt es, dass die Regierung sich für Regelungen, die sie als Rechtsverordnungen erlässt, vor dem Parlament verantworten muss. Das Parlament soll die Gesetze nicht im Detail beraten, sondern durch Debatte und Schlussabstimmung kontrollieren, von wem und wie sie gemacht und vollzogen werden – so hat John Stuart Mill diesen Grundgedanken formuliert.[76] In Großbritannien wird der größte Teil der Gesetzgebung deswegen durch *delegated* bzw. *secondary legislation* bewerkstelligt, also exekutive Rechtsetzung mit parlamentarischer Kontrolle. Viele Theoretiker des parlamentarischen Regierungssystems haben den Bundestag folglich immer wieder für seine übertrieben detaillierte Gesetzgebungsarbeit kritisiert,[77] obwohl ja bekanntlich die Ministerialbürokratie auch in Deutschland die meisten Gesetze entwirft und formuliert, worüber sich die falschen Freunde des Bundestages zuverlässig zu empören wissen.

Die Lösung des Bundesverfassungsgerichts hat sich gleichwohl langfristig als richtig erwiesen. Heute weiß man auch in Großbritannien, dass die parlamentarische Kontrolle der delegierten Gesetzgebung in großen Teilen eine Illusion ist.[78] Die Prämien auf den Machtbesitz, wie Carl Schmitt sagen würde, sind mit den Handlungsmitteln der heutigen Exekutive so hoch, dass deren Rückbindung an das Parlament nur noch über eine relativ detaillierte parlamentarische Mitentscheidung gelingt. Sogar der Londoner Supreme Court hat in seiner berühmten Brexit-Entscheidung Anfang 2017 einen eigenen Wesentlichkeitsgrundsatz entwickelt.[79] Die Rechtsprechung des Bundesverfassungsgerichts war verfassungsbildend, weil sie die Institutionen der Bundes-

republik dort fortentwickelte, wo ihre Stärken lagen. Die Rechtsprechung hatte die richtigen Effekte und stärkte den parlamentarischen Einfluss auf die Regierung. Sie schob dem Bundestag
dort eine aktivere Rolle zu, wo er als Parlament, das in der Tradition einer Gesetzgebungskammer stand, am stärksten war.
Auch der Reichstag hatte sich ja – in Ermangelung politischer
Alternativen – vor allem als gesetzgebende Körperschaft verstanden, und der Bundestag schreibt dieses Selbstverständnis weiter
fort.[80]

Vor allem machte sich das Gericht eine davon unabhängige
Entwicklung der Nachkriegszeit zunutze, nämlich die große Verrechtlichung des Verwaltungsstaates. Der Regelungsbedarf des
Wohlfahrtsstaates wuchs gerade in der Nachkriegszeit stark, und
zwar aus Gründen, die mit dem Regierungssystem gar nichts zu
tun hatten. So genügte die Ausdehnung der Gesetzgebung und
damit des Vorbehalts des Gesetzes auf Gebiete wie das Wirt-
schafts-, Umwelt-, Verbraucher- oder Sozialrecht – kurz: auf die
Regelungsgebiete des intervenierenden und steuernden Wohlfahrtsstaates –, um den parlamentarischen Einfluss auf die Regierung zu stärken.[81] Die Dynamisierung und Funktionalisierung
des Gesetzesbegriffs erforderte so zwangsläufig eine sehr viel engere Abstimmung von Gesetzesinitiative und parlamentarischer
Beratung. Regierungspolitik ist in einer wohlfahrtsstaatlichen Industriegesellschaft wie der Bundesrepublik überhaupt sehr lange
wesentlich Gesetzgebungspolitik gewesen – man denke nur an
Lastenausgleichsgesetz, dynamische Rente, Zerrüttungsprinzip
im Scheidungsrecht, Betriebsverfassung und Hochschulmitbestimmung. Auch verschaffte der Einfluss auf eine Gesetzgebung,
die sich sehr viel intensiver als zuvor auf alle Felder der Regierungspolitik erstreckte, dem Parlament mit den wirtschaftlichen
und sozialen Interessengruppen, die man mit einer hübschen ar-
chitektonischen Metapher als Lobby bezeichnet, einen wichtigen
Verbündeten. Je mehr das Parlament Einfluss nicht nur auf Per-
sonenauswahl und politische Grundsatzfragen hat, sondern wie

der Bundestag auch auf Einzelheiten der detaillierten Gesetzgebungsarbeit, desto wichtiger wird es für die Verbände, sich ihrerseits Einfluss auf die Gesetzgebung zu verschaffen. Es ist deswegen keineswegs zufällig, dass die Formalisierung der Beteiligung
von Interessenvertretern am Gesetzgebungsverfahren in § 70 der
Geschäftsordnung des Bundestages aus der Zeit stammt, in der
sich die Bundesrepublik am schnellsten in Richtung eines parlamentarischen Regierungssystems entwickelte.

Der durch die Rechtsprechung des Bundesverfassungsgerichts
verstärkte Fokus des Bundestages auf die Gesetzgebungsarbeit
war also schon immer ambivalent. Einerseits belastet er das Parlament mit einer Aufgabe, die es nach der verfassungsrechtlichen
Struktur des deutschen Regierungssystems gar nicht notwendigerweise wahrnehmen müsste und die dem Bundestag die Kapa-
zitäten für anderes nimmt. Der Bundestag ist ein «Arbeitsparlament» geblieben. Das war der Preis, den die Rechtsprechung
forderte, die ihm andererseits im Zuge wohlfahrtsstaatlicher Verrechtlichung immensen Einfluss verschaffte.

Das Parlament als Legalisierungsagentur und Legitimationsmaschine

Seit den achtziger Jahren hat das Gericht den Leitgedanken, der
seiner Rechtsprechung zugrunde lag, zu einem allgemeinen Ver-
fassungsprinzip abstrahiert. Maßgeblich geprägt durch Schriften
Ernst-Wolfgang Böckenfördes, der selbst von 1983 bis 1996 Richter des Bundesverfassungsgerichts war, stellt sich das Gericht die
parlamentarische Demokratie seither als System abgestufter demokratischer Legitimation vor, als Kreislaufprozess, in dem die
einzelnen Institutionen durch sogenannte «Legitimationsketten»
miteinander verbunden sind: Die Bürger errichten und legitimie-
ren durch ihre Wahlentscheidung das demokratische Zentral-
organ Parlament, das wiederum alle anderen staatlichen Organe
durch die rechtsstaatliche Bindungswirkung der formellen und

materiellen Gesetze, durch die Wahl eines Bundeskanzlers und die Kontrolle der Regierung legitimiert.

Dieses Theorem erlaubt es, die institutionelle Rückbindung der Regierung an das Parlament anhand des Gewichts einer bestimmten Entscheidung auch dort verfassungsrechtlich zu thematisieren, wo der Wesentlichkeitsvorbehalt versagt, weil es gar nicht um Gesetzgebung, sondern um andere Regierungsentscheidungen oder Organisationsfragen geht. Es ist sozusagen eine Metaorganisationsnorm, die dem Gericht als Mittel dient, das im Grundgesetz nur in Ansätzen vorhandene Organisationsrecht des parlamentarischen Regierungssystems in seinem Sinne zu ergänzen. Das Gericht hat davon inzwischen bei der Ausgestaltung parlamentarischer Mitsprache in der Europapolitik, bei der Einbindung des Bundestages in die Bewältigung der Finanzkrise oder bei der Ausgestaltung parlamentarischer Kontrollrechte oft Gebrauch gemacht.

Intuitiv ist das natürlich plausibel: Das Parlament ist direkt gewählt, die Regierung geht aber aus dem Parlament hervor. Aber was folgt daraus? Die Verfassungsinstitutionen, die außerhalb des Kreislaufprozesses stehen – die Länder, der Bundesrat, die Europäische Union –, kommen in diesem Modell gar nicht vor. Und zu den verfassungsrechtlichen Gegebenheiten des Regierungssystems passt die Theorie auch nicht unmittelbar: Der Vorgang der Regierungsbildung ist ja keine Übertragung einer dem Parlament vor der Regierung selbst zustehenden Macht, sondern ein bestimmtes verfassungsrechtliches Verfahren der Ämterbesetzung. Die Regierung ist auch kein Exekutivausschuss des Parlaments. Sie geht zudem nicht als Ganze aus dem Parlament hervor, sondern lediglich das Amt des Bundeskanzlers. Er müsste dann folgerichtig für jegliche Entscheidung besser legitimiert sein als die Minister, die ja von ihm abhängen. Das Grundgesetz sagt in Art. 65 S. 2 aber das genaue Gegenteil: Der demokratische Regelfall parlamentarisch verantwortlichen Regierungshandelns ist das Handeln des einzelnen Ministers.

Die Legitimationstheorie Böckenfördes ist nicht irgendeine Demokratietheorie. Sie ist eine, ja: *die* Verfassungstheorie der sozialliberalen Ära, das auf den Begriff gebrachte institutionelle Gefüge der alten Bundesrepublik. Sie beruhte freilich auf einer einigermaßen klaren Vorstellung davon, wie im parlamentarischen System des Grundgesetzes Legitimation politisch-institutionell erzeugt wird: durch nationale Wahlen, Volksparteien mit Regierungsanspruch im Parlament, eine vom Parlament abhängige Regierung, eine konsistente politische Steuerung der Ministerialverwaltung; kurz: durch einen nationalen Wohlfahrtsstaat mit Arbeitsparlament.

Es ist das Verfassungsmodell eines parlamentarischen Systems im Werden, das, wie Böckenförde hoffte, die Fesseln des Verwaltungsföderalismus erst noch abstreifen sollte. Das ist nicht geschehen. So ist die Legitimationstheorie eine vergangene Zukunft, die nicht unsere Gegenwart ist. Die Verfassungsstruktur blieb dualistisch; die Beharrungskräfte des Förderalismus waren stärker. Unterdessen hat sich die politische Funktion des Legitimationsbegriffs in der Verfassungsrechtsprechung völlig gewandelt, nachdem das Gericht ihn zu einem Topos der Begrenzung von Kompetenzübertragungen an die Europäische Union gemacht hat.[82]

Inzwischen mehren sich die Anzeichen, dass das Gericht das Regierungssystem des Grundgesetzes mit seiner demokratietheoretischen Legitimationsrechtsprechung weniger interpretiert als vielmehr im Kern normativ umgestaltet. Im Urteil zu den Finanzhilfen für Griechenland vom September 2011 hat es, um nur ein Beispiel herauszugreifen, aus dem Demokratieprinzip geschlossen, dass der Haushaltsausschuss des Bundestages die politischen Entscheidungen des Bundesfinanzministers nicht nur kontrollieren solle, sondern dass die Bundesregierung verpflichtet sei, in bestimmten Fällen die vorherige Zustimmung des Haushaltsausschusses einzuholen.[83] Mit dem Prinzip der parlamentarischen Verantwortlichkeit der Regierung ist diese Rechtsprechung kaum vereinbar. Schließlich ist zwar der Bundesfinanzminister für eine weitreichende Einzelfallentscheidung wie die Übernahme von Gewährleistungen für Ankäufe von Staatsanleihen allen Abgeordneten des Bundestages parlamentarisch verantwortlich. Die Mitglieder des Haushaltsausschusses aber sind als Träger eines freien Mandats gegenüber dem Plenum gerade nicht in irgendeinem rechtlich überzeugenden Sinn verantwortlich.

Ob die Legitimationsrechtsprechung die richtige Antwort auf das Problem der verfassungsgerichtlichen Kontrolle parlamentarischer Entscheidungsprozesse in einem immer komplexer werdenden institutionellen Umfeld ist, ist damit nicht entschieden.[84] Es zeigt nur, was die Theorie demokratischer Legitimation heute nicht mehr ist, nämlich eine begriffliche Abbreviatur jener besonderen deutschen Form des parlamentarischen Regierungssystems, die sich weitgehend unterhalb der organisatorischen Bestimmungen des Grundgesetzes herausgebildet hatte und in deren Zentrum die drei genuin neuen Institutionen der Nachkriegszeit stehen: Volksparteien, Bundesverfassungsgericht, Bundeskanzleramt.

III. Volksvertretung im Arbeitsparlament

Was ist parlamentarische Repräsentation?

In allen verfassungsrechtlichen Wandlungen des parlamentarischen Regierungssystems ist die Schlüsselfrage des Parlamentarismus in Deutschland unbeantwortet geblieben: Woraus bezieht das Parlament seinen Anspruch, die höchste Instanz im Verfassungsaufbau zu sein? Weil die parlamentarische Demokratie eine repräsentative Demokratie ist, sagt man gewöhnlich, und verweist auf Art. 38 Abs. 1 GG: Die Abgeordneten, so lautet die in der deutschen Verfassungsgeschichte übliche Formulierung, sind Vertreter des ganzen Volkes. Doch was heißt das eigentlich? Stellvertretung meint für gewöhnlich Handeln in fremdem Namen gegenüber einem Dritten. Damit hat Volksvertretung wenig zu tun. «Im Namen des Volkes» handeln Gerichte, nicht aber das Parlament. Und wem gegenüber verträte es das Volk eigentlich? Der Regierung gegenüber, sagt man üblicherweise, doch das kann nicht stimmen. Sie geht ja ihrerseits aus der parlamentarischen Mehrheit durch die Wahl des Bundeskanzlers hervor. Endet die Wahlperiode, verliert auch die Regierung ihr Amt (Art. 69 GG), die zudem als Leitung der vollziehenden Gewalt für die Ausführung parlamentarischer Entscheidungen verantwortlich ist und dabei vom Parlament kontrolliert wird. Das Näheverhältnis, das mit dem Begriff Vertretung ausgedrückt sein soll, besteht verfassungsrechtlich gerade nicht zwischen Volk und Parlament, sondern zwischen Parlament und Regierung. Was aber bedeutet dann jener Satz des Art. 38 Abs. 1 GG, die Abgeordneten seien Vertreter des ganzen Volkes?

Das theoretische Dilemma eines verfassungsstaatlichen Repräsentationsbegriffs

Die westliche politische Theorie hat darauf zwei grundsätzlich verschiedene Antworten formuliert. Beide treffen einen wesentlichen Aspekt, keine aber das Ganze der verfassungsrechtlichen Bedeutung parlamentarischer Repräsentation. Man kann sich Repräsentation in einer durch Thomas Hobbes begründeten Tradition zunächst vor allem als Autorisierung vorstellen. Auch wenn die Souveränität zwar beim Volk liegt, ist die Ausübung von Rechten, die aus der Souveränität abgeleitet werden, allen voran das Recht zur Gesetzgebung, bei bestimmten Trägern monopolisiert. Das Volk existiert politisch nur in diesem Träger, nicht aber unmittelbar selbst. Repräsentation ist in diesem Sinne eine ganz abstrakte Antwort auf das Problem der Legitimität von Herrschaft überhaupt.

Parlamentarische Repräsentation ist dabei nur eine mögliche Form der Repräsentation. Bei Hobbes handelt es sich letztlich sogar um eine sekundäre Frage, ob die Herrschaftsrechte auf einen Monarchen oder eine Versammlung übertragen werden. Wie für die absolutistische Repräsentation eines Monarchen der Satz gilt: «*rex est populus*», sagt Hobbes auch für die souveräne Repräsentation einer Versammlung, sie sei «*omni obligatione libera*», von jeder Verpflichtung frei. Das Volk sei vielmehr, obwohl es die Versammlung vielleicht einmal gewählt habe, an alles gebunden, was diese beschließt, weil es ihr zuvor alle staatliche Gewalt übertragen habe («*tenebantur inde ad factum populi transferentis jus civitatis in optimates*»). Denn auch insofern habe das Volk politische Existenz nur im institutionellen Träger der Souveränität: Das Volk, das eine solche herrschende Versammlung wähle, löse sich im selben Moment auf («*ea electa, populus simul dissolvi-tur*»).[1]

Ohne diese neuzeitliche Vorstellung von Repräsentation als Autorisierung ist das heutige verfassungsstaatliche Prinzip des Parlamentarismus undenkbar. Parlamentarische Repräsentation heißt auch heute zunächst einmal die Befugnis des Parlaments zur Ausübung staatlicher Herrschaft, zur bindenden Entscheidung über die Angelegenheiten der Bürger, abgeleitet aus der Machtbefugnis, die mit dem Wahlakt übertragen wird. Ermöglicht wird Repräsentation in diesem Sinne durch das freie Mandat, das die Verfassung mit der halb bürokratischen, halb dichterischen, also recht deutschen Formel umschreibt: «an Aufträge und Weisungen nicht gebunden und nur ihrem Gewissen unterworfen». Das freie Mandat ist eine notwendige Bedingung der parlamentarischen Herrschaftsform, weil erst der Ausschluss jeder Auftragsbeziehung zwischen den Abgeordneten und ihren eigenen Wählern die Konzentration der Herrschaftsrechte im Parlament möglich macht.[2] Die Mitglieder der herrschenden Beschlusskörperschaft dürfen nicht ihrerseits beherrscht werden. Dass die Verfassung die Abgeordneten als Vertreter des *ganzen* Volkes anspricht, ist deswegen entgegen einem verbreiteten Missverständnis keine Verpflichtung auf eine holistische Gemeinwohlvorstellung, wie es auch die perfide Verballhornung des Begriffs als «Volksverräter» weismachen will, sondern zunächst einmal eine theoretische und organisatorische Notwendigkeit des Parlamentarismus.

Mit Recht überzeugt eine solche quasiabsolutistische Vorstellung von Repräsentation als Autorisierung für heutige Parlamente in verfassten Demokratien niemanden mehr. Moderne Parlamente sind Institutionen der verfassungsrechtlich gebundenen Herrschaft und keine Träger von Souveränitätsrechten. Auch die Schulmeinung von der Legitimation repräsentativer Demokratie denkt Volksvertretung ja in erster Linie als praktische Verlegenheit: Unmittelbare Selbstregierung des Volkes ist eine

schöne Idee, aber eine unzweckmäßige Sache. Deshalb müsse
sich das Volk eben durch Institutionen repräsentieren lassen.
Dann aber mögen sich die Vertreter doch bitteschön an den
wirklichen Interessen der Vertretenen orientieren.

Einer anderen, vor allem durch Hanna F. Pitkin begründeten
Richtung der politischen Theorie gilt Repräsentation daher in
erster Linie als substantielles, handelndes Einstehen für andere
(«acting for»).[3] Repräsentation heißt dann innerhalb politischer
Institutionen eine bestimmte Form der Möglichkeit der Artikulation von externen Belangen, die sowohl eine äußere als auch eine
innere Seite hat. Repräsentation wird dadurch konzeptionell
außerordentlich komplex: Was ein Volksvertreter tut, muss, da
Wähler zu den allermeisten Entscheidungsalternativen überhaupt keine Präferenzen ausbilden, in deren wohlverstandenem
Interesse sein; wo sie es doch tun, soll die Repräsentation ihren
Wünschen gegenüber responsiv sein. Damit ist freilich noch
nicht gesagt, wer repräsentiert wird: die Wähler, das Volk, die Bevölkerung, Wahlkreise, soziale Gruppen oder Interessen?

Das Problem dieser Auffassung liegt, kurz gesagt, darin, dass
sie sich jeder verfassungsrechtlichen Normierung entzieht. Wofür Repräsentanten konkret einstehen, ob sie überhaupt für ir-
gendetwas einstehen, ist nur schwer zu kontrollieren und bleibt
am Ende unklar. Es ist durch das Prinzip des Art. 38 Abs. 1 GG
überhaupt ausgeschlossen, substantielle Repräsentation zu erzwingen. Zwar lässt sich durch angemessene Diäten oder in ge-
wissem Umfang auch durch Regeln über Nebentätigkeiten das
Risiko senken, dass Abgeordnete gegen Bezahlung für bestimmte Interessen einstehen. Das freie Mandat schließt aber die
positive Verpflichtung zur Wahrnehmung bestimmter Belange
aus.

In der Demokratie gibt es jedoch Regeln, die beide Aspekte der
Repräsentation miteinander verknüpfen – Regeln, die einerseits
das Verfahren der Autorisierung der herrschenden Körperschaft
durch das Volk festlegen und andererseits die Artikulation unter-

schiedlicher Interessen und Belange im politischen Prozess wahrscheinlicher oder unwahrscheinlicher machen. Die Rede ist zum Beispiel vom Wahlrecht. Das Wahlrecht vermittelt zwischen den beiden Aspekten parlamentarischer Repräsentation und ist deswegen im eminenten Sinne Verfassungsrecht. Diese Vermittlungsleistung erbringt das Wahlrecht über einen dritten, ästhetischen Aspekt von Repräsentation: die Versinnbildlichung einer Abwesenheitsbeziehung. Das nach dem Verhältniswahlrecht gewählte, also proportional nach den Stärkeverhältnissen der einzelnen politischen Gruppierungen zusammengesetzte Parlament steht wie ein Abbild, steht spiegelbildlich für das ganze Volk. Ebenso ist aber auch das nach dem Mehrheitswahlrecht gewählte Parlament aus Wahlkreisabgeordneten ein verkleinertes Abbild der Nation, nur eben auf andere Weise. Wie die Regeln des Wahlaktes ausgestaltet sein müssen (Mehrheits- oder Verhältniswahlrecht?), ist damit noch nicht gesagt, auch nichts über die Größe des Parlaments, den Zuschnitt von Stimmbezirken, über Rückkopplungsstrukturen zwischen Abgeordneten und Wählern, das leidige Thema der Diäten oder über die Frage der Repräsentativität der Repräsentation, das heißt die parlamentarische Sichtbarkeit von Minderheiten. Vom Wahlrecht aber hängt es ab, was Repräsentation politisch und verfassungsrechtlich bedeutet.

Repräsentation ohne Entscheidung?

Leider werden diese Zusammenhänge gerade in Deutschland nicht immer klar gesehen. Unter Volksvertretung beziehungsweise parlamentarischer Repräsentation stellt man sich meist entweder etwas sehr Feierliches oder etwas sehr Banales vor. Die Bedeutung oszilliert zwischen Zeremoniell, Bürgerversammlung und Beschwerdestelle. Feierliches transportiert zumeist das lateinische Wort Repräsentation, das sozusagen den sonntäglichen Festakt im Plenarsaal bezeichnet, mindestens aber die große freie Aussprache über prinzipielle Fragen als Idealzustand von Politik impliziert. Banale Vorstellungen drückt dagegen zumeist der Begriff Volksvertretung aus, der suggeriert, die Abgeordneten sollten gegenüber der Politik den Willen der Wähler vertreten, so wie der Betriebsrat die Belange der Arbeitnehmer gegenüber dem Vorstand zur Geltung bringen sollte. Der sogenannte Volkswille ist aber natürlich eine Sache, an deren Herausbildung Politik nicht ganz unbeteiligt ist. Nur die Repräsentation von Partikularinteressen gilt als unschicklich. Während man es im Mutterland des Parlamentarismus nie für einen Widerspruch gehalten hat, dass Abgeordnete zugleich Interessenvertreter sind, nämlich der Interessen ihres Wahlkreises, ihrer sozialen Schicht, der Gewerkschaften, bestimmter Industrieinteressen oder was auch immer,[4] rümpft man bei einem solchen Verdacht in der Bundesrepublik die Nase und verweist auf die Verfassung: Abgeordnete sind doch Vertreter des *ganzen* Volkes!

Beide Vorstellungen von parlamentarischer Repräsentation haben eine Gemeinsamkeit. Sie bringen das Element der Entscheidung, um das es sich im Kern handelt, absichtsvoll zum Verschwinden und unterschlagen so das Wesentliche demokratischer Parlamente: die durch das Wahlrecht strukturierte Entscheidung der Wähler und die durch die Institutionen der parlamentarischen Demokratie produzierten Entscheidungen, um deren Legitimierung es geht. Wer Repräsentation in der Tradition von Carl Schmitt oder Gerhard Leibholz als etwas Ideelles denkt, als Abbild eines «höheren Seins», negiert den Herrschaftscharakter des Begriffs ebenso wie die Verfechter einer identitären Volksrepräsentation.[5] Gerade auch Carl Schmitts berühmte These, parlamentarische Repräsentation beruhe auf dem Ideal eines *government by debate* in der bürgerlichen Öffentlichkeit, in der durch Rede und Gegenrede das bessere Argument siegt, beruhte auf der Negation der parlamentarischen Entscheidung zugunsten eines exklusiven Dezisionismus der Exekutive.

Wie wenig selbstverständlich der politische Sinn der parlamentarischen Repräsentation in Deutschland ist, zeigt der Bundestag

bis in seine Sprache hinein. Schon der Begriff des «Abgeordneten», den das Grundgesetz in Übereinstimmung mit der deutschen Verfassungstradition verwendet, verschleiert den Sachverhalt ja eher, als ihn zu bezeichnen. Mandatsträger werden
nicht – wie Beamte von ihren Dienstherren – von der Gesellschaft für eine begrenzte Funktion irgendwohin «abgeordnet»[6],
sondern sind zur Entscheidung befugte, gewählte Repräsentanten. Die Rechtssprache leugnet das weiterhin, indem sie das 1977
in Kraft getretene «Gesetz über die Rechtsverhältnisse der Mitglieder des Deutschen Bundestages» kurz als Abgeordnetenge-
setz zu bezeichnen pflegt, obwohl sein richtiger Name und die
amtliche Bezeichnung der Abgeordneten als Mitglieder des
Deutschen Bundestages (MdB) die Angelegenheit eigentlich
richtigstellen: Die Mitgliedschaft in der höchsten Beschlusskörperschaft, dem Deutschen Bundestag, verleiht jedem Mandatsträger
einen gleichen Anteil an der parlamentarischen Herrschaftsbefugnis kraft Repräsentation.

Auch der Umgang miteinander im Parlament legt den Herrschaftscharakter der parlamentarischen Repräsentation traditionell nicht offen. Die Mitglieder des britischen Unterhauses pflegen sich gegenseitig häufig mit der Bezeichnung ihres Wahlkreises
anzureden («the Member for Sevenoaks») und erscheinen so
auch in den Protokollen und Agenden des Parlaments. Ihre Wählerschaft bezeichnen sie auch nicht als eine geographische Größe
(«Wahlkreis»), sondern als politische Einheit (*constituency*). Dagegen werden die Mitglieder des Bundestages vom Präsidenten
als «die Frau Abgeordnete Schulze von der CDU-Fraktion» ans
Pult gerufen und reden sich gegenseitig so prosaisch wie nur ir-
gend möglich mit «Herr Kollege», «Frau Kollegin» an.

Dabei ist der ideengeschichtliche Ballast, den der deutsche Repräsentationsbegriff mit sich herumschleppt, von der Forschung
mittlerweile aufgearbeitet worden.[7] Nach einer im 19. Jahrhundert entstandenen Vorstellung des deutschen politischen Den-
kens liegt die politische Herrschaftsbefugnis nämlich nicht bei

den Institutionen der Verfassung selbst, sondern beim abstrakten Subjekt «Staat». Daher rührt auch der unübersetzbare Begriff «Staatsgewalt». Die staatlichen Organe nahmen nach dieser Vorstellung lediglich «Kompetenzen» *für* den Staat wahr. Dabei handeln sie nur als Organe des Staates, also stellvertretend. Alle ihre Handlungen werden dem Staat rechtlich zugerechnet. Organe, die auf diese Weise den abstrakten Staat repräsentieren, können aber nicht zugleich das Volk repräsentieren; demokratische Repräsentation wird begrifflich ausgeschaltet. Schon Carl Schmitt hat vor fast hundert Jahren mit aller Schärfe gesehen, dass dies die antidemokratische Pointe des konstitutionellen Staatsrechts im 19. Jahrhundert war.[8]

Verfassungsrechtliche Aporien des Repräsentationsbegriffs

Wer nur einmal die jüngere verfassungspolitische Diskussion oder die Rechtsprechung des Bundesverfassungsgerichts in Augenschein nimmt, kann sich rasch überzeugen, mit welcher Vehemenz die ungeklärte Frage nach dem Sinn parlamentarischer Repräsentation das deutsche Verfassungsrecht beschäftigt. Das gilt zum Beispiel für die Behandlung der AfD-Fraktion im Rahmen des Verfassungs- und Parlamentsrechts. Welche Stellung muss ihnen im Plenum, in den Leitungsorganen und Ausschüssen gewährt werden, wo doch auch ihre Abgeordneten gewählte Mitglieder des Bundestages sind?[9] Je strenger der Gedanke durchgeführt wird, dass das Parlament in allen seinen Gliederungen ein möglichst getreues Abbild der parteipolitischen Zusammensetzung der Wählerschaft sein muss, desto schwieriger ist es für die Mehrheit, Abgeordnete radikaler Flügelparteien aus dem Präsidium, aber auch aus sensiblen Funktionsbereichen wie dem Parlamentarischen Kontrollgremium fernzuhalten. Hinzu kommt, dass das Bundesverfassungsgericht seit einiger Zeit in seiner Rechtsprechung den Repräsentationsbegriff verwendet, um dem Parlament von außen die Regeln politischer Verfahren zu oktroyieren. Am Anfang standen Entscheidungen, in denen es um die Besetzung und das Verfahren des Vermittlungsausschusses (Art. 77 Abs. 2 GG) ging. Aus dem Prinzip demokratischer Repräsentation schloss das Gericht damals, dass die Bundestagssitze in diesem Ausschuss streng nach dem Grundsatz der Spiegelbildlichkeit, also im arithmetisch möglichst exakten Stärkeverhältnis der Fraktionen, besetzt werden müssen – und keinesfalls nach dem Prinzip einer Stimmenmehrheit der Regierungsfraktionen im Bundestag.[10]

Ein fundamentaler Dissens im Repräsentationsverständnis zeigte sich dann innerhalb des Gerichts, als es 2007 über die Frage der Nebeneinkünfte von Mitgliedern des Bundestages zu entscheiden hatte: Was ist ein Abgeordneter? So etwas Ähnliches wie ein Beamter, bei dem Nebentätigkeiten mit Recht stark reglementiert sind? Oder ein unabhängiger Bürger, dessen Mandat ihn nicht hindert, als solcher einen einträglichen Beruf zu haben? In der Auseinandersetzung kam damals Vieles zusammen: spießbürgerliche Affekte gegen Abgeordnete, die nebenbei – meist als Freiberufler – Einkünfte erzielen (deshalb sind Landwirte eigentlich die Einzigen, die nach dem Urteil der öffentlichen Meinung dazu verdienen dürfen); die Problematik eines Parlaments, das immer mehr aus Parteifunktionären, Beamten, und Angestellten des öffentlichen Dienstes besteht, die mit Transparenzregeln auch ihre soziale Position verteidigen; das institutionelle Problem des Lobbyismus; die Schamlosigkeit, mit der sich manche Abgeordnete durch Pseudotätigkeiten (Vortragshonorare, Beratertätigkeiten) das Mandat versilbern. In dem seltenen Fall eines Patt-Urteils mit 4:4 Stimmen entschied das Gericht damals zugunsten verschärfter Transparenzregeln und ließ damit der Entwicklung der Abgeordneten zu pflichtgebundenen Funktionären weitgehend freie Bahn.[11]

Eine prominente Rolle spielt der Repräsentationsbegriff auch in der Rechtsprechung zu den sogenannten Überhangmandaten. Sie entstehen, wenn eine Partei in einem Land mehr Direktmandate gewinnt, als ihr Sitze nach dem Zweitstimmenergebnis zustünden. Das Gericht hält diese Mandate für verfassungsrechtlich problematisch, weil sie verhindern, dass das Parlament das Zweitstimmenergebnis spiegelbildlich repräsentiert, und damit den Volkswillen verfälschen.[12] Wiederum eine ganz andere Bedeutung hat das Prinzip parlamentarischer Repräsentation in den Urteilen zu den Grenzen der europäischen Integration gewonnen, in denen es als Verbot interpretiert wird, allzu viele staatliche Aufgaben auf die Europäische Union zu übertragen und sie damit dem Zuständigkeitsbereich des Bundestages zu entziehen.[13] Auch die Verfassungswidrigkeit der Überwachung von Bundestagsabgeordneten durch den Verfassungsschutz begründete das Gericht mit dem Repräsentationsprinzip: Die Behinderung der parlamentarischen Arbeit verändere die vom Volke festgelegten Mehrheitsverhältnisse und störe damit die parlamentarische Repräsentation. Repräsentation heißt dabei auf einmal vor allem: Kommunikation.[14] Zuletzt hat das Gericht den Grundsatz der spiegelbildlichen Besetzung von Parlamentsausschüssen in mehreren Entscheidungen zugespitzt, präzisiert und mit seiner Hilfe die Übertragung von Entscheidungszuständigkeiten auf Ausschüsse stark eingegrenzt: «Der Deutsche Bundestag erfüllt seine Repräsentationsfunktion grundsätzlich in seiner Gesamtheit, durch die Mitwirkung aller seiner Mitglieder, nicht durch einzelne Abgeordnete, eine Gruppe von Abgeordneten oder die parlamentarische Mehrheit.»[15]

Liegt dieser Rechtsprechung ein belastbarer verfassungsrechtlicher Repräsentationsbegriff zugrunde? Kaum. Selbst der vom Gericht sehr unvermittelt aus dem Demokratieprinzip abgeleitete Spiegelbildlichkeitsgrundsatz ist in seiner Entstehung und systematischen Bedeutung gerade kein Demokratiepostulat. Er ist zunächst einmal vor allem ein Gesichtspunkt des politischen Proporzes, dessen Wurzeln sich in Deutschland bis in die Institutionen des Alten Reiches zurückverfolgen lassen, und spezifischer dann eine Konsequenz des Verhältniswahlrechts. Auch in

einem Parlament ohne demokratische Exekutive wie dem Reichstag vor 1919, in dem alle Fraktionen gegenüber der Reichsleitung
mehr oder weniger in der Minderheit waren, war deren gleich-
mäßiger Anteil am Verfahren ja das zentrale innerparlamentarische Arbeitsprinzip. Das Organisationsprinzip des parlamentarischen Regierungssystems ist aber nicht der Proporz, sondern die
Unterscheidung von Mehrheit und Minderheit, von Regierung
und Opposition. Gerade sie kommt im Repräsentationsbegriff
der Rechtsprechung überhaupt nicht vor.

Die verfassungsrechtliche Bedeutung des Wahlrechts

Man bezeichnet das Bundestagswahlrecht als personalisiertes
Verhältniswahlrecht. Es besteht bekanntlich in einer Synthese
aus einem relativen Mehrheitswahlrecht in den Wahlkreisen und
einem Verhältniswahlrecht über die Landeslisten. Dadurch wird
das *first-past-the-post*-System der lokal bestimmten Wahlkreiskandidaten mit dem Prinzip der proportionalen Abbildung der
Parteipräferenzen kombiniert. Über das System der Landeslisten
tritt sogar noch, wenn auch schwächer, ein drittes Repräsentationsprinzip hinzu: das föderative. Es nimmt, so pflegt man das
System zu begründen, von allem das Beste. Und in der Tat hat das
personalisierte Verhältniswahlrecht unbestreitbare Vorzüge.

So besteht eines der größten politischen Probleme im Mehrheitswahlrecht etwa der USA im sogenannten Gerrymandering,
also der Tendenz der Legislativen in den Einzelstaaten, die Wahlkreise genau so zuzuschneiden, dass die Wahlchancen einer Seite
optimiert werden. Wenn die erfolgreichen Wahlkreiskandidaten – wie in der Bundesrepublik – mit den Zweitstimmenergeb-
nissen obligatorisch verrechnet werden, sind die Auswirkungen
des Gerrymandering auf die Mehrheitsverhältnisse deutlich geringer. Ohnehin ist die Wahlkreiseinteilung in der Bundesre-

publik kaum politisiert, sondern überparteilich organisiert. Der Gesetzgeber hat sie einer vom Bundespräsidenten ernannten Kommission übertragen, welcher der Präsident des Statistischen Bundesamtes, ein Richter des Bundesverwaltungsgerichts und fünf weitere Mitglieder (in der Regel aus den Innenressorts der Länder) angehören. Auch schafft das deutsche Wahlsystem mit der lokalen Entscheidung über die Aufstellung von Direktwahlkandidaten ein gewisses Gegengewicht zur Macht der Parteiführungen über die Zusammensetzung der Landeslisten.

Ob das personalisierte Verhältniswahlrecht wirklich die beste aller Welten ist, wird heute kaum mehr erörtert, und es fragt sich auch niemand mehr, warum nicht die ganze Welt nach diesem System wählt.[16] Im politischen Betrieb gilt es als bewährt, was freilich nur heißt: Alle Akteure haben ihre politische Taktik darauf eingestellt. Zu dieser Selbstverständlichkeit des deutschen Wahlrechts trägt bekanntlich vor allem seine Komplexität bei. Die Prinzipien parlamentarischer Repräsentation sind in Deutschland eine Sache weniger Spezialisten. Das hat vor allem mit den Modalitäten der Verrechnung von Landeslisten und mit den Überhangmandaten zu tun, die nach der Rechtsprechung des Bundesverfassungsgerichts durch Ausgleichsmandate kompensiert werden müssen. Die Rechtsprechung hat übrigens – den Zielsetzungen aller Parlamentsreformen zum Trotz – zu einer sprunghaften Vergrößerung des Bundestages geführt. Wolfgang Schäubles mutige Initiative zu einer Verkleinerung des Bundestages in der laufenden 19. Wahlperiode ist inzwischen schon wieder verpufft. Man spricht jetzt resignierend von 2025, gemeint ist: irgendwann vielleicht.

Je technischer aber die Debatten um das Wahlrecht wurden, umso weniger stellte man seine politischen Konsequenzen in Frage. Das politische Grundproblem dieses Wahlrechts ist aber überhaupt nicht die Frage «Mehr oder weniger Wahlkreise» und erst recht nicht die systemimmanente Verfeinerung seiner Gerechtigkeitsmaßstäbe. Es liegt viel tiefer. Der politikwissenschaftliche Jargon bezeichnet das deutsche Wahlrechtsystem als *mixed-member proportional representation* (MMPR) und trifft damit den Kern der Dinge. Es handelt sich um ein Wahlrecht, das zwei Arten von Parlamentariern hervorbringt: solche, die aus einer lokalen Personenwahl hervorgehen, und solche, die über eine Liste rekrutiert werden. Im einen Fall ist der Repräsentationsbegriff personal: Die Mehrheit des Wahlkreises 156 hat für Frau Dr. Müller gestimmt. Im anderen Fall ist er ideologisch: Frau Dr. Müller vertritt keinen Wahlkreis, sondern das Programm einer Partei, für die ein bestimmtes Stimmenquorum abgegeben wurde.

Welche Folgen hat diese Tatsache für das Regierungssystem? Die Konsequenzen der beiden Systeme, aus denen das personalisierte Verhältniswahlrecht zusammengesetzt ist, sind einigermaßen bekannt und unterscheiden sich diametral. Das Mehrheitswahlrecht entspricht dem Zweiparteiensystem und verspricht eine leichtere Regierungsbildung. Es hat unter normalen Umständen Konzentrationseffekte, weil die Anreize zur Abspaltung radikaler Parteien schwach sind. Zudem korrespondiert es mit einem geringeren Einfluss der Parteiführungen auf die lokale Kandidatenaufstellung und einer vergleichsweise großen Unabhängigkeit der Abgeordneten von der Fraktion. Dagegen führt das Verhältniswahlrecht fast zwangsläufig zu Koalitionsregierungen. Der Einheitsdruck auf die Parlamentsfraktionen ist hier aber stärker, weil die Parteiführungen über die Listenaufstellungen disziplinierenden Einfluss ausüben können.

Dabei entspricht jedem Prinzip eine halbwegs konsistente Theorie parlamentarischer Repräsentation: Im Falle des Mehrheitswahlrechts sind es die territorialen Gliederungen, die *constituencies*, deren Gesamtheit im Parlament als Inbegriff des Volkes vertreten wird, während das Verhältniswahlrecht auf dem Gedanken beruht, dass die Nation in ihrer politischen, das heißt ideologischen bzw. sozialen Zusammensetzung repräsentiert wird. Heute würde man sagen: dass das Meinungsspektrum der Wählerschaft abgebildet wird. Albert Venn Dicey hat die prägnante Unterscheidung zwischen der *representation of persons* und der *representation of opinions* geprägt.[17] Auch das Mehrheitswahlrecht beruht aber seinem Selbstverständnis nach darauf, ein Abbild der Nation zu sein, nur eben ein regionales, das deswegen gegenüber extremen Positionen selektiv ist. Dicey hielt nach dem Ersten Weltkrieg den Gedanken für absurd, dass auch eine Ideologie wie der Antisemitismus parlamentarisch repräsentiert werden müsse, wenn ihr nur eine hinreichend große Gruppe nachlaufe. Das Parlament sei schließlich keine «debating society». «[W]here a body of men such as constitute the House of Commons are at all concerned with government, unity of action is of more consequence than variety of opinions.»[18]

Mit der Kombination beider Ansätze, mit dem Ineinandergreifen beider Prinzipien im Bundestagswahlrecht, wird der Repräsentationsbegriff nun auf eine merkwürdige Weise verfassungsrechtlich diffus. Die typische Parteivorstandsrhetorik, hinter einer bestimmten Politik stehe der Wille von so und so viel Millionen Wählern, ist in dieser Pauschalität für den Bundestag immer nur halb richtig. Die Bundestagsfraktionen repräsentieren das Wahlvolk in den Ländern mit überdurchschnittlich hohem Zweitstimmenergebnis stärker als in den anderen, und Fraktionen mit vielen Direktkandidaten repräsentieren das lokale Moment sehr viel stärker als reine Listenfraktionen, weshalb im heutigen Deutschen Bundestag, in dem 231 von 246 Unionsabgeordneten Direktkandidaten sind, die Kanzlerinnenpartei fast ein Monopol auf Lokalrepräsentation hat. Traditionell fiel das Übergewicht der Wahlkreisrepräsentation mit Ausnahme der Bundestagswahl 1980 immer der Partei zu, die den Bundeskanzler stellte. Kleine Parteien sind von der Wahlkreisrepräsentation ohnedies strukturell ausgeschlossen. Bundestagsfraktionen mit einer hohen Zahl von Ausgleichsmandaten, die derzeit anteilsmäßig auf alle Fraktionen außer der Union entfallen, repräsentieren in gewisser Hinsicht wiederum bloß fiktiv.

Man wird mit Recht einwenden, dass diese Unterschiede in

der parlamentarischen Praxis völlig irrelevant sind. Auch Außen-
minister Heiko Maas präsentiert sich auf seiner Website als «Bundestagsabgeordneter für Saarlouis und Merzig-Wadern (Wahlkreis 297)», obwohl er diesen Wahlkreis 2017 gegen seinen
Kabinettskollegen Peter Altmaier verloren hat und nur über Platz
1 der saarländischen Landesliste der SPD in den Bundestag einge-
zogen ist. Listenkandidaten unterhalten ebenfalls Wahlkreis-
büros und machen Wahlkreisarbeit, allein schon im Hinblick
auf die nächste Kandidatur.[19] Umgekehrt sind natürlich auch die
Wahlkreisabgeordneten in erster Linie Parteipolitiker. Selbst Abgeordnete, die als Direktkandidaten mit starker lokaler Basis und
entsprechender Unabhängigkeit von der Parteiführung ausgestattet sind, sind ja in der Regel über einen Platz auf der Landesliste «abgesichert», wofür die Parteiführungen im Gegenzug Loyalität einfordern können. Deshalb wird die parlamentarische
Aktivität durch den Mandatstyp auch nicht wesentlich geprägt.
Dass Wahlkreiskandidaten sich etwa stärker bei Themen mit
lokalem Bezug engagieren würden, hat sich nicht nachweisen
lassen.[20]

Das hat eine sehr entscheidende Konsequenz: Von den Vor-
zügen des Mehrheitswahlrechts hat das deutsche Mischsystem
so gut wie nicht profitiert. Die *backbencher*, die das englische
Parlament so lebendig machen, also Abgeordnete, die keine Re-
gierungsfunktion haben und deswegen eher eine von der Fraktionsführung abweichende Linie vertreten können, gibt es im
Bundestag kaum. Die Kontrolle der Fraktionsführungen über
Initiativen und das Abstimmungsverhalten ist sowohl bei Wahl-
kreis- als auch bei Listenkandidaten vergleichsweise hoch.[21] Im
Englischen ist der Begriff *backbencher* übrigens kein bisschen
abwertend gemeint. Dagegen ist die deutsche Übersetzung «Hinterbänkler» eindeutig pejorativ, fast gleichbedeutend mit Stimm-
vieh. Allenfalls Direktkandidaten mit starker lokaler Basis in jenen todsicheren Wahlkreisen, die immer weniger werden,
können den Luxus einer relativen Unabhängigkeit kultivieren.

Man kennt die Namen: Wolfgang Bosbach oder Peter Gauweiler. Die in der jüngeren Zeit große Ausnahme eines *backbenchers* mit knappen Wahlkreisergebnissen, der gleichwohl in großer Unabhängigkeit von seiner Fraktion agierte, beruht hingegen auf Eigentümlichkeiten der politischen Stadtgeographie Berlins: Hans-Christian Ströbele.

Das Fehlen der *backbencher* im britischen Sinne hängt natürlich mit bestimmten Selektionseffekten des deutschen Wahlrechts zusammen. Es begünstigt auf allen Ebenen einen auf die Parteilinie verpflichteten Politikertypus, der sich deshalb auch innerhalb der staatlichen Institutionen grundsätzlich loyal verhält. Dieser Effekt des Listenwahlrechts ist zunächst einmal ein wesentlicher Teil seiner Erfolgsgeschichte. Die politische Loyalität von Abgeordneten gegenüber ihren Parteien und Fraktionen wird durch die institutionelle Struktur des Bundestages als eines auf die Gesetzgebung konzentrierten Arbeitsparlaments noch verstärkt. Der personelle Pluralismus, der über die Landeslisten hergestellt wird, und die politischen Divergenzen, die sich meist innerhalb der Landesgruppen organisieren, bleiben nach außen tendenziell unsichtbar. Nicht die Kultivierung von abweichenden Meinungen, sondern vor allem der Weg der fachlich-technischen Spezialisierung bietet Chancen, sich als Abgeordneter eine von der Fraktionsführung unabhängige Stellung zu verschaffen. Fraktionsexperten wie der SPD-Gesundheitspolitiker Karl Lauterbach sind auch in den Regierungsfraktionen am schwierigsten «auf Linie» zu bringen[22] – nicht zuletzt deshalb, weil sie sich durch ihre Nichtberücksichtigung bei der Auswahl des Fachministers in der Regel übergangen fühlen werden. Auch für die weniger ministrablen Abgeordneten bietet der Typus des Arbeitsparlaments ganz ausgesprochene Vorzüge. Während die rhetorischen Gepflogenheiten des englischen Unterhauses einen agonalen Stil stark begünstigen, lässt der Bundestag eine weitaus größere Bandbreite von Temperamenten zur Geltung kommen. Entgegen der ausdrücklichen Anordnung des freien Vortrags in

§ 33 GOBT ist es üblich, auch ganze Reden abzulesen, was die prominente Mitwirkung von Abgeordneten ermöglicht, die nicht ohne weiteres eine Viertelstunde frei sprechen würden.

Überhaupt lassen sich ja die Fraktionen in einem hochgradig arbeitsteiligen Parlament wie dem Bundestag vorzüglich hierarchisieren, was ebenfalls starke Integrations- und Disziplinierungseffekte hat. Das Binnenrecht des Bundestages und der Bundestagsfraktionen kennt eine Vielzahl von Ämtern und Funktionen: die Obleute und Vorsitzenden der Ausschüsse, den Fraktionsvorstand, die Parlamentarischen Geschäftsführer, den Justiziar, die Vorsitzenden der Fraktionsarbeitskreise und der soziologischen Gruppen wie zum Beispiel in der Unionsfraktion der Jungen Gruppe oder der Gruppe der Frauen usw. Selbst in einer großen Fraktion werden somit über ein Viertel der Abgeordneten – mit anderen Worten: alle Ehrgeizigen – in irgendeiner Weise eingebunden und in die Verantwortung genommen. Das Bundesverfassungsgericht konnte zwar im Jahr 2000 die Entwicklung stoppen, dass sich diese Hierarchisierung durch finanzielle Funktionszulagen auch in Bezügen ausdrückte.[23] Die Sache selbst ist verfassungsrechtlich auf Dauer aber schwer korrigierbar. Hier dürfte einer der Gründe dafür liegen, weshalb sich auch die Bundestagsfraktionen von Parteien mit sehr selbstbewussten und eigenständigen Landesverbänden, wie etwa bei den Grünen, nicht regional auseinanderentwickelt haben, obwohl die Aufstellung von Landeslisten ja in den Händen der Landesverbände liegt und damit formell dem Einfluss der Bundesparteien entzogen ist (§ 21 BWahlG).

Dadurch ergibt sich zudem eine eigenartige Gleichzeitigkeit von funktionaler Differenzierung und politischer Nichtdifferenzierung: Während die Abgeordneten relativ spezialistisch arbeiten, sind die politischen Eliten nicht auf eine Karriere in der Bundes- oder Landespolitik festgelegt, sondern können die Ebenen wechseln. Mitglieder einer Landesregierung sind deswegen zugleich an der Loyalität der aus ihrem Landesverband stammenden Abgeordneten auf Bundesebene interessiert, weil sie hoffen werden, später einmal in einem Bundesamt von dieser Loyalität zu profitieren.[24]

Demokratischer Vorrang des Verhältniswahlrechts?

Das politische Alltagsempfinden räumt dem Verhältniswahlrecht allemal den Vorrang ein: Zweitstimme ist Kanzlerstimme. Leitend ist dabei der Gesichtspunkt der Parteienrepräsentation; die Wahlkreiswahl fungiert in dieser Logik eher als eine Art Listenersetzungsrecht: Die Wähler können entscheiden, ob sie anstelle der Listenkandidaten ihrer Partei lieber ihren Wahlkreisbewerber sähen.

An der Spitze dieser Deutung marschiert das Bundesverfassungsgericht, das die mäßigenden Effekte der *representation of persons* gegenüber der *representation of opinions* zunehmend kritisch betrachtet. Aus der Tatsache, dass die Wahlkreisergebnisse auf die Listenplätze angerechnet werden, nicht aber umgekehrt, schließt das Gericht seit langem auf einen verfassungsrechtlichen Vorrang der Verhältniswahl. Es hat zwar immer wieder festgestellt, dass der Gesetzgeber in der Ausgestaltung des Wahlrechts «grundsätzlich frei» sei.[25] Die Spruchpraxis beweist aber inzwischen das glatte Gegenteil. Das Bundesverfassungsgericht hängt nämlich seit langem der Theorie der Erfolgswertgleichheit an. Demzufolge muss jede Stimme nicht nur gleich gezählt werden (was eine demokratische Selbstverständlichkeit ist), sondern auch den gleichen Effekt auf das Ergebnis haben, so dass «jede gültig abgegebene Stimme bei dem Rechenverfahren mit gleichem Gewicht mitbewertet wird […], ihr mithin ein anteilsmäßig gleicher Erfolg zukommt.»[26] Nur so sei gewährleistet, dass das Parlament auch wirklich ein verkleinertes Abbild des Volkes ist. Damit wird aber die Prämisse der Freiheit des Gesetzgebers hinfällig und das reine Verhältniswahlrecht als das bessere, verfassungsmäßigere hingestellt. Denn nur ein reines Verhältniswahlrecht mit einheitlichen nationalen Parteilisten verwirklicht die Erfolgswertgleichheit maximal. Alle Abweichungen von diesem Modell müssen sich nach der Rechtsprechung dagegen als Einschränkungen dieses demokratischen Prinzips durch Argumente der «Funktionsfähigkeit» rechtfertigen lassen.

Die politischen Folgen

Das Gericht hängt die Begründung dieser Rechtsprechung sehr hoch, nämlich am Demokratieprinzip des Art. 20 Abs. 2 GG auf.[27] Aber gibt es für den Vorrang des Verhältniswahlrechts eigentlich eine schlüssige verfassungsrechtliche Begründung? Und welche Vorstellung von parlamentarischer Repräsentation wird mit ihr transportiert? Der Gedanke der Wahlkreisrepräsentation des Mehrheitswahlrechts ist nicht weniger demokratisch als der des Verhältniswahlrechts – und wenn § 1 des Bundeswahlgesetzes die Abgeordneten, die nach den beiden Systemen gewählt werden, in zwei gleiche Gruppen von je 298 einteilt, kommt darin die Gleichgewichtigkeit sinnfällig zum Ausdruck. Die homogen über das Bundesgebiet verteilten Wahlkreise entsprechen zudem eher einer zentralistischen, die Landeslisten eher einer föderalen Repräsentation.

Auch vom parlamentarischen Regierungssystem her betrachtet, ist die Argumentation des Bundesverfassungsgerichts zweifelhaft. Im Unterschied zur zentrifugalen Arithmetik des Verhältniswahlrechts stehen in Wahrheit ja gerade die zentripetalen Kräfte des Mehrheitswahlrechts in einem engen funktionalen Zusammenhang mit dem parlamentarischen Regierungssystem. Nachdem 2002 die Regierungsmehrheit durch Überhangmandaten etwas größer als waghalsig knapp ausfiel, hätte man hierin auch eine Weisheit des Wahlrechts sehen können: dass es für die Zeiten einer zunehmenden Parteienzersplitterung Sicherungen zugunsten der großen Parteien enthält, die die Direktmandate gewinnen und die Regierung tragen. Entspricht es also nicht gerade der Idee des parlamentarischen Regierungssystems, auch das Wahlrecht so zu gestalten, dass es bei Wahrung des Prinzips der Chancengleichheit starke Anreize setzt, Regierungspartei zu sein?

Man mag diese Argumentation als nachgeschobene Rationalisierung eines Zufallsphänomens abtun: Überhangmandate entstehen letztlich nur aufgrund kontingenter Effekte des Wahlkreiszuschnitts und des Missverhältnisses von Erst- und Zweitstimmen. Doch bereits die Ausarbeitung des Kompromisses zwischen Mehrheits- und Verhältniswahlrecht folgte der leitenden Überlegung, über die Lokalrepräsentation den Kontakt zwischen Abgeordneten und Wahlkreis wiederherzustellen.[28] Ist das so viel weniger demokratisch als der Gedanke der proportionalen Parteirepräsentation? Ist dieser Aspekt des Mehrheitswahlrechts in einer Welt, in der vor allem das Lokale als das Durchschaubare und Bürgernahe geschätzt wird, nicht vielmehr ein großer Beitrag zur Überbrückung der Distanz der Gesellschaft zur professionellen Politik? Hier bedient das Bundesverfassungsgericht auf einmal sehr bereitwillig die Interessen der Parteiführungen, denen es an anderer Stelle – etwa bei der Parteienfinanzierung – so entschieden entgegenzutreten weiß: Großer Erfolg in den Wahlkreisen wird als politisch dubios ausgeflaggt und muss verfassungsrechtlich im großen Stil kompensiert werden. In einem Parlament, das in zwei politische Lager gespalten war, blieb diese Rechtsprechung politisch folgenlos. Doch im 19. Deutschen Bundestag, am Ende der zweiten Dekade des 21. Jahrhunderts, zeitigt sie unheilvolle Effekte, weil die Zahl der Ausgleichsmandate mit dem Einzug jeder neuen Partei in den Bundestag und dem Stimmenverlust der alten Volksparteien sprunghaft steigt. Schon heute hat die Bundesrepublik dank des Gerichts das zweitgrößte Parlament der Welt – nach dem chinesischen Volkskongress. Um Dieter Nohlen, einen der besten Kenner heutiger Wahlsysteme, zu zitieren: «Das Bundesverfassungsgericht entfernt in seiner Wahlsystemrechtsprechung das politische System der Bundesrepublik Deutschland vom Demokratieprinzip des responsible government.»[29]

Die ewige Frage der Wahlrechtsreform

Was tun? Gibt es Alternativen zum gegenwärtigen System? Immer wieder wird in der Bundesrepublik über die Rückkehr zum Mehrheitswahlrecht debattiert. Elder Statesmen, ehemalige Bundesverfassungsgerichtspräsidenten und liberale Publizisten pflegen dann gerne auf die vermeintlich «einfachen Mehrheitsverhältnisse» in Großbritannien zu verweisen.[30] Doch weder sind diese Verhältnisse einfach noch lassen sie sich in der Bundesrepublik verwirklichen. Der richtige Moment, der Kairos zur Einführung des Mehrheitswahlrechts, wäre die Zeit der ersten Großen Koalition zwischen 1966 und 1969 gewesen. Heute, wo nach den Ergebnissen der Bundestagswahl 2017 mehr als 47 Prozent der Zweitstimmen auf andere Parteien als SPD und CDU/CSU entfallen, die aber zusammen immer noch 291 von 298 Wahlkreisen gewinnen, würde schon der Versuch eines Systemwechsels in einem politischen Desaster enden, da sich Linke, AfD, Grüne und FDP kaum kurzfristig den beiden verbliebenen Parteien als Flügel angliedern würden.

Andere Gesichtspunkte des Mehrheitswahlrechts sind im deutschen Regierungssystem ohnedies bereits verwirklicht. Ein entscheidender Unterschied zu Großbritannien besteht ja darin, dass eine regionale Repräsentationsinstanz auf Bundesebene mit dem Bundesrat bereits existiert. Auch ist der Zentralismus des Verhältniswahlrechts durch den föderalen Aufbau der Parteien und das System der Landeslisten teilweise entschärft. Und nicht zuletzt verfügt die lokale Repräsentation selbst innerhalb des Bundestages mit den mächtigen Landesgruppen der Fraktionen über ein starkes Gewicht, auch wenn sie nicht öffentlich tagen, nichts förmlich entscheiden und ihr Einfluss daher eher im Verborgenen bleibt.

Auch das Gegenteil, ein reines Listenwahlrecht mit reiner Parteienrepräsentation, ist keine plausible Reformstrategie. Rein kann das Verhältniswahlrecht ohnehin nicht werden, weil die Fünf-Prozent-Sperrklausel im parlamentarischen Regierungssystem einen unabdingbaren Beitrag zur Mehrheitsfähigkeit leistet.[31] Die wichtigste Folge des Verhältniswahlrechts – die Stärkung der Partei- und Fraktionsführungen – ist schließlich im deutschen Regierungssystem bereits weit genug entwickelt und hat in der lokalen Autonomie der Ortsverbände über die Kandidatenaufstellung immerhin noch ein Gegengewicht.

Aufgaben der politischen Theorie

Wenn die Chancen für eine Erneuerung der parlamentarischen Repräsentationsprinzipien durch eine Änderung des Bundestagswahlrechts im Moment auch nicht gut stehen: Lässt sich parlamentarische Repräsentation theoretisch auch anders denken? Sobald man die Frage stellt, stößt man erneut auf jenen seltsamen Effekt des deutschen Wahlrechts, der eine konsistente Vorstellung von Volksvertretung zu unterlaufen scheint. Die Bemühungen moderner politischer Theorie um die Erneuerung des Repräsentationsbegriffs haben daher im deutschen Parlamentarismus sozusagen kein fassbares Objekt. Das ist insofern ein Problem, als die beiden Prinzipien, aus denen das deutsche Wahlrecht gebildet wurde, historischen Zusammenhängen entstammen, die sich heute nicht mehr von selbst verstehen.

Das Mehrheitswahlrecht ist das historisch ältere, das bürgerliche Repräsentationsprinzip. Es konstituiert idealtypisch eine Versammlung freier und gleicher Mitglieder, die als Abbild der Gleichheit der bürgerlichen Gesellschaft gedacht ist. Und nicht zuletzt beruht diese Idee der Repräsentation seit Emanuel Sieyès, dem großen Verfassungstheoretiker der französischen Revolution, auf dem Gedanken der Arbeitsteilung: Die bürgerliche Gesellschaft entlastet sich durch die Institutionalisierung einer professionellen Politik von der politischen Dauerbetätigung der Bürger in der zu komplex gewordenen Polis. Dagegen hat sich mit der Entwicklung zur modernen Demokratie, also mit der Ausweitung des Wahlrechts und der Abschaffung der Besitzqualifikationen an der Wende vom 19. zum 20. Jahrhundert, der Gedanke der Parteispiegelbildlichkeit durchgesetzt. Sein Repräsentationsprinzip ist fundamental anders und beruht auf dem Gedanken, dass verschiedene Gruppen des Volkes (Schichten, Klassen, Milieus, Konfessionen, Ideologien usw.) durch Organisationen repräsentiert werden.

Auf eine kurze Formel gebracht, kann man sagen: Die Repräsentationsidee des Mehrheitswahlrechts beruht auf bürgerlicher Egalität und Arbeitsteilung, die des Verhältniswahlrechts dagegen auf der politischen Artikulation von Gruppeninteressen in der «organisierten Moderne». Zu beidem führt kein Weg zurück. Zur bürgerlichen Idee des Mehrheitswahlrechts nicht, weil der Honoratiorenparlamentarismus keine verpflichtungsfähigen Regierungsparteien ermöglicht, die aber ein Essential des parlamentarischen Regierungssystems sind. Auch in Großbritannien üben die Parteien heute selbstverständlich Kontrolle darüber aus, wer in den Wahlkreisen als Kandidat aufgestellt wird. Auch wissen wir seit langem, dass die *representation of persons* auf Exklusion beruhte: Minderheitenrepräsentation ist das stärkste Argument für das Verhältniswahlrecht. Auch dessen theoretische Sinnfälligkeit sinkt aber mit dem Organisationsgrad der Gesellschaft. Dolf Sternberger hat schon 1950 von der latenten «Empörung der Nichtorganisierten» als dem eigentlichen Problem der repräsentativen Demokratie gesprochen.[32] Der Affekt der Konsumenten gegen die Zugehörigkeit zu gesellschaftlichen Organisationen – meist nennt man hier Vereine, Kirchen und Gewerkschaften in einem Atemzug – hat längst die Parteien als Organisationen erfasst. Die für heutige soziale Konflikte bestimmenden Gruppen sind nicht mehr in dem Maße parteipolitisch organisiert.

Das muss entgegen einer verbreiteten konservativen Kritik an der Moderne nicht notwendig heißen, dass solche Konflikte überhaupt der Repräsentation unfähig sind. Es gibt aber einen historisch und soziologisch gut belegten Zusammenhang zwischen Gesellschaften ohne eine politisch anschlussfähige Organisationsform sozialer Gruppeninteressen und einem inneren Hang zu jener cäsaristischen Repräsentationsform, die nur ein plebejischer Präsidentialismus à la Trump anbieten kann. Eine Gesellschaft, die sich zunehmend als «Gesellschaft der Angst» (Heinz Bude) oder «Abstiegsgesellschaft» (Oliver Nachtwey) versteht, die Filterblasen und Echoräume der sozialen Medien zunehmend für ihre maßgebliche Organisationsform hält und Kohäsion und Loyalität nur noch über wohlfahrtsstaatliche Leistungen zu erkaufen können glaubt, entwickelt fast zwangsläufig eine Präferenz für autoritäre Figuren. Parlamentarische Repräsentation erscheint dann in der Tat rasch als Absurdität. Die Populisten wissen das.

Die Repräsentativität der Repräsentation

Wie ist die politische Repräsentation heute organisierbar? Die politische Dauerkommunikation über Rückkopplungsschleifen mit *user generated content* suggeriert der Gesellschaft ja permanent das Gegenteil von professioneller Politik – so als wäre die Arbeitsteilung zwischen Regierungssystem und Gesellschaft aufgehoben, während die Dissoziation sozialer Milieus und Gruppen gleichzeitig die Kräfte der Parteibildung in einem elementaren Sinne schwächt.

In der internationalen politischen Theorie ist in den letzten Jahren ein neues Interesse an diesen Fragen erwacht.[33] Die Frage politischer Repräsentation in einer überstaatlichen *polity* wie der Europäischen Union ist dabei ebenso virulent geworden wie die

Problematik nichtdemokratischer Repräsentationsformen, beispielsweise durch Nichtregierungsorganisationen. Vor allem aber hat die Verfassungstheorie sich mit der Frage herumgeschlagen, wie sich die zunehmende Heterogenität demokratischer Gesellschaften repräsentieren lässt. Niemand würde die Bundesrepublik heute mehr, wie konservative Soziologen der Nachkriegszeit, als «nivellierte Mittelstandsgesellschaft» (Helmut Schelsky) beschreiben. Die Repräsentativität der Repräsentation betrifft mittlerweile die Frage nach der Sichtbarkeit von Nichtakademikern, Frauen, kinderreichen Familien, Erstwählern, Rentnern, Nichtwählern, Ausländern oder künftigen Generationen.[34] Repräsentativität ist auch längst nicht mehr das alleinige Thema des Parlamentarismus. Der Politikwissenschaftler John Donald Kingsley hat schon 1944 das Stichwort von der *representative bureaucracy* geprägt. Inzwischen ist es selbstverständlich, dass bei der Regierungsbildung die Berücksichtigung von Frauen und zunehmend auch von Migranten eine Frage von höchster politischer Bedeutung ist.[35]

All diese Debatten rücken den von der deutschen Verfassungsrechtsprechung inzwischen geradezu fetischisierten Grundsatz der Parteispiegelbildlichkeit in ein merkwürdig provinzielles Licht, schon weil er die Frage der Qualität der Repräsentanten dezent ausblendet. Man hielt es früher ja für selbstverständlich, dass sich innerhalb der Parteien schon die geeigneten Leute durchsetzen. Am Beginn der modernen Repräsentationstheorie stand der Gedanke der Spiegelbildlichkeit bei den amerikanischen Gründervätern noch für das Prinzip der Bestenauslese.[36] Die wenigsten Leute, bemerkte die amerikanische Philosophin Hanna F. Pitkin einmal, glauben am Ende wirklich, dass der beste Gesetzgeber in jeder möglichen Hinsicht typisch und durchschnittlich ist, «including intelligence, public spiritedness, and experience».[37] In der Tat beschweren sich ja Kritiker wie Peter Sloterdijk lautstark über die «oligokratischen Strukturen» einer politischen Klasse, die den «Monolog eines Autistenclubs» aufführt, und jammern im selben Atemzug lautstark über die «Mobokratie», sprich: das niedrige intellektuelle Niveau medial vermittelter Politik.[38]

Die geistesgeschichtliche Lage des heutigen Parlamentarismus

In der Bundesrepublik hat man, von der aggressiv und freudlos geführten Diskussion über Frauenquoten im Parlament einmal abgesehen, von alledem bisher wenig Notiz genommen. Den einzigen Versuch, auf der Basis des Grundgesetzes zu einem politischen Begriff parlamentarischer Repräsentation zu gelangen, hatte nach dem Zweiten Weltkrieg der aus dem englischen Exil zurückgekehrte Jurist Gerhard Leibholz unternommen. Den institutionellen Dualismus von personaler und parteienstaatlicher Repräsentation hielt er nur noch zugunsten der Parteirepräsentation und des Verhältniswahlrechts für auflösbar, mit allen dazugehörigen Konsequenzen: der faktischen Verstaatlichung der Parteien, der rechtlichen Bindung der Fraktionen an die Parteien und dem Ende des freien Mandats.[39] Dagegen lässt sich natürlich vieles einwenden. Die deutsche Staatsrechtslehre aber hat sich damit begnügt, Leibholz' sogenannte «Parteienstaatsdoktrin» als verfassungswidrige Zerstörung des freien Mandats zu denunzieren oder sonst mit oberflächlichen Argumenten als Theorie der Parteienherrschaft lächerlich zu machen, ohne zu sehen, dass er der Einzige war, der überhaupt eine für den Bundestag institutionell annehmbare Repräsentationsidee anmahnte.

Verfassungsrechtlich ist das ebenso wie die Forderung nach einer Frauenquote schwer umsetzbar. Solange es Wahlkreise gibt, wird man ihnen kaum vorschreiben können, wen sie aufzustellen und zu wählen haben, so dass sich jedenfalls für die bei den Zweitstimmen erfolgreichste Partei – und damit aus Gerechtigkeitsgründen ebenfalls für alle anderen – jede Quotenfrage erledigt. Natürlich ließen sich technisch auch andere Wahlkreise denken, *constituencies*, die nicht territorial, sondern anhand be-

stimmter sozialer, ethnischer oder identitätsmäßiger Gruppen-
merkmale radiziert sind. Schwer vorstellbar, dass derlei nicht zu
einer Vertiefung von Spaltungen in der Gesellschaft beitrüge –
von der Frage multipler Identitäten einmal ganz abgesehen. Kon-
sequenter ist da nur noch der Vorschlag des amerikanischen
Politologen Andrew Rehfeld zur Einrichtung von *random constituencies*, Wahlkreisen, die ein zufällig ausgewähltes Sample an
Wahlberechtigten zusammenfassen.[40]

Dieser Vorschlag, der das Abstrakte, ja Artifizielle jeder heutigen, d. h. von einer hochkomplexen Gesellschaft getragenen verfassungsrechtlichen Repräsentationsbeziehung gedanklich auf
die Spitze treibt, zeigt zugleich das Dilemma der – mit Carl
Schmitt gesprochen – «geistesgeschichtlichen Lage», in der der
Parlamentarismus weiterhin steckt: Der Übergang vom bürgerlichen Parlamentarismus der freien Wahlkreisrepräsentation zum
massendemokratischen Parlamentarismus der organisierten
Gruppenrepräsentation war nur einmal möglich. Er lässt sich für
die Repräsentation der Sozialstruktur heutiger, im Politischen
nicht mehr primär parteipolitisch organisierter Gesellschaften
nicht wiederholen, ohne Repräsentanten rechtlich an ihre *constituencies* zurückzubinden. Damit wäre das freie Mandat – und mit
ihm das verfassungsrechtliche Prinzip des Parlamentarismus –
zerstört. In diesem Sinne bleibt das Parlament eine bürgerliche
Institution in nachbürgerlichen Zeiten.

IV. Die Krise der Vermittlungs-institutionen

Die bleibende Besonderheit des deutschen parlamentarischen Regierungssystems

Genealogie und Pathogenese werden oft allzu schnell zusammengedacht, vor allem im Hinblick auf Verfassungen. Die Weimarer Verfassung *musste* an ihren Baufehlern scheitern. Das Scheitern einer politischen Union in den fünfziger Jahren zog *unweigerlich* die heutige Krise des europäischen Einigungsprojekts nach sich. Und umgekehrt: Die Abkehr des Grundgesetzes von den «Baufehlern» der Weimarer Verfassung *sicherte* die Bonner Demokratie. So ist es freilich selten. Entstehung und Veränderung einer Verfassung hängen oft eher indirekt und auf viel subtilere Weise miteinander zusammen.

Und doch lässt sich nach den bisherigen Überlegungen festhalten, worin die Besonderheiten im verfassungsrechtlichen Arrangement des parlamentarischen Regierungssystems in der Bundesrepublik bestehen: Die parlamentarische Abhängigkeit der Regierung wurde nachträglich gegenüber einer schon voll ausgebildeten, gegen das Parlament organisatorisch abgeschotteten Regierung durchgesetzt. Eine politische, d. h. auf das Regierungssystem bezogene Repräsentationsidee hat sich unter den wahlrechtlichen Gegebenheiten der Bundesrepublik nicht entwickeln lassen. So kennzeichnet es das deutsche Regierungssystem wie kein anderes, dass Parlament und Regierung verfassungsrechtlich nicht ausreichend verknüpft sind. Die Grundfrage, wie das Regierungssystem so organisiert werden kann, dass einerseits die parlamentarische Verantwortlichkeit der Regierung institutionell wirksam wird, sich die parlamentarische Mehrheit andererseits als Trägerin der politischen Agenda der Regierung versteht, ist in der Bundesrepublik *verfassungsrechtlich nicht gelöst* worden – eine hübsche Ironie in einem Staat, der sich so sehr von seiner Verfassung her versteht.

Die Querverstrebungen, die es ausmachen, haben sich aber *unterhalb* der Verfassungsebene in Form von Vermittlungsinstitutionen herausgebildet, die in der Verfassung nicht oder zumindest nicht in dieser Funktion vorgesehen waren: in Form der Volksparteien, des Bundesverfassungsgerichts und des Bundeskanzleramts. Das so entstandene parlamentarische Regierungssystem ist deswegen aber auch nur die eine Seite der Verfassungsordnung geblieben. Es verkörpert nur eine Möglichkeit des deutschen Regierungssystems, das in vielem noch immer die Züge der älteren Ordnung konserviert hat, aus der es entstanden ist – einer Ordnung, in der das Parlament zwar durch seine emsig wahrgenommene Gesetzgebungsfunktion eine wichtige Rolle spielte, ohne aber Träger einer demokratisch verantwortlichen Regierung zu sein.

Diese Eigenart ist nicht nur die Quelle vieler juristischer und politischer Missverständnisse. Sie ist auch der Kern des deutschen Verfassungsproblems der Gegenwart. Die Querverstrebungen funktionieren in der eingespielten Weise nicht mehr. Die Rückkopplungsstrukturen von parlamentarischer Politik und Regierungshandeln sind zunehmend gestört. Die Verfassungsorgane sind wieder ein Stück weit, vielleicht schon zu weit auf sich selbst zurückgeworfen. Das Regierungssystem realisiert damit die andere, immer schon in ihm angelegte Möglichkeit und fällt in seiner verfassungsrechtlichen Tiefenstruktur in einen früheren, scheinbar überwundenen Zustand zurück. Warum das so ist, hat für jede Institution höchst unterschiedliche Gründe.

Der schleichende Verfall des Verfassungsfaktors Volkspartei

Die Grenze kulturalistischer Erklärungen

Die Krise der Volksparteien ist dabei scheinbar das geläufigste Phänomen.[1] Seit der Wende haben die Volksparteien in etwa die Hälfte ihrer Mitglieder verloren. Genauer gesagt: Ihre Rekrutierungsfähigkeit, definiert als Quotient aus Parteimitgliedern und Parteibeitrittsberechtigten, ist von 1990 bis 2015 von 3,65 auf 1,71 gesunken.[2] Kleine Eintrittswellen wie nach der Wahl Trumps zum amerikanischen Präsidenten und der Ausrufung von Martin Schulz als Kanzlerkandidat 2017 haben den Trend nicht entscheidend aufhalten können. Auch die letzte genuine Volkspartei, die CSU, ist mit einiger Verspätung von dieser Bewegung ergriffen. Die klassischen Parteimilieus lösen sich auf, das kirchliche ebenso wie das Arbeitermilieu, die Wählerbindungen werden lockerer; die Menge der Wechselwähler wird immer größer, die durch politisch tendenziell gehaltlose Kampagnen wie «Die neue Mitte» oder das «Deutschland, in dem wir gut und gerne leben (#fedidwgugl)» in letzter Minute gewonnen werden müssen. Die Erfolgswahrscheinlichkeit von Themen- und Protestparteien mit schwacher organisatorischer Basis wie der AfD nimmt zu, auch wenn das deutsche Parteienrecht eine Entwicklung wie in Frankreich noch ausschließt. Emmanuel Macrons Bewegung «La République en Marche», die bei den Parlamentswahlen 2017 die absolute Mehrheit gewann, war kurz zuvor noch wenig mehr als ein Twitter-Hashtag der Präsidentschaftskampagne ihres Gründers. Der politische Aufstieg Donald Trumps wird ebenfalls häufig als

Überrumpelung einer kriselnden Großpartei durch eine erfolgreiche *social-media*-Strategie erzählt. Der Sound der Anklage gegen die «Altparteien» ist dabei zwar seinerseits ein alter Hut, den sich noch jede neugegründete Partei aufgesetzt hat, bis sie selbst eine war. Doch immerhin funktioniert der Antiparteien-Affekt immer noch so zuverlässig, dass auch die AfD mit dem Liedchen noch einmal Kasse machen kann, auch wenn ihr Partei- und Fraktionsvorsitzender auf eine beachtliche, wenn auch offenbar subjektiv nicht als befriedigend erlebte Karriere im Schoße der CDU zurückblicken kann.

Man macht es sich aber zu leicht, wenn man die Krise der Volksparteien vor allem als das soziokulturelle Phänomen deutet, das sie gewiss auch ist, ohne ihre Konsequenzen für das Verfassungssystem zu erwägen. Auch den Aufstieg des Populismus versteht man als *kulturelles* Phänomen nur unzureichend.[3] Der zunehmende Ausfall der Volksparteien als Verfassungsfaktor hat nicht nur «kulturelle» Folgen, sondern handfeste institutionelle Konsequenzen, weil an den Parteien eine durch organisatorisches Verfassungsrecht nicht verbürgte Essentiale des Regierungssystems hing. «Der Widerspruch zwischen allgemeiner Abneigung und der schwer zu bestreitenden praktischen Notwendigkeit von Parteien für Demokratien ließ sich», so hat Christoph Möllers das Problem beschrieben, «so lange überdecken, wie Parteien zumindest Teilhabe an Macht versprachen. Heute haben sie in westlichen Demokratien auch deswegen einen so schlechten Ruf, weil niemand mehr an dieses Versprechen glaubt.»[4]

Lob des Lobbyismus oder das Ende des westdeutschen Korporatismus

Worauf dieser Machtverlust neben den schon erwähnten kulturellen Faktoren institutionell beruht, ist im Wesentlichen bekannt: Der Affekt breiter Teile der Wählerschaft gegen die Zugehörigkeit zu Organisationen aller Art entzieht den Volksparteien als Aushandlungsarenen für politische Kompromisse die Substanz. Die Legitimation und Verpflichtungskraft von Parteitagsbeschlüssen ist deswegen in Parteien, die zunehmend von Funktionären beherrscht werden, immer geringer. Die regierungsamtliche Meinungsforschung durch ein stetig expandierendes Bundespresseamt erlaubt der Regierung, eine auf die Präferenzen der Öffentlichkeit abgestimmte Linie zu formulieren, bevor so etwas wie innerparteiliche Willensbildung auch nur stattfinden kann.

Was speziell den Machtverlust der Parteien im parlamentarischen Raum angeht, muss man freilich noch eine Entwicklung hinzunehmen, die oft nicht gesehen oder in ihrer Bedeutung verkannt wird. Dezidierte Gesetzgebungsparlamente wie der Bundestag haben unter den Bedingungen interventionistischer Wohlfahrtsstaaten einen entscheidenden Vorteil. Ihr Einfluss auf die Einzelheiten der Wirtschafts- und Sozialgesetzgebung treibt dem Parlament die wirtschaftlichen und sozialen Interessengruppen zu. Die erfolgreiche und dabei vergleichsweise außerordentlich wenig korrupte Integration der großen Lobby-Organisationen in das parlamentarische Verfahren gehört zu den großen institutionellen Leistungen des Deutschen Bundestages. Man könnte die Verbände deswegen neben den Parteien, neben Kanzleramt und Verfassungsgericht auch als vierte Vermittlungsinstitution bezeichnen, doch dadurch bliebe ihr Zusammenhang mit den Volksparteien unklar.

Nun gehört es leider zu den Gemeinplätzen der in Deutschland üblichen Vorstellung von Politik, diese Tatsache für einen Skandal zu halten. Carl Schmitts Demaskierung des Parlamentarismus als Fassade organisierter Interessen war auch hier ungeheuer wirkmächtig, und zwar nicht nur in Jürgen Habermas' berühmter Formel von der «Arkanpolitik der Interessenten». Konservative Kritiker wie Werner Weber oder Theodor Eschenburg raunten auch in der Nachkriegszeit von einer «Herrschaft der Verbände», und der Staatsrechtler Ernst Forsthoff brachte den Zusammenhang von Wohlfahrtsstaat, Verbändepluralismus und Parlamentarismus auf eine griffige Formulierung: «Soweit der moderne Staat ein Staat der Verteilung ist und als Steuerstaat das Sozialprodukt verteilt, werden damit alle staatlichen Funktionen von Grund auf andere. Das Gesetz wird zu einem Verteilungsplan. Die parlamentarische Funktion wird zu einer Verteilungsfunktion. Der Abgeordnete wird Verteiler. Die Macht wird Verteilungsmacht!»[5] Später waren es die verfassungsrechtlichen Stichwortgeber des deutschen Neoliberalismus wie Paul Kirchhof («Das Gesetz der Hydra»), die durchs Land zogen und die Bürger vor den Verbänden warnten. Heute haben sich auch viele Akteure aus dem gemäßigten Wutbürgermilieu wie die Betreiber von lobbycontrol.de dem Kampf gegen die «tausenden Lobbyisten» verschrieben, die «im Schatten des Parlaments versuchen, mit viel Geld und guten Netzwerken, Gesetze, Politik und öffentliche Meinung zu beeinflussen».[6]

Solche Urteile enthalten immer schon einen inneren Vorbehalt gegen das Parlament als Herrschaftsform. Wer Macht haben will, braucht Verbündete, das ist banal. Wer ist als Verbündeter für Abgeordnete und Parlamentsfraktionen interessant? Vor allem die Kräfte, durch die sich Druck auf die Regierung aufbauen lässt. Das eben sind die berühmten Verbände oder *pressure groups*. Im Übrigen ist die Beziehung von Abgeordneten und Fraktionen zur Lobby ja wechselseitig. Wer keine belastbaren Beziehungen zu den für sein Politikfeld bedeutenden Interessenvereinigungen unterhält, erfährt eben nur aus den Medien, was so läuft. Michael Stolleis hat schon in den achtziger Jahren darauf hingewiesen: Wenn die Parteien den in Verbänden organisierten Interessen als «vermittelnde Systeme in Richtung auf Parlament und Öffentlichkeit» dienen, dann ist das eher eine Stärkung des Parlaments als eine Schwächung.[7] Im Gegensatz zu dem auch in der Wissenschaft landläufigen Vorurteil gehört die über die Parteien vermittelte Integration der organisierten Interessen in das parlamentarische System zu dessen großen Errungenschaften in der

Bundesrepublik, zu den politischen Voraussetzungen seiner institutionelle Stärke.

Mächtige Organisationen erhöhen nämlich das Prestige derer, an die sie ihre Interessen herantragen. Philip Manow und Marian Döhler haben das vor einiger Zeit am Beispiel der Gesundheitspolitik und der CDU-Fraktion im Detail nachgewiesen. Die Fraktion machte sich nach dem Machtverlust 1969 vom sehr unmittelbaren Verbändeeinfluss in der Honoratiorenära unter Adenauer frei und schaffte es, die organisierten Interessen in ihre Abstimmungsprozesse zu integrieren, sie mit anderen Worten parlamentarisch zu mediatisieren.[8] Natürlich gilt Ähnliches auch für die Regierung, nicht nur für das Parlament. Auch die Gemeinsame Geschäftsordnung der Bundesministerien kennt eine Regelung über die frühzeitige Abstimmung von Gesetzentwürfen mit Interessenverbänden (§ 47 GGO). Gerade deswegen ist das Parlament ja gut beraten, hier mitzuhalten. Und manchmal kann man den Erfolg regelrecht sehen: Der damalige BDI-Präsident und spätere Steigbügelhalter der AfD Hans-Olaf Henkel zum Beispiel, Verfasser von Memoiren mit dem Titel «Die Macht der Freiheit», hatte sich 1998 an die Spitze einer Anti-Schröder-Kampagne gestellt, um sich dann dem Sieger noch am Wahlabend mit hündischer Beflissenheit in die Arme zu werfen.

Für die früheren Beziehungen zwischen der katholischen Kirche und der Unionsfraktion oder die alte Waffenbruderschaft zwischen sozialdemokratischen Parlamentsfraktionen und Gewerkschaften sind diese Zusammenhänge völlig klar. Die parlamentarische Schwäche der SPD ist eben auch eine Folge des Dramas der Gewerkschaftsbewegung: Zur Bundestagswahl 2009 gab der DGB zum ersten Mal keine Wahlempfehlung mehr ab. Christine Trampusch hat gezeigt, dass insbesondere die Verbindungen zwischen der SPD-Fraktion und den sozialpolitischen Interessenorganisationen sich seit den 1990er Jahren deutlich gelockert haben, und dies mit zunehmenden Interessenkonflikten innerhalb der Verbände erklärt.[9]

Für andere Interessengruppen und Parteien gilt aber prinzipiell nichts anderes. Wer dabei nur an finstere Konzernbelange denkt, muss nur einmal im Lobbyregister nachlesen, das der Bundestag aufgrund einer Regelung in seiner Geschäftsordnung führt.[10] Neben den großen Wirtschaftsverbänden sind unter den fast 7000 registrierten Organisationen solche zu jedem erdenklichen Thema, Politikfeld und mit jedweder Zielsetzung. Sicher: Die Organisationsmacht dieser Verbände ist krass unterschiedlich ausgeprägt, doch darin unterscheidet sich Lobbymacht wenig oder gar nicht von anderen Formen gesellschaftlicher Macht.

Wirklich bedenklich ist deswegen nicht die Vermachtung des vorparlamentarischen Raumes. Wirklich bedenklich und kritisch wäre erst das Gegenteil: Wenn die Verbände begönnen, ihre Aufmerksamkeit von den im Parlament handelnden Parteien abzuziehen. Nicht die zu starke, sondern die zu schwache Verbindung von Parlament und sozialen Interessengruppen war das Problem des Weimarer Reichstags, und wie machtlos der Parlamentarismus ohne Lobby ist, lässt sich heute am Elend der deutschen Landesparlamente trefflich studieren. Eben hier liegt das fundamental Kritische der heutigen Situation: Interessenvertretung ist heute sehr viel spezieller als in der Zeit, in der mit BDI, BDA, DGB, Sparkassenverband, Sozialverbänden und Kirchen das Feld der gesellschaftlichen Interessen zu wesentlichen Teilen abgedeckt war. Deren Interessenartikulation war auch bereits das Ergebnis interner Kompromissfindung, ergo anschlussfähiger für Fraktionspolitik. Dieser Korporatismus klassischen Stils ist dem Bundestag als Sparringspartner abhanden gekommen. Die alte bundesrepublikanische Osmose von Korporatismus und Parteienstaat war zweifellos ein Stabilitätsfaktor des parlamentarischen Regierens und ist heute nicht mehr gegeben.

Gründe für die organisatorische Ausdifferenzierung des Lobbyismus sind einerseits soziale Differenzierungsprozesse, andererseits Europäisierung und Internationalisierung. Je nach Thema kann sich Lobbyarbeit – wie beispielsweise im Datenschutz- oder

Urheberrecht – zuständigkeitshalber auch völlig auf das Europäische Parlament konzentrieren; sofern der Bundestag europäisches Recht bloß umsetzen muss, braucht man ihn ja nicht zu überzeugen. Und selbst wo das nicht der Fall ist, wirkt sich die Partikularisierung der Interessenvertretung auf die Regierung mit ihrer fachlich spezialisierten Bürokratie und die im Parlament agierenden Parteien höchst ungleich aus. Während beispielsweise das für das Verpackungsgesetz zuständige Referat des Bundesumweltministeriums vermutlich halbwegs in der Lage ist, einen vernünftigen Informationsaustausch mit den sieben allein im Bereich Verpackungswirtschaft beim Bundestag registrierten Interessenverbänden zu führen, ist das für die Umweltpolitiker der Fraktionen, die sich außerdem mit Klärschlamm, Fracking, Windkraft und Artenschutz beschäftigen müssen, sicher unmöglich.

Dasselbe gilt übrigens auch für die Querverstrebungen von Interessenvereinigungen und politischen Parteien außerhalb des Parlaments. Eine Volkspartei kann eine Arbeitnehmervereinigung, eine Arbeitsgemeinschaft Selbständige oder einen Evangelischen Arbeitskreis unterhalten, die größere Strömungen innerhalb der Partei zusammenfassen und es in der Parteiführung zu einigem Einfluss bringen können. Doch sehr viel differenzierter können die Interessen eben nicht organisiert sein, um gleichzeitig relevant zu bleiben. Auch ethnisch definierte Teilorganisationen haben die Parteien bisher nicht ausgebildet.

Es gibt keine Kleinen mehr

Die institutionelle Schwäche der Volksparteien im Regierungssystem zeigt sich auch daran, dass selbst die früher einmal so genannten Kleinparteien inzwischen mit ihr rechnen: Die FDP war über Jahrzehnte als Klientelpartei ein Stabilitätsfaktor des parlamentarischen Systems, weil sie innerhalb der jeweiligen Koalitionen gegenüber einer zu starken Polarisierung nach rechts und links ausgleichend wirkte, dafür von ihren Wählern geschätzt

wurde und zugleich durch Zweitstimmenkampagnen den parlamentarischen Dualismus der Blöcke stabilisierte. Seit sich die
FDP unter Guido Westerwelle und Christian Lindner image-
mäßig als Protestpartei der postpolitischen jeunesse dorée neu
erfindet, hat sie sich auf außerparlamentarische Taktiken des politischen Handelns verlegt: Das krawallige Agieren der FDP-
Minister im Kabinett Merkel II (2009–2013) wirkt im Nachhinein wie die Findungsphase der Doktrin, die Lindner im Spätherbst
2017 formulierte: Besser nicht regieren als falsch regieren.

Die Grünen, die mit der satzungsmäßigen Trennung von Amt
und Mandat jüngst die letzte Erinnerung an ihre antiparlamentarische Frühphase abgestoßen haben, waren eine im engeren
Sinne parlamentarisch orientierte Partei vor allem in dem Jahr-
zehnt einer ernsthaften rot-grünen Regierungsoption auf Bundesebene (1994–2005). Seither haben sie sich durch zahlreiche
Regierungsbeteiligungen in den Ländern eine starke föderale
Machtbasis über den Bundesrat erarbeitet, die sie, wie etwa bei
der Verhandlung über die Ausweitung der Drittstaatenregelung
im Zuge der Flüchtlingskrise oder bei Bundesverfassungsrichter-
wahlen, zu nutzen wissen. Sie haben, so ließe sich diese Entwicklung zuspitzen, die klassischerweise eher mit einer konservativen
Volkspartei assoziierten Einflusschancen, die das deutsche Bundesratssystem einer Partei mit guter Vernetzung in der Verwaltung und akademisch geschultem Personal über Landesverwaltungen bietet, für ihre Zwecke weitgehend adaptiert. Heute
sind sie neben der AfD die einzige Partei mit einer konsistenten
Programmatik und einer sie tragenden Wählerschaft. Ob dieser
Zustand einer Regierungsbeteiligung im Bund standhielte, lässt
sich nicht voraussagen.

An den Grenzen von Regierung und Opposition

Die zunehmende Unfähigkeit der Volksparteien, über die Parlamentsfraktionen eine Regierungspolitik aufzubauen und zu ver-

treten, verändert im Zusammenspiel mit der Pluralisierung des Parteiensystems nicht zuletzt auch die Handlungslogik der parlamentarischen Opposition. Eine klassische Wettbewerbsopposition wie im Westminster-Parlamentarismus gab es in der Bundesrepublik bekanntlich nie. Die Opposition ist im Bundestag, der nach wie vor nicht so streng zwischen Mehrheit und Minderheit unterscheidet, immer irgendwie in Form einer kooperativen parlamentarischen Mitregierung «eingebunden»: über Ausschussvorsitze und Leitungsorgane, vor allem aber informell über den Abstimmungsbedarf im Gesetzgebungsverfahren bei Beteiligung des Bundesrats. Zu den Errungenschaften des Verfassungssystems gehörte aber, dass sich die Opposition *auch* als Wettbewerbsopposition etablierte, und zwar eben nicht nur die SPD unter Schumacher bis zur Großen Koalition. Helmut Kohl formte aus der CDU nach seiner Übernahme des Parteivorsitzes 1973 eine parlamentarische Kraft mit scharfem Oppositionskurs gegen die Bundesregierung.[11] Kohl seinerseits hatte es in seiner Kanzlerschaft mit echter parlamentarischer Opposition zu tun, bis hin zur bekannten Blockadepolitik in der letzten Wahlperiode (1994–1998). Nicht anders agierte die CDU/CSU-Fraktion unter Schäuble, Merz und Merkel in der Zeit der rot-grünen Koalition.

Seit 2005 kann davon keine Rede mehr sein. Man kann die staatstragenden Parteien angesichts der Polarisierung an den Rändern geradezu zusammenrücken sehen. Unterdessen ist natürlich der Abstimmungsbedarf mit dem Vielparteiensystem enorm gestiegen; die ausnutzbaren Vetopositionen nehmen zu. Eine Schlüsselentscheidung wie die Kür eines neuen Präsidenten des Bundesverfassungsgerichts erforderte wegen der dafür nötigen Zweidrittelmehrheiten im Bundestag und Bundesrat (§ 6 Abs. 1 BVerfGG) im November 2018 neben der Einigung der Koalitionspartner die Einbeziehung von FPD und Grünen sowie eine verwickelte föderale Abstimmung, die sich fast über ein gesamtes Jahr hinzog.

Deshalb ist auch die Politik der SPD-Fraktion im Bundestag

mit dem Klischee von der bis zur Selbstaufgabe staatstragenden Sozialdemokratie kaum ganz erklärt, obwohl es bemerkenswert bleibt, wie billig sie sich in der Zeit der schwarz-gelben Regierung von 2009–2013 der Kanzlerin als Reservemehrheit zur Verfügung stellte. Es ist eben auch die Dauerkrise der Europäischen Union, das wegen Art. 23 Abs. 1 S. 3 GG ständig latente Erfordernis einer verfassungsändernden Mehrheit, um auf aktuelle Krisenentwicklungen reagieren zu können, die die Haltung einer konsequenten parlamentarischen Opposition strukturell verhindern. Es ist daher noch nicht einmal sicher, ob die SPD nach der Bundestagswahl 2017 überhaupt die Chance zu ihrer eigenen Erneuerung in der Opposition bekommen hätte, von der sie kurz träumte, bis sie vom Bundespräsidenten unter Drohungen mit einer Staatskrise in die Regierung gezwungen wurde.

Regierungsbildung I: Warum dauern Koalitionsverhandlungen immer länger?

Koalitionsverhandlungen werden bekanntlich immer länger und komplizierter.[12] In der Regel schiebt man das dem «Machtkalkül», wenn nicht gar der sogenannten Machtversessenheit der Parteien zu. In Wahrheit dürfte das genaue Gegenteil zutreffen. Immer längere Koalitionsvereinbarungen sind wohl auch ein Symptom der zunehmenden Schwierigkeit, Parteipolitik über die Regierungsfraktionen in Regierungspolitik umzusetzen. In der Frühzeit der Bundesrepublik waren schriftliche Koalitionsvereinbarungen unüblich. Ein gemeinsames Arbeitsprogramm wurde in der – selbstverständlich sorgfältig zwischen den Koalitionspartnern abgestimmten – Regierungserklärung definiert. Im Falle von Kurt Georg Kiesinger stammte sie maßgeblich von seinem sozialdemokratischen Wirtschaftsminister Karl Schiller. Später bürgerten sich schriftliche Koalitionsverträge ein, doch noch der Koalitionsvertrag der ersten Regierung Kohl hatte nicht mehr als acht Seiten. 1987 kehrte man wieder zu Einzelvereinbarungen ohne förmlichen Vertrag zurück. Der 2018 verhandelte Koalitionsvertrag der Großen Koalition zählt bereits 175 Seiten, die zudem enger bedruckt sind als Kohls acht.

Die Gründe für diese zunehmende Verschriftlichung der Koalitionsprogrammatik sind vielfältig, haben aber sicher nichts damit zu tun, dass man sich heute weniger «vertraut» als früher und auf einmal «alles regeln muss». Das Vertrauen Kurt Georg Kiesingers zu seinem SPD-Stellvertreter Willy Brandt war nach allem, was man weiß, eher gering. Ebenso wenig glaubt man heute – also fast fünf Jahrzehnte nach dem Ende der Planungseuphorie in der Bundesrepublik – noch an die Möglichkeit, vier Jahre Regierungsarbeit im Detail vorausprogrammieren zu können. Viele maßgebliche Akteure bei der Regierungsbildung 2013 gingen zum Beispiel davon aus, die Energiewende werde das große Thema der kommenden Wahlperiode sein. Sigmar Gabriel griff deswegen nach dem Wirtschaftsressort, obwohl er als SPD-Parteivorsitzender jedes andere Ministerium für sich hätte reklamieren können. Ein Fehlgriff, wie sich im Nachhinein zeigte. Die Flüchtlingskrise beherrschte nach der Hälfte der Legislaturperiode die öffentliche Debatte, während etwa die Fragen «Erdverkabelung oder Freileitungstrassen?» und «Offshore-Windparks oder KWK?» nur noch die Fachleute interessierten.

Weshalb also nehmen Koalitionsverhandlungen heute so viel Zeit in Anspruch? Ein Teil der Antwort dürfte in der simplen Tatsache liegen, dass die Parteien, und zwar auch Vertreter der Landesverbände, an der Aushandlung von Koalitionsvereinbarungen sehr viel direkter beteiligt sind als an der Regierungsarbeit. Koalitionsvereinbarungen werden ja auch von den Parteivorsitzenden unterschrieben, obwohl die Regierung später von den Fraktionsführungen getragen werden muss. Faktisch spielen die Fraktionen bei der Regierungsbildung dennoch eine große Rolle, weil es oft personelle Überschneidungen zwischen Fraktions- und Parteiführung gibt oder beide Führungsebenen zumindest in enger Abstimmung handeln. Deswegen können in den Koalitionsverhandlungen auch politische Vorhaben wie die Ausländermaut oder das Betreuungsgeld, die bei den meisten Bundestagsabgeordneten nur auf wenig Gegenliebe stoßen, erfolgreich durchgesetzt werden.

Auch bedarf der Koalitionsvertrag ja regelmäßig der Zustimmung eines Parteitags. Die Einflussnahme auf Koalitionsvereinbarungen ist also offenbar eine Form der inhaltlichen Steuerung des Arbeitsprogramms der Regierung durch Parteien, die den Glauben an die Steuerbarkeit von Politik durch innerparteiliche Willensbildung weitgehend verloren haben. Dass die SPD inzwischen dauerhaft auf das extreme Mittel der Mitgliederbefragung setzt und in einem quasi-plebiszitären Verfahren das Gefühl innerparteilicher Demokratie zu erwecken versucht, indiziert einen noch höheren Grad der Desillusionierung.

Darunter leidet aber die Stellung der Fraktionen. Dem Publikum wird während Koalitionsverhandlungen – gewissermaßen auf eigenen Wunsch – routiniert der Bär aufgebunden, es gehe zunächst um die sogenannten «Inhalte» und nicht um «Posten». Glauben sollte das niemand und wünschen nur, wer eine geringe Meinung vom Parlament hat. Denn die Durchsetzung des Anspruchs der Führungsleute aus den Fraktionen auf die Regierungsämter ist gerade das, worauf es bei der Regierungsbildung aus parlamentarischer Sicht ankommt. Die Durchsetzung dieses Anspruchs sichert den Fraktionen schon während der laufenden Regierungsbildung ihr Prestige und ihren Einfluss – oder eben nicht. In dem Maße, in dem die Parteien den Eindruck gewinnen, Fraktionen entzögen sich ihrer politischen Beeinflussbarkeit, umgekehrt: in dem Maße, in dem Fraktionen den Eindruck haben, ihre Parteien seien in Sachen Regierungsbildung nicht hinreichend verpflichtungsfähig, ist der Anspruch der Fraktionen auf die Besetzung der Regierungsämter tendenziell in Gefahr. Dann können Bundeskanzler auf den Gedanken kommen, sogenannte «Experten» oder «Quereinsteiger» gegen die Karriereambitionen der Fraktionsleute durchzusetzen. Solche Minister sind anschließend politisch weitgehend vom Gutdünken des Bundeskanzleramtes abhängig.

Regierungsbildung II: Pausen des parlamentarischen Systems

Verfassungsrechtlich sind freilich nicht die Verhandlungen entscheidend, sondern jener Zwischenzustand, der mit dem Zusammentritt des neuen Bundestages spätestens dreißig Tage nach der Wahl eintritt: Dann endet die Amtszeit der Bundeskanzlerin und aller Bundesminister, so bestimmt es Art. 69 Abs. 2 GG. Der Bundespräsident ersucht die Kanzlerin exakt am Tag der Konstituierung vormittags vor Beginn der Bundestagssitzung durch einen Brief, den ein Bote in das Kanzlerinnenbüro bringt, um die vorläufige Weiterführung der Geschäfte. Dadurch soll eine kanzlerlose Zeit vermieden werden. Am Nachmittag nach der konstituierenden Sitzung findet dann noch ein presseöffentlicher Termin zur Aushändigung der Entlassungsurkunden an die Mitglieder der Bundesregierung statt.

Was nach einem völlig nüchternen bürokratischen Vorgang klingt, verändert die Verfassungslage von Grund auf. Die Regierung hängt nämlich von diesem Moment an verfassungsrechtlich nicht mehr vom Parlament und vom Vertrauen der parlamentarischen Mehrheit ab, sondern ausschließlich vom Geschäftsführungsersuchen des Staatsoberhauptes. Die geschäftsführende Bundesregierung ist zwar im Rahmen der bestehenden Instrumente parlamentarisch kontrollierbar; sie ist dem Bundestag auch rechenschafts- und auskunftspflichtig, also in einem unpolitischen Sinne «verantwortlich».[13] Ohne die Abhängigkeit vom Vertrauen der parlamentarischen Mehrheit ist sie aber nicht im eigentlichen Sinne *parlamentarisch verantwortlich*. Die Bundesregierung braucht ja, wie das Beispiel des langwierigen Regierungswechsels 2013 zeigt, ab diesem Zeitpunkt keine parlamentarische Mehrheit mehr hinter sich zu versammeln. Die geschäftsführende Bundesregierung hat also zwar alle Befugnisse einer Regierung und ist damit Regierung im verfassungsrechtlichen Sinne – sie ist aber keine *parlamentarische* Regierung. Es handelt sich im präzisen Sinne um eine Präsidentialregierung, auch wenn man das Wort in Deutschland aus historischen Gründen mit Recht nicht aussprechen mag. Der Bundespräsident ist verfassungsrechtlich nicht verpflichtet, das Weiterführungsersuchen zu formulieren; er kann es auch unterlassen, wenn er dem Inhaber nicht traut oder Druck auf die parlamentarische Mehrheitsbildung ausüben will. Die geschäftsführende Regierung ist damit ausschließlich aufgrund einer Entscheidung des Staatsoberhauptes im Amt. Wenn die Koalitionsverhandlungen nur so lange dauern, bis sich der gewählte Bundestag erstmals zusammenfindet, tritt kein Problem ein, weil die geschäftsführende Bundesregierung nur wenige Tage im Amt bleibt. Wenn zwischen der Parlaments- und der Kanzlerwahl aber – wie 2017/2018 – fast ein halbes Jahr liegt, fehlt über einen erheblichen Zeitraum hinweg eine parlamentarische Regierung.

Obwohl Art. 69 Abs. 3 GG beide Varianten zulässt, ersucht der Bundespräsident in solchen Fällen nach gängiger Staatspraxis nicht die einzelnen Minister um die Fortführung ihrer Geschäfte, sondern beschränkt sein Ersuchen auf die Bundeskanzlerin, die ihrerseits die Minister ersucht. Will die Bundeskanzlerin einen bloß geschäftsführenden Minister entlassen – Landwirtschaftsminister Schmidt stand 2017 wegen der Glyphosat-Entscheidung kurz davor –, braucht sie ihr Weiterführungsersuchen an den Minister nur zu widerrufen. Die Verfassung erlaubt aber nur die «Weiterführung» der Geschäfte. Ein Problem entsteht also vor allem dann, wenn gleich mehrere Minister aus politischen Gründen ausscheiden: Finanzminister Wolfgang Schäuble wurde 2017 Bundestagspräsident, Arbeits- und Sozialministerin Andrea Nahles SPD-Fraktionsvorsitzende, Verkehrsminister Alexander Dobrindt Vorsitzender der CSU-Landesgruppe. Die ausscheidenden Minister können aber nach Art. 69 Abs. 3 GG nicht er-

setzt werden. Vielmehr wird nach der Vertretungsregelung in
der Geschäftsordnung der Bundesregierung so verfahren, dass
ein Kabinettskollege zugleich die Führung des vakanten Ressorts
übernimmt. Je nach Ressort hat das mitunter weitreichende Folgen: Während der europäischen Debatte über die Vorschläge des
französischen Staatspräsidenten zu einer «Neugründung Euro-
pas» wurde das Bundesfinanzministerium provisorisch durch
Kanzleramtsminister Altmaier geleitet, war mit anderen Worten
politisch nicht handlungsfähig.

Selten zeigt sich im deutschen Regierungssystem die osmoti-
sche Verbindung von Parlament und Regierung so eindrucksvoll
wie im Falle ihrer Störung während dieser provisorischen Zwi-
schenphase. Der Bundestag wartet mit der Einsetzung der Fachausschüsse bis zum Abschluss der Regierungsbildung, denn die
Ausschüsse werden ja exakt nach den Zuständigkeitsbereichen
der Ressorts gebildet. Gesetzentwürfe können in dieser Zeit nicht
beraten werden, weil die Regierung keine einbringt. Dass die
Ausschüsse in dieser Zwischenzeit allerdings als Kontrollinstitu-
tionen eine wichtige Bedeutung haben, hat inzwischen auch der
Bundestag einsehen müssen. 2013 hatte man sich bis zur Regierungsbildung noch mit einem einzigen Hauptausschuss begnügt,
in dem die führenden Parlamentarier aller Fraktionen erledigten,
was eben keinen Aufschub duldete. Als man 2017/2018 wieder so
verfahren wollte, verlor die Opposition die Geduld und bestand
auf der Einsetzung der Fachausschüsse,[14] die dann nach dem Zuschnitt der Ausschüsse des vorherigen Bundestages eingesetzt
wurden und damit folgerichtig dem Ressortzuschnitt der geschäftsführenden Regierung entsprachen. Nur hat dieses Verfahren gleichsam eine optische Täuschung zur Folge. Dass Ausschüsse und Ressorts analog zueinander gegliedert werden, beruht nämlich im Regelfall auf der – durch die Kontrollaufgaben
des Ausschusses geltend gemachten – parlamentarischen Verantwortlichkeit der Minister. Kehren die Ausschüsse trotz einer nur
geschäftsführenden Regierung in diesen Zustand zurück, sugge-

rieren sie Normalität, wo das Grundprinzip parlamentarischer
Verantwortlichkeit außer Kraft gesetzt ist.

Regierungsbildung III: Die Latenz des präsidentiellen Faktors

Die komplizierter werdende Regierungsbildung bringt es mit
sich, dass auch andere Aspekte des Verfassungslebens, die längst
geklärt schienen, wieder von Grund auf fragwürdig werden. Das
gilt sogar für die Stellung des Bundespräsidenten im parlamentarischen Regierungssystem. Man hatte sich ja darauf geeinigt,
dass durch die parteienstaatliche Praxis, mit Kanzlerkandidaten
in den Wahlkampf zu ziehen, das wichtigste verfassungsmäßige
Recht des Bundespräsidenten, dem Bundestag einen Bundeskanzler vorzuschlagen (Art. 63 Abs. 1 GG), in der Sache gegen-
standslos ist. Die Form blieb bestehen, aber wer vorzuschlagen
war, entschieden die Parteien und die Wähler. Seither hat sich die
Gewissheit verbreitet, das Bundespräsidentenamt sei das eines
«Bürgerpräsidenten»: auf die «Macht des Wortes» beschränkt,
ansonsten aber machtlos.

Als Folge des Machtverlusts der Parteien steht diese vormalige
Selbstverständlichkeit zunehmend in Frage. Die politische Führungsrolle, die Bundespräsident Steinmeier beim Zustandekommen der Großen Koalition 2018 spielte, ist dafür der beste Be-
weis. Ohne seine frühe und entschiedene Festlegung, auf keinen
Fall über eine gescheiterte Kanzlerwahl nach Art. 63 Abs. 4
S. 3 GG zu Neuwahlen kommen zu wollen, und ohne den erheblichen Druck auf die SPD wäre die Regierung kaum gebildet
worden. Blitzte in der offenen Situation nach dem Scheitern der
Jamaika-Verhandlungen am 20. November 2017 – nachdem die
SPD ihre Gremienbeschlüsse zur künftigen Oppositionsrolle
zunächst demonstrativ wiederholte –, nicht zum ersten Mal die
abstrakte Möglichkeit einer präsidentiellen Auffangregierung
auf?

Was wäre eigentlich, wenn ein Bundespräsident in der Situation eines nicht regierungsfähigen oder -willigen Parlaments einfach immer weiter auf Koalitionsverhandlungen setzt und so lange darauf verzichtet, dem Parlament nach Art. 63 GG einen Kandidaten zur Wahl des Bundeskanzlers vorzuschlagen? Dieses Vorgehen entspräche nicht zuletzt den institutionellen Interessen eines geschäftsführenden Bundeskanzlers, der weiterregieren will: Er hat es dann in der Hand, Koalitionsverhandlungen nach seinem Gusto in die Länge zu ziehen, während das Parlament zur Passivität verdammt ist. Die Frage kann aber im Krisenfall auch in ganz anderer Hinsicht virulent werden: Was würde eigentlich passieren, wenn ein gegenüber einer neuen parlamentarischen Mehrheit illoyaler Präsident sich weigerte, den Spitzenkandidaten der stärksten Fraktion dem Bundestag zur Wahl vorzuschlagen? Wie die Rollen hier verteilt wären, ist alles andere als klar, wenn man einmal hypothetisch an die Handlungsoptionen eines sozialdemokratischen Bundespräsidenten nach einem Wahlsieg einer sich weiter nach rechts bewegenden AfD denkt. Was also, wenn er in dieser Lage die bisherige Bundesregierung mit der Geschäftsführung beauftragt, politische Leitlinien der Regierungsarbeit vereinbart, weiter aber nichts unternimmt? Sollte hier das Bundesverfassungsgericht die politische Verantwortung dafür übernehmen, den Bundespräsidenten auf Antrag der AfD-Fraktion im Wege des Organstreitverfahrens zu einem Vorschlag zu verurteilen oder nach Art. 61 GG zu belangen?

Erst sobald der Bundespräsident einen Vorschlag unterbreitet, wird nämlich das differenzierte verfassungsrechtliche Verfahren der Regierungsbildung ausgelöst. Die Regelung des Grundgesetzes hat hier eine offene Flanke, wenn er es nicht tut. Die verfassungsrechtlich entscheidende Frage ist, ob der Bundestag dann – wie es der führenden Stellung des Parlaments im parlamentarischen Regierungssystem an sich entspräche – selbst die Initiative ergreifen und nach Art. 67 Abs. 1 GG einen neuen Bundeskanzler wählen kann. Die Vorschrift lautet: «*Der Bundestag*

kann dem Bundeskanzler das Mißtrauen nur dadurch ausspre-
chen, daß er mit der Mehrheit seiner Mitglieder einen Nachfolger
wählt und den Bundespräsidenten ersucht, den Bundeskanzler zu
entlassen. Der Bundespräsident muß dem Ersuchen entsprechen
und den Gewählten ernennen.» Die juristischen Kommentare
zum Grundgesetz verneinen diese Möglichkeit mit der für sich
genommen zutreffenden Begründung, die nach der Wahl bloß
noch geschäftsführende Bundesregierung habe nie parlamentarisches Vertrauen besessen; folglich könne der Bundestag ihr auch
nicht misstrauen, weshalb das Misstrauensvotum in diesem Fall
unanwendbar sein soll.[15] Auch einem Bundeskanzler steht in dieser Situation der Weg über die Vertrauensfrage des Art. 68 GG
nicht offen.

Doch diese Argumentation ist nicht nur politisch, sondern
auch systematisch einigermaßen zweifelhaft. Die Formulierung
«nur dadurch» im Art. 67 GG ist erkennbar als Gegensatz zu
Art. 54 S. 2 WRV formuliert (und meint: nämlich nicht durch
einfaches Misstrauensvotum), enthält aber sonst nur die selbst-
verständlichen verfahrensmäßigen Kautelen des parlamentarischen Regierungssystems: dass das Parlament die Regierung
durch eine andere ersetzen kann. Der Begriff des Vertrauens hat
deswegen im Art. 67 GG keine wirklich eigenständige Bedeutung. So sprechen die besseren Gründe dafür, dass der Bundestag auf eigene Faust einen Bundeskanzler wählen kann, wenn der
Bundespräsident sich nicht an die in Art. 63 GG vorausgesetzte
enge zeitliche Abfolge von Bundestagswahl und Wahlvorschlag
hält. In der vergleichbaren Situation einer Regierung ohne Vertrauen hat der Bundestag ja auch im Fall der gescheiterten Vertrauensfrage das Recht, einen anderen Bundeskanzler zu wählen,
ohne dass der Bundespräsident hier zunächst einen Vorschlag
machen müsste (Art. 68 Abs. 1 S. 2 GG).

Art. 63 Abs. 3 und 4 GG scheinen dieser Auslegung aber unmittelbar zu widersprechen. Im Regelfall darf der Bundestag ja
erst dann, wenn der vom Bundespräsidenten vorgeschlagene

Kandidat scheitert, einen anderen Kandidaten wählen (Abs. 3) oder den Weg zu Minderheitsregierung und Neuwahl gehen (Abs. 4). Erlaubte man dem Bundestag, von sich aus bei der Regierungsbildung das Heft des Handelns in die Hand zu nehmen, indem zum Beispiel ein Viertel der Abgeordneten (§ 97 GOBT) den Antrag stellt, den Kanzlerkandidaten der größten Fraktion zum Kanzler zu wählen, dann liefen diese Regelungen sozusagen leer. Dem ließe sich nur dadurch Rechnung tragen, dass jedenfalls in engem zeitlichen Zusammenhang mit der Wahl der Weg über Art. 67 GG durch Art. 63 Abs. 3 und 4 GG versperrt ist. Die gedankliche Probe auf den Ernstfall zeigt: Ohne den Verfassungsfaktor Volkspartei ist es keineswegs ausgemacht, ob in einem Krisenfall das parlamentarische System oder die Reservegewalt des Bundespräsidenten die Überhand behielte.

Das Dilemma des Bundesverfassungsgerichts

Die Entwicklung der zweiten Vermittlungsinstitution, des Bundesverfassungsgerichts, lässt sich nicht als Verlustgeschichte erzählen. Eher im Gegenteil: Die innenpolitische Autorität des Gerichts ist unangefochten, von seiner Beliebtheit können die anderen Verfassungsorgane nur träumen. Woran das liegt, ist in letzter Zeit ausgesprochen viel und grundsätzlich erörtert worden: An einer nach wie vor tiefen Sehnsucht der Deutschen nach überparteilichen Entscheidungen? An einem ebenfalls sehr deutschen und jedenfalls in Europa nicht ohne weiteres anschlussfähigen Glauben an das Recht? Oder an einem tief in der Mentalitätsgeschichte eines konfessionell gespaltenen Landes verwurzelten Misstrauen gegen das Mehrheitsprinzip, dessen Grenzen im Bundesverfassungsgericht institutionalisiert sind?[16] Die Resultate sind jedenfalls staunenswert: Selbst eminent politische Entscheidungen des Gerichts wie jene zu den Grenzen der

Euro-Rettungspolitik, zum Asylbewerberleistungsgesetz oder die letztlich vom Gericht forcierte gleichgeschlechtliche Ehe werden mit völliger Selbstverständlichkeit allgemein akzeptiert. Selbst die vor einiger Zeit mit Vehemenz geführte Debatte um den Bedeutungsverlust des Bundesverfassungsgerichts durch die Europäische Integration[17] hat an Brisanz verloren. Die Dauerkrise der Europäischen Union spielt der skeptischen Position des Gerichts eher in die Hände.

Systematisch, davon war bereits die Rede, sind parlamentarisches Regierungssystem und ausgebaute Verfassungsgerichtsbarkeit schwer vereinbar. Im Zentrum der Verfassung steht schließlich keine institutionelle Grenzziehung wie jene zwischen Exekutive und Legislative, sondern die institutionelle Fusion zwischen Regierungsfraktionen und Regierung, die sich nicht in festen rechtlichen Kompetenzen denken lässt. Nicht umsonst hat sich eine Verfassungsgerichtsbarkeit außerhalb Deutschlands vor allem in der gewaltenteilenden Demokratie der USA entwickelt. Dort bildet der Supreme Court freilich selbst einen *branch of government*, während das deutsche Bundesverfassungsgericht von sich selbst die Vorstellung kultiviert, es sei eigentlich immer nur neutraler Schiedsrichter, aber kein Teilnehmer des politischen Prozesses.[18] Die epochemachende Leistung des Gerichts bestand deswegen darin, ohne allzu direkte Eingriffe in den politischen Prozess gleichwohl für eine enge Rückbindung der Regierung an die parlamentarische Willensbildung gesorgt zu haben (II. Kapitel). Gelungen war das durch die Demokratisierung jenes konstitutionellen Denkmusters vom Vorbehalt des Gesetzes, mit dem das Gericht den steigenden Rechtsetzungsbedarf eines industriellen Wohlfahrtsstaates als Motor der Parlamentarisierung einspannte und daraus später eine allgemeine Verfassungstheorie der effektiven demokratischen Legitimation staatlichen Handelns entwickelte.

Das ist heute anders. Die Funktion der Rechtsprechung des Bundesverfassungsgerichts im parlamentarischen Regierungssystem hat sich grundlegend gewandelt. Die Felder mehren sich, auf denen das Gericht den Konflikt mit der Regierungsmehrheit intensiviert hat: Wahlrecht, Europäische Integration, Euro-Rettung, parlamentarische Informationsrechte, Vermittlungsverfahren. Auch politisch ist der Ton zwischen dem Gericht und dem politischen Betrieb bisweilen recht rau gewesen. Verfassungsgerichts- und Bundestagspräsident lieferten sich vor einigen Jahren einen regelrechten Schlagabtausch. Von den professionellen Beobachtern des Verfassungsgerichts wird die Rechtsprechung oft fundamental kritisiert,[19] in ihrer systematischen Bedeutung aber wenig hinterfragt. Mehr Rechtsschutz, mehr gerichtliche Kontrolle gelten in der Bundesrepublik eigentlich stets als wünschenswert. Dabei übersieht man aber die grundsätzliche Veränderung einer Rechtsprechung, die, sehr vereinfacht gesagt, in letzter Zeit von einer eher indirekten zu einer sehr viel direkteren Steuerung des parlamentarischen Regierungssystems übergegangen ist. Dafür gibt es zwei Erklärungen.

Versuchungen durch die Große Koalition

Die erste Erklärung hängt mit der veränderten Rolle des Gerichts unter den seit 2005 mehr oder minder herrschenden Vorzeichen der Großen Koalition zusammen. Die Konfliktlinien, die sich zwischen Karlsruhe und der Politik aufgetan haben, sind als solche keineswegs neu und zeigen das Bundesverfassungsgericht in einer Rolle, in die es seit Jahrzehnten hineingewachsen ist und der es viel von seiner Autorität verdankt. Es ist oft beobachtet worden, dass das Bundesverfassungsgericht sich in seiner Rechtsprechung, wenn auch sehr behutsam, tendenziell als Korrekturfaktor der regierenden Mehrheit verstanden hat.[20] Hatte es sich in der Adenauer-Zeit mit spektakulären Urteilen wie zu dem vom Bundeskanzler geplanten Regierungsfernsehen als unabhängiges Verfassungsorgan profiliert, deuteten in der sozialliberalen Ära etliche Entscheidungen eher in die gegenteilige Richtung: Mit den Urteilen zum Schwangerschaftsabbruch, zur Hochschulmitbestimmung oder zum Deutschlandvertrag gab es wiederum tendenziell oppositionellen Belangen recht. Derlei ist für ein Gericht, das die verfassungsrechtlichen Grenzen der Mehrheitsherrschaft bewahren und die Rechte, vor allem die Grundrechte sozialer und politischer Minderheiten schützen soll, unvermeidlich und richtig.

Das Bundesverfassungsgericht hat sich darüber hinaus aber häufig als Instanz einer Gegenrepräsentation verstanden. Es will Interessen Gehör verschaffen, die innerhalb des politischen Systems nicht oder nicht ausreichend artikuliert werden, es will mit anderen Worten sogenannte Repräsentationsdefizite ausgleichen. Dafür gibt es in der Rechtsprechung schon seit den achtziger Jahren ganz unterschiedliche Beispiele. Als die Friedensbewegung mit Großkundgebungen gegen den Bau von Atomkraftwerken demonstrierte, waren die Grünen noch nicht im Bundestag vertreten. Die Opposition gegen den seinerzeit noch atomfreundlichen Kurs aller Parteien hatte innerhalb des Regierungssystems noch keine Stimme. Das Gericht wertete damals die Versammlungsfreiheit zu einem «unentbehrlichen Funktionselement» der parlamentarischen Demokratie auf, insofern sie als «politisches Frühwarnsystem» Fehlentwicklungen sichtbar mache und dadurch letztlich systemstabilisierend wirke.[21] In ähnlicher Weise hat das Gericht sich auf dem Feld der Parteienfinanzierung als Sprachrohr eines in der professionellen Politik nicht repräsentierten Interesses verstanden und Entscheidungen der Parteien in eigener Sache entsprechend scharf kontrolliert.

Während einer Großen Koalition nehmen derartige Konstellationen naturgemäß stark zu. Dem Bundesverfassungsgericht wird die Rolle einer gleichsam externalisierten Opposition gegen das Einverständnis der Großen dann regelrecht zugeschoben. Das demonstriert am eindrucksvollsten die Rechtsprechung zu den verfassungsrechtlichen Grenzen der Europäischen Integration, weil sie wegen der erforderlichen verfassungsändernden Mehrheiten schon immer, also unabhängig von der jeweiligen Regierungsmehrheit, unter einem großkoalitionären Vorzeichen stand und das Gericht als «europapolitische Ersatzopposition» einsprang.[22] Die Europapolitik war ja seit ihrem Beginn, vor allem seit dem Quantensprung des Vertrags von Maastricht (1992), immer von überwältigenden Mehrheiten im Deutschen Bundestag getragen. Bis zum Einzug der AfD war keine einzige im Grundsatz europakritische Partei im Parlament vertreten, weil sich die Linkspartei eher am «Wie» als am «Ob» der Integration störte. Um der ihm zugeschobenen Rolle gerecht zu werden, interpretierte das Gericht in spektakulärer Weise die verfassungsrechtliche Garantie des Wahlrechts (Art. 38 Abs. 1 S. 1 GG) als Recht des Bürgers gegen solche Kompetenzübertragungen auf die Europäische Union, die dieses demokratische Beteiligungsrecht durch einen «Substanzverlust demokratischer Gestaltungsmacht» aushöhlen.[23] Auch in der Währungs- und Staatsschuldenkrise verschaffte das Gericht nicht zuletzt denen ein Gehör, die im damaligen Bundestag noch keine Stimme hatten. Die mit großer medialer Aufmerksamkeit begleiteten mündlichen Verhandlungen wurden zum Ersatz für einen Konflikt, der nicht parlamentarisch ausgetragen wurde; jetzt erst kamen ausführlich auch die Kritiker der sogenannten Rettungspolitik zu Wort, jetzt erst wurde, wie im Konflikt um die Ankaufprogramme der Europäischen Zentralbank, die politische Rolle der EZB von einem deutschen Verfassungsorgan streitig diskutiert. Für die demokratische Akzeptanz der von Regierung und Parlament getroffenen weitreichenden Entscheidungen dürfte das von erheblicher Bedeutung gewesen sein – für die demokratische Akzeptanz des Deutschen Bundestages eher nicht.

Zweifellos zieht diese Rechtsprechung aber ein latentes Supermajoritätsproblem nach sich, das sich selbst verstärkt: Die regierende Mehrheit steht unter dem institutionellen Zwang, die Möglichkeit verfassungsändernder Mehrheiten jederzeit zu erhalten,

schon um die Reaktionsfähigkeit auf Krisen in der Europäischen
Union nicht zu gefährden. Und gleichzeitig hat die Rechtsprechung sich ihrerseits gegen diese latente Supermajorität in Stellung gebracht, durch das, was sie die «Verfassungsidentitätskont-
rolle» nennt:[24] Das Bundesverfassungsgericht hat sich in seinem
Urteil zum Vertrag von Lissabon auch die Entscheidung darüber
vorbehalten, ob eine im Wege des Art. 23 Abs. 1 S. 2 GG mit verfassungsändernder Mehrheit beschlossene Änderung der europäischen Verträge die «Identität der freiheitlichen Verfassungsordnung» verletzt.

So hat das Bundesverfassungsgericht den innerhalb der Institutionen des parlamentarischen Regierungssystems in einer Schlüsselfrage fehlenden Antagonismus extern kompensiert – und zwar
sogar gegenüber einer Zweidrittelmehrheit im Bundestag. Doch
auch über die Frage der Europäischen Integration hinaus lässt
sich die Rechtsprechung zum Wahlrecht und zu den verfassungsrechtlichen Grenzen der Überhangmandate zumindest auch le-
sen als Artikulation einer Gegenposition zu dem allzu einver-
nehmlichen Interesse der großen Parteien an diesen Mandaten
und also an sich selbst. Es entspricht seit langem einem Parteien-
konsens, dass Änderungen des Wahlrechts nicht auf dem Weg
einfacher Regierungsmehrheiten vorgenommen werden sollen.
Das Selbstverständnis des Gerichts als regelsetzende Instanz für
den politischen Prozess kommt hier sogar besonders treffend
zum Ausdruck: Das Gericht stand nämlich hier vor der Frage,
wie viele Überhangmandate denn gerade noch dem – nach An-
sicht des Bundesverfassungsgerichts aus der Verfassung abzulei-
tenden – Prinzip der Erfolgswertgleichheit entsprechen. Die Antwort lautete: 15. «Die Zahl von 15 Überhangmandaten» könne, so
die Argumentation des Gerichts, «als Akt richterlicher Norm-
konkretisierung zwar nicht vollständig begründet werden. Vor-
liegend ist es jedoch Aufgabe des BVerfG, die Anforderungen an
das System der Sitzzuteilung so zu konkretisieren, dass der Gesetzgeber das Wahlrecht auf verlässlicher verfassungsrechtlicher

Grundlage gestalten kann und infolgedessen das Risiko einer Bundestagsauflösung im Wahlprüfungsverfahren minimiert wird.»[25]

Besonders hart war der Konflikt zwischen Bundesverfassungsgericht und Parlament um die Sperrklausel im Europawahlrecht. Nachdem das Gericht Ende 2012 zunächst eine Fünf-Prozent-Hürde wie im Bundestagswahlrecht als verfassungswidrig verworfen hatte, korrigierte der Gesetzgeber die Karlsruher Entscheidung durch die Einführung einer auf nunmehr drei Prozent abgesenkten Schwelle für den Einzug von Parteien in das Europäische Parlament. Das Bundesverfassungsgericht schlug dem Bundestag jedoch auch diese Regelung aus der Hand[26] und nahm damit die Verantwortung dafür auf sich, dass seit 2014 unter den deutschen Abgeordneten des Europäischen Parlaments Abgeordnete der Tierschutzpartei, der Satire-Partei «Die Partei» – und der NPD sitzen.

Die Schwäche der indirekten Parlamentarisierung im Mehrebenensystem

Die zweite Erklärung für den verstärkten direkten Steuerungsanspruch des Bundesverfassungsgerichts ist grundsätzlicher und betrifft die institutionellen Handlungsoptionen eines Gerichts, das sich heute, um die politische Rückbindung der Regierung an die parlamentarische Willensbildung verfassungsrechtlich zu gewährleisten, sehr viel unmittelbarer zu den institutionellen Fragen des Regierungssystems verhalten muss als früher. Dafür können die zahlreichen Entscheidungen der jüngeren Zeit zur Reichweite parlamentarischer Kontroll- und Informationsrechte, zur Ausschussorganisation des Bundestages oder zu seiner Beteiligung im Rechtsetzungsverfahren der Europäischen Union als Beispiele angeführt werden. Es genügt heute nicht mehr, über einen demokratisch interpretierten Vorbehalt des Gesetzes alle wesentlichen politischen Entscheidungen von einer parlamentarischen Entscheidung abhängig zu machen (→ II. Kapitel).

Das hängt natürlich zunächst ebenfalls mit dem Übergang zahlreicher Gesetzgebungskompetenzen auf die Europäische Union zusammen. Sofern Rat und Europäisches Parlament Recht in Form von Richtlinien setzen, muss dieses Recht dann regelmäßig innerhalb bestimmter Fristen in deutsches Recht umgesetzt werden. Der Gesetzgeber hat dabei zwar einen gewissen Spielraum, bleibt letztlich aber, soweit das Europarecht eindeutig ist, gebunden. Wenn das Bundesverfassungsgericht diesen Übergang in seiner Rechtsprechung vor allem als *Kompetenzverlust* darstellt, trifft es den Vorgang aber nur zum Teil. Nicht minder wichtig ist die mittelbare Folge für das Verhältnis des Parlaments zur Regierung. Ihre gegenseitige Abhängigkeit wird ja im parlamentarischen System dadurch gewährleistet, dass das Parlament sich als Gesetzgeber vorrangig mit der Abarbeitung der Gesetzgebungsagenda der Regierung beschäftigt und sich in diesem Rahmen politisch zur Regierungspolitik verhalten muss. Jede Entscheidung über eine Gesetzesvorlage der Regierung, könnte man sagen, ist eine kleine Vertrauensfrage. Das ist nun bei der Umsetzung europäischer Rechtsetzung völlig anders. Hier hat es der Bundestag mit einer Instanz zu tun, gegen die ihm Sanktionen ernstzunehmender Art nicht zu Gebote stehen. Auch die Bundesregierung verfolgt ja im Mehrebenensystem immer zwei Gesetzgebungsagenden gleichzeitig: eine im Deutschen Bundestag und eine zweite im Wechselspiel mit der Europäischen Kommission im Rat. Auch sie hat deswegen neben dem Bundestag einen zweiten Adressaten.

Nicht nur Verfassungsjuristen, sondern auch viele politische Praktiker halten die Überflutung des Bundestages mit Umsetzungsgesetzgebung für eine unvermeidliche Entwicklung in einem Mehrebenensystem wie der EU. Doch das stimmt nicht. Das europäische Recht verlangt nämlich nicht, dass Richtlinien immer durch den parlamentarischen Gesetzgeber umgesetzt werden. Europarechtlich genügt vielmehr in aller Regel die Umsetzung durch Rechtsverordnungen der Bundesregierung. Es ist das deutsche Verfassungsrecht, das die starke Einbindung des Bundestages in die Umsetzungsgesetzgebung fordert: Art. 80 Abs. 1 S. 2 GG bindet das exekutive Verordnungsrecht an eine detaillierte gesetzliche Ermächtigung im Einzelfall. Die Rechtsprechung des Bundesverfassungsgerichts verlangt jedenfalls bei Grundrechtseingriffen und sonstigen wesentlichen Entscheidungen ein Gesetz.[27] In vielen Entscheidungen, besonders bekannt ist die zum Europäischen Haftbefehl von 2005,[28] hat das Gericht den Gesetzgeber zu einer genaueren Erfüllung seiner Umsetzungspflichten angehalten.

Nur: Art. 80 GG hat natürlich den Fall im Auge, dass die Regierung beim Erlass von Rechtsverordnungen an eine Entscheidung des parlamentarischen Gesetzgebers, nicht aber, dass beide, Parlament und Regierung, an die Entscheidung eines Dritten gebunden sind. Die Entscheidung der Bundesregierung, die parlamentarisch zu verantworten wäre, bleibt bei diesem Arrangement für das Parlament unsichtbar, weil sie regelmäßig schon viel früher fällt: nämlich bei der Zustimmung des deutschen Vertreters im Rat beim Erlass des europäischen Gesetzgebungsaktes. Wenn der Bundestag auch noch so stark an der Umsetzungsgesetzgebung beteiligt wird, hat er dennoch keinen kontrollierenden Einfluss auf das vorgelagerte Handeln der Ressortvertreter im Rat. Das eigentliche Problem der Einbindung der Europapolitik in das parlamentarische Regierungssystem bleibt also ungelöst.

Der verfassungsändernde Gesetzgeber hat deswegen in Art. 23 Abs. 3 GG einen anderen Weg beschritten: Der Bundestag kann in europäischen Gesetzgebungsverfahren «Stellungnahmen» abgeben, die die Bundesregierung dann bei ihrer Stimmabgabe im Rat «berücksichtigt». Die Wirksamkeit dieses Instruments wird sehr unterschiedlich beurteilt. Auch verschiebt es das Problem der starken Beanspruchung des Bundestages nur auf eine andere Ebene: Nicht nur kann sich der Bundestag, dessen Zeit ohnedies knapp ist, nicht zu allen relevanten Gesetzgebungsvorhaben auf europäischer Ebene eine Meinung bilden. Auch entkoppelt das Instrument der Stellungnahme die Verantwortung für die auf europäischer Ebene getroffene Entscheidung strukturell von der Institution, die sie trifft: von der Bundesregierung. Wenn es im europäischen Rat die Regierungen der Mitgliedstaaten sind, die die Gesetzgebung bestimmen, dann entspräche dem parlamentarischen Regierungssystem also womöglich eher, dass sie auch für die Umsetzung per Rechtsverordnung in stärkerem Maße zuständig und in diesem Rahmen parlamentarisch verantwortlich sind. Dass das kein Widerspruch zum parlamentarischen Regierungssystem ist, sondern ihm im Gegenteil in hohem Maße entspricht, zeigt das Beispiel Großbritanniens, wo die Umsetzung von Europarecht in sehr viel höherem Maße durch delegierte Gesetzgebung möglich ist. Ob das ein politisch gangbarer Weg wäre und ob die Gerichte ihn akzeptieren würden, ist eine andere Frage. Es verdient aber festgehalten zu werden, dass die starke Ausdehnung des Gesetzesvorbehalts durch das Bundesverfassungsgericht in ihren politischen Konsequenzen bei der Umsetzung von europäischem Unionsrecht ins Gegenteil umschlägt: Das Parlament entlastet die Regierung, die es eigentlich kontrollieren müsste.

Die Formalisierung des Informellen – ein Dilemma der Rechtsprechung

Europa ist aber bekanntlich nicht an allem schuld. So kann die schleichende Entparlamentarisierung der Exekutive auch nur in Teilen auf Prozesse der Europäischen Integration zurückgeführt werden. Die bundesverfassungsgerichtliche Methode der Parlamentarisierung durch den Gesetzesvorbehalt funktioniert nämlich immer nur so lange, wie vormals autonome bürokratische Sphären erstmals gesetzlich geregelt werden und infolgedessen in den Fokus parlamentarischer Politik rücken. Stehen die einzelnen Felder des Regierungs- und Verwaltungshandelns aber erst einmal auf einem gesetzlichen Fundament, erreicht die Verrechtlichung schnell einen gewissen Sättigungsgrad.[29] Seit den achtziger Jahren ist das Bewusstsein für die Nebeneffekte der Verrechtlichung stetig gewachsen: Als politisch problematisch gelten seither meist eher zu viele als zu wenige parlamentarische Regelungen. Es lässt sich vielleicht noch gut begründen, warum das Strafvollzugsrecht, warum die Einführung des Schulfachs Sexualkunde oder warum die Frage des Kopftuchs gesetzlich geregelt werden sollen. Warum sich das Parlament aber – um zwei beliebige Beispiele aus der neueren Rechtsprechung heranzuziehen – mit der Einführung von Einstellungshöchstaltersgrenzen im Öffentlichen Dienst, nicht aber mit der Rechtschreibreform beschäftigen soll, ist nicht mehr ohne weiteres sinnfällig.[30]

Auf zahlreichen Feldern hat sich unterdessen eine Tendenz zur Entformalisierung exekutiven Handelns verschärft, das sich strukturell der Steuerung durch parlamentarische Gesetzgebung entzieht. Man denke nur an die verfassungsrechtlich erstmals im Zusammenhang mit dem ersten Atomausstieg der Schröder-Regierung breit diskutierte Praxis der «paktierten Gesetzgebung», bei der sich die Regierung vorab mit den Konzernen auf einen Gesetzentwurf verständigt hatte, der dann als Verhandlungspaket parlamentarisch nicht mehr im Einzelnen zur Disposition stand. Noch unvermittelter zeigte sich die Macht informellen Handelns der Exekutive bei der berühmten Pressekonferenz im Oktober 2008, als Angela Merkel und Peer Steinbrück «den Sparerinnen und Sparern» die Sicherheit ihrer Einlagen garantierten und auf diese Weise eine Verschärfung der Bankenkrise abwenden wollten. Mit solchen Phänomenen der Informalität hatte es das Bundesverfassungsgericht 2002 in zwei berühmt gewordenen Fällen zu tun: Die Bundesregierung hatte die Öffentlichkeit vor Jugendsekten und Giftrückständen in bestimmten Weinen gewarnt – auch dies informelle, aber für die Betroffenen höchst einschneidende Formen exekutiven Handelns. Hier distanzierte sich das Gericht auf einmal selbst von seiner demokratischen Lesart des Gesetzesvorbehalts und begnügte sich stattdessen mit einer unverständlichen Formulierung, die bei genauer Lesart nichts anderes ist als ein allgemeiner Exekutivvorbehalt bei der Bedienung der Massenmedien: «Die Zuweisung einer Aufgabe berechtigt grundsätzlich zur Informationstätigkeit im Rahmen der Wahrnehmung dieser Aufgabe, auch wenn dadurch mittelbar-faktische Beeinträchtigungen herbeigeführt werden können. Der Vorbehalt des Gesetzes verlangt hierfür keine darüber hinausgehende besondere Ermächtigung durch den Gesetzgeber [...].»[31]

So ist der stärkere Interventionismus des Bundesverfassungsgerichts im Parlamentsrecht in den letzten Jahren, namentlich die starke Zunahme von Entscheidungen zu parlamentarischen Informationsrechten,[32] sicher auch die Kehrseite der Krise jenes älteren indirekten Steuerungsverständnisses, das nicht mehr ohne weiteres funktioniert. Nur muss die Rolle des Bundesverfassungsgerichts als Advokat des Parlaments paradox bleiben. Indem das Gericht die Wahrnehmung von Kontrollaufgaben verrechtlicht, betont es nun wieder sehr viel stärker das Gegeneinander von Parlament und Regierung. Mit anderen Worten: Es formalisiert gerade das, was im parlamentarischen Regierungssystem informeller Art ist, und betreibt auf diese Weise eine Art kompetenzrechtliche Dissoziierung von Parlament und Regierung.[33]

Die Entgrenzung des Bundeskanzleramts

So bleibt unter den Vermittlungsinstitutionen des parlamentarischen Regierungssystems nur das Bundeskanzleramt in seiner Machtfülle unangefochten. Mehr noch: Seine Bedeutung ist im Laufe der Zeit als Folge der relativen Schwäche der Volksparteien

und des Bundesverfassungsgerichts so stark gestiegen, dass es
längst aus dem Status einer Vermittlungsinstitution herausge-
wachsen ist und sich zur Superinstitution des deutschen Regierungssystems entwickelt hat. Längst ist das Bundeskanzleramt
zum sichtbaren Zeichen einer Präsidentialisierung dieses Regierungssystems geworden. Damit sind keine Fragen des Regie-
rungsstils gemeint, der im Falle der Bundeskanzlerin gerade in
der Frühphase ihrer Amtszeit häufig als «präsidial» beschrieben
wurde – so ihre Neigung zu vermittelnden Lösungen und ihr
Verzicht auf eine scharfe Konfrontation des politischen Gegners.
Verfassungsrechtlich ist die Präsidentialisierung ein viel komple-
xerer Sachverhalt, in dessen Mittelpunkt nicht die Kanzlerin,
sondern das Bundeskanzleramt steht.

Die Sache mit den Chefsachen

Die drastische Vermehrung seiner Zuständigkeitsbereiche zeigt
das. Kommuniziert werden diese Kompetenzerweiterungen des
Bundeskanzleramts politisch in der Regel mit dem Satz, dies und
jenes werde jetzt zur «Chefsache» gemacht. Eine solche Ankün-
digung klingt nach der Wahrnehmung von Verantwortung und
erwartet Zustimmung, ist aber verfassungsrechtlich äußerst
zweifelhaft. Denn zu den Grundsätzen der Organisation einer
parlamentarisch verantwortlichen Regierung gehört die Ressortfreiheit des Bundeskanzleramtes. Es muss sich auf die Rolle einer
Regierungszentrale mit ihren Aufgaben der Planung, Koordinierung, Kommunikation und Gesamtleitung beschränken, darf
selbst aber keine sogenannten Fachaufgaben wahrnehmen.

Dass die Minister ihre Geschäftsbereiche selbständig leiten,
obwohl sie der Richtlinienkompetenz des Bundeskanzlers unter-
stehen (Art. 65 GG), ist eine unerlässliche Voraussetzung der
individuellen Ministerverantwortlichkeit, wie sie das deutsche
Verfassungsrecht kennt. Dadurch wird die Bundesregierung gezwungen, die Gesamtheit ihrer Tätigkeit in Aufgabenbereiche zu

zergliedern, mit anderen Worten: Ministerien zu bilden, für die dann jeweils ein bestimmtes Mitglied der Bundesregierung politisch verantwortlich ist. Ob dieses Mitglied Bundesminister oder Kanzler ist, ist aber alles andere als belanglos. Nur wenn eine fachliche Regierungsaufgabe unter ministerieller Leitung steht, ist die Geltendmachung parlamentarischer Verantwortlichkeit nicht an den Bestand der gesamten Regierung gebunden. Das Parlament kann Minister zwar nicht aus dem Amt entfernen. Doch jeder Bundeskanzler ist gut beraten, Kabinettsmitglieder loszuwerden, die das parlamentarische Vertrauen verloren haben, auch wenn er natürlich versuchen kann, sie durch den Einsatz seiner eigenen Autorität im Amt zu halten. Werden Regierungsaufgaben dagegen unmittelbar im Bundeskanzleramt wahrgenommen, entfällt diese Zwischenebene. Das einzige Mittel der Geltendmachung parlamentarischer Verantwortlichkeit besteht dann im Sturz der Regierung. Außerdem ist – wovon noch die Rede sein wird – nur die ressortmäßig gegliederte Regierungstätigkeit der unmittelbaren Kontrolle durch die Fachausschüsse unterstellt. Einen Ausschuss für die Kontrolle des Bundeskanzleramtes gibt es dagegen nicht.

Vom Grundsatz der Ressortfreiheit des Bundeskanzlers bildete der Bundesnachrichtendienst seit den Anfängen der Bundesrepublik eine wichtige Ausnahme. Der Aufbau eines deutschen Auslandsgeheimdienstes, noch dazu durch Reinhard Gehlen, den berüchtigten Leiter der Abteilung Fremde Heere Ost des Generalstabs des Heeres, war nach dem Zweiten Weltkrieg eine heikle Angelegenheit. Adenauer zog es deshalb vor, die Aufgabe keinem seiner Minister anzuvertrauen, sondern sie unmittelbar im Kanzleramt anzusiedeln.[34] Bei diesem Einzelfall blieb es über lange Zeit.

Heute kann von einem Grundsatz der Ressortfreiheit keine Rede mehr sein. Alles begann mit Gerhard Schröder, der 1998 den Aufbau Ost zur «Chefsache» machte und einem im Kanzleramt angesiedelten Beauftragten für Angelegenheiten der neuen

Länder übertrug. Auch der Kulturstaatsminister im Kanzleramt ist eine Erfindung der rot-grünen Regierung. Nach Schröders Abtritt ging es mit der Integrationspolitik weiter: War das Amt des Integrationsbeauftragten der Bundesregierung zunächst im Arbeits- und dann im Familienministerium angesiedelt, zog Merkel es bei ihrem Amtsantritt ins Kanzleramt und unterstellte es einer weiteren Staatsministerin. Andere, weitaus bedeutendere Gebiete kamen in rascher Folge hinzu. Im Zuge der Dauerkrise der Europäischen Union seit der Jahrtausendwende ist die Europapolitik weitgehend aus dem Auswärtigen Amt ins Bundeskanzleramt abgewandert. Auf dem Höhepunkt der Flüchtlingskrise entzog Merkel dann dem bis dahin zuständigen Bundesinnenministerium wichtige Kompetenzen. Im Kanzleramt wurde eine Stabsstelle Flüchtlingspolitik eingerichtet, Kanzleramtschef Peter Altmaier wurde «Flüchtlingskoordinator». Bei der Regierungsbildung 2018 kam dann noch die Digitalisierung hinzu, wiederum mit einer eigenen Staatsministerin. Hierbei scheint es sich aber eher um eine kosmetische Maßnahme zu handeln, die vorrangig ein zusätzliches Amt für die CSU schaffen sollte. Denn wenn der veröffentlichte Organisationsplan des Bundeskanzleramtes zutrifft, ist die Abteilung 6, die sich mit der Digitalisierungspolitik befasst, der Staatsministerin überhaupt nicht unterstellt.[35] Dass diese dauernde Aufgabenverlagerung ins Bundeskanzleramt keineswegs eine rein regierungsinterne Angelegenheit ist, sondern ziemlich unvermittelt auf das Verhältnis der Bundesregierung zum Parlament durchschlägt, mag unter anderem die Tatsache illustrieren, dass unter der Kanzlerschaft Angela Merkels die Staatspraxis, wonach die Fraktionsvorsitzenden an wichtigen Kabinettssitzungen teilnehmen, außer Übung kam. Stattdessen nehmen nun alle Abteilungsleiter des Bundeskanzleramts an den Sitzungen teil.

Die schleichende Unitarisierung der Exekutive

Internationale Krisenlagen und Schlüsselpolitiken sind in der Bundesrepublik natürlich immer Stunden der Kanzler gewesen. Die Neue Ostpolitik und die Deutsche Einheit wurden selbstverständlich maßgeblich im Kanzleramt verhandelt. Doch blieb die Verantwortlichkeit der zuständigen Minister institutionell gewahrt; Walter Scheel und Hans-Dietrich Genscher verfügten deswegen neben ihren Kanzlern durchaus über großes politisches Gewicht. Vermutlich ist es neben der schieren Vermehrung von Krisenherden in den letzten Jahrzehnten vor allem die extreme Verkürzung exekutiver Entscheidungsabläufe, mit anderen Worten: der Zwang zu einer immer schnelleren Krisenreaktionsfähigkeit, der die Abstimmung von Regierungszentrale und Ressorts oder gar zwischen verschiedenen Ressorts zum Problem werden lässt und die Konzentration von Entscheidungszuständigkeiten nachgerade erzwingt. Zugleich wird es für die Ressortminister offenbar immer schwieriger, sich neben einem Regierungschef politisch zu behaupten, ohne als Gefahr für den Führungsanspruch des Kanzleramtes zu gelten. Unter Merkel ist das – wohl kaum zufällig – vor allem im Bundesfinanzministerium noch einmal gelungen.

Ist gegen diese schleichende Unitarisierung der Regierungsorganisation verfassungsrechtlich etwas zu machen? Die Fähigkeit eines Ministers, sein Ressort zu verteidigen, ist natürlich zunächst einmal eine politische Frage, bei der er in der Regel unterliegen wird. Selbst das stolze Bundesinnenministerium musste ja in der Flüchtlingskrise Federn lassen. Der Impuls müsste daher aus dem Parlament kommen. Bestünde der Bundestag darauf, dass Regierungsaufgaben im verfassungsmäßigen Wege von ihm gegenüber verantwortlichen Ministern wahrgenommen werden, dann wäre die weitere Zentralisierung zumindest schwieriger. Ob sich auch die Opposition auf den Grundsatz der Ressortfreiheit berufen kann, ist eine Frage, über die es sich deswegen einmal grundsätzlich nachzudenken lohnte. Das Bundesverfassungsgericht hat sich der Frage bisher völlig verschlossen. Es geht in seiner Rechtsprechung nämlich davon aus, dass die Aufgabenzuweisung innerhalb der Bundesregierung einem «Kernbereich exekutiver Eigenverantwortung» unterfällt, ja mehr noch, dass es «im Rechtsverhältnis zum Deutschen Bundestag und seinen Mitgliedern» ganz gleichgültig sei, wo innerhalb der Regierungsorganisation eine Entscheidung falle, solange sie nur der Bundesregierung zuzurechnen ist.[36] Wenn man sich mit einer derart formalen Sicht begnügt – und den Sinn des Art. 65 GG erst gar nicht in der Verteilung der *parlamentarischen* Verantwortlichkeit sieht –, ist die Unitarisierung der Exekutive allerdings beschlossene Sache. Sie ist verfassungshistorisch nicht ohne bitteren Beigeschmack. Denn in dem Maße, in dem die derzeitige Entwicklung voranschreitet, nähert sich die deutsche Regierungsorganisation auf der Spitzenebene wieder jenem monokratischen Modell mit einem völlig herausgehobenen Kanzler und ihm nachgeordneten Amtsleitern an, das es in einer ähnlichen Form schon einmal gab: unter Bismarck.

V. Leistungen und Schwächen der parlamentarischen Regierungskontrolle im Deutschen Bundestag

Als Angela Merkel am 16. Dezember 2015 im Anschluss an die turnusgemäß jeden Mittwoch um 13 Uhr stattfindende Regierungsbefragung zur Abgabe einer Regierungserklärung zum Europäischen Rat im Bundestag erwartet wurde, war sie nicht da. Man habe ihr gesagt, sagte sie später, sie solle lieber die Regierungsbank verlassen, «da mir ansonsten vielleicht auch noch eine Frage gestellt werden würde». Bundestagspräsident Lammert versicherte ihr ironisch: «Ich halte es für eine abwegige Empfehlung, dass Sie, wenn Sie schon einmal versehentlich bei einer Regierungsbefragung sind, irgendjemand auffordert, die Regierungsbank zu verlassen.» Die Bundeskanzlerin darauf: «Das war auch keiner aus dem Parlament, sondern jemand von der Regierungsbank. Ich war jedenfalls lieber verschwunden.»[1] Selbst wer anwesend ist, muss aber unter Umständen nicht antworten: Als der Bundestag auf Antrag der FDP-Fraktion am 15. Juni 2018 eine Aktuelle Stunde zum damals öffentlich noch nicht bekannten «Masterplan Migration» des Bundesinnenministers abhielt, sprachen Redner aller Fraktionen – nur der Minister saß bis zum Schluss auf der Regierungsbank, ohne ein Wort zu sagen.[2]

Dass die Mitglieder einer parlamentarisch verantwortlichen Regierung auf Fragen aus dem Deutschen Bundestag antworten, versteht sich in Deutschland nicht von selbst. Dabei ist für die verfassungsrechtliche Stellung der parlamentarischen Regierung kaum etwas sinnfälliger: Verantwortlichkeit bedeutet ja zunächst einmal, dass man für die Amtsführung Rechenschaft schuldig ist. Viele sehen in einem Parlament, das mehr kontrolliert, das die Regierung öffentlich schärfer zur Rechenschaft zieht, deshalb die Antwort auf die gegenwärtige Krise des Parlamentarismus.[3] Transparenz, Kontrolle, Verantwortlichkeit sind die Standardformeln der *good governance*. Parlamentarische Kontrolle scheint das Gebot der Stunde. Zugleich aber ist der Transparenzdiskurs ein Zeichen großen Institutionenmisstrauens: Seit die Idee erfolgreich propagiert wurde, dass Demokratie vor allem etwas mit Transparenz zu tun hat, treten überall Intransparenzen, Kontrolldefizite und Verantwortlichkeitsmängel in Erscheinung. Wie aber funktioniert parlamentarische Kontrolle eigentlich?

Die jüngere Rechtsprechung des Bundesverfassungsgerichts lässt jedenfalls den Rückschluss zu, dass die parlamentarische Kontrolle sich zu einem Verfassungsproblem ersten Ranges entwickelt hat. Während es bis in die neunziger Jahre hinein – abgesehen von zwei Grundsatzurteilen zum Recht der parlamentarischen Untersuchungsausschüsse[4] – kaum Entscheidungen zur Kontrollfunktion des Parlaments gab, häufen sie sich neuerdings. Das Bundesverfassungsgericht hatte etwa über die Freigabe von Akten über Selektorenlisten der NSA zu entscheiden, über die parlamentarische Kontrolle des Verfassungsschutzes bei der Beobachtung von Abgeordneten, über die parlamentarische Kontrolle der Euro-Rettungspolitik der Bundesregierung und der Rüstungsexporte, über die zulängliche Information des Parlaments über Einsätze der Bundespolizei und Eileinsätze der Bundeswehr im Ausland, über die parlamentarische Überwachung des Handelns der Deutschen Bahn und der Finanzmarktaufsicht oder auch darüber, ob die nur aus Linken und Grünen bestehende kleine Opposition im 18. Bundestag einen verfassungsrechtlichen Anspruch auf weitere Kontrollrechte besaß. Und das sind nur die großen Fälle, die wichtig genug waren, um nach Karlsruhe getragen werden zu können. Die parlamentarische

Praxis sah sich auch im Kleinen mit ganz neuen Problemen konfrontiert: Was macht eigentlich ein Untersuchungsausschuss, dessen wichtigster Zeuge, Edward Snowden, gar nicht greifbar ist?

Warum es auf diesem Feld vermehrt zu Konflikten kommt, ist im Einzelnen schwer zu bestimmen: Ist es das Parlament, das intensiver kontrolliert? Oder die Regierung, die sich stärker gegen parlamentarische Kontrollen abschottet? Oder drückt sich hier jenes Phänomen aus, das in der Organisationstheorie als Kontrollparadox bekannt ist: Je intensiver und transparenter die Kontrolle ist, desto stärker treten die Defizite der Kontrolle hervor? Dass die Geltendmachung von Informationsrechten zunehmend eine oppositionelle Strategie ist, hängt aber wohl auch mit einer Schwäche der parlamentarischen Strategien einer Wettbewerbsopposition in Zeiten der Großen Koalition zusammen.

Was ist parlamentarische Kontrolle?

Die Idee, dass das Parlament die Regierung kontrolliert, indem es Informationen von der Regierung einholt, politisch bewertet, kommentiert und auf diese Weise in die Öffentlichkeit trägt, ist alt – und vielleicht hoffnungslos altmodisch. Der berühmte Fall *Stockdale v. Hansard*, in dem der englische High Court das Parlament als «a great inquest of the nation» bezeichnet hat, stammt von 1839. Damals war die Fähigkeit des Parlaments, Sachverhalte gleichsam vor das Gericht der öffentlichen Meinung zu ziehen, eine große Legitimationsressource. Heute hingegen konkurriert das Parlament als Kontrollinstanz mit anderen Akteuren und macht dabei in der Regel keine gute Figur. Rechnungshöfe, Medien, NGOs – sie alle sind in ihrem Tätigkeitsbereich dem Parlament an Schnelligkeit und Fachwissen überlegen. Nicht umsonst verschiebt sich der Schwerpunkt parlamentarischer Kontrolle in

letzter Zeit auf Felder des staatlichen Handelns unter Geheim-
schutz. Die Stichworte sind: BND, CIA, NSA, NSU, Rüstungsexporte. Damit werden zwar einerseits Politikfelder kontrolliert,
die seit langem ziemlich abgeschirmt von parlamentarischem
Einfluss sich selbst überlassen bleiben. Andererseits aber sieht
sich der Bundestag in seiner Kontrolltätigkeit auf Felder abge-
drängt, auf denen er wegen seines privilegierten Zugangs zu exekutivem Wissen noch einen Vorsprung vor konkurrierenden Akteuren hat.

Allerdings darf man sich den verfassungsrechtlichen Sinn parlamentarischer Kontrolle der Regierung nicht zu sehr als ein Ensemble von Informationsrechten vorstellen, also nicht als etwas,
bei dem es vor allem um den Zugang zu Wissen geht. Das wird
am ehesten durch die Unterscheidung von anderen Formen der
Kontrolle deutlich. Die Regierung kontrollieren viele: Rechnungshöfe spüren Fällen von Geldverschwendung nach, Gerichte
überprüfen Regierungshandeln auf seine Rechtmäßigkeit, Jour-
nalisten stellen kritische Fragen und recherchieren im Idealfall
über Informanten die Entstehung dubioser Entscheidungen,
Lobbyisten konfrontieren die Regierung mit den Folgen ihrer Politik für ihre Auftraggeber. Und nicht zuletzt ist Regierungskontrolle seit 2006 ein «Jedermannsrecht», wie Juristen das nennen.
Nach dem Informationsfreiheitsgesetz hat jeder ein Recht auf
Zugang zu amtlichen Information aller Art auch ohne besonderes Interesse. Behilflich sind dabei Portale wie fragdenstaat.de,
die legale, aber etwas langweiligere Alternative zu Wikileaks. –
Was genau macht eigentlich noch das Parlament, wenn es die Regierung kontrolliert?

Vertrauen und Kontrolle

Die Kontrolle einer parlamentarisch verantwortlichen Regierung
durch das Parlament hat mit Informationsbeschaffung und
Transparenz nur sehr mittelbar zu tun. Sie dient auch weniger der

Überprüfung von rechtlichen oder haushaltswirtschaftlichen Standards als vielmehr der laufenden Anbindung der exekutiven an die parlamentarische Willensbildung.[5] Die parlamentarische Kontrolle durch Frage- und Informationsrechte ist ein zentrales Mittel zur Herstellung des Handlungsverbunds aus exekutiven und legislativen Funktionen. Parlamentarische Kontrolle ist folglich nichts Passives, das nur der nachträglichen Überprüfung des Regierungshandelns dient, sondern soll das Parlament in die Lage versetzen, laufend auf die politische Leitung der Regierung Einfluss zu nehmen.

Parlamentarische Kontrolle und parlamentarische Vertrauensbasis der Regierung sind deswegen auf das engste miteinander verknüpft: Denn das Vertrauen der parlamentarischen Mehrheit ist keine passive Attitüde allgemeinen Einverständnisses, sondern eine laufende Verständigung der Mitglieder der Regierung und der parlamentarischen Mehrheit über gemeinsame politische Zielsetzungen. Dem parlamentarischen Regierungssystem entspricht daher ein Begriff von parlamentarischer Kontrolle, der die Einbindung des Regierungspersonals in die parlamentarische Willensbildung impliziert, der also auch, aber nicht nur auf der Sanktionierbarkeit von Missständen beruht.

Parlamentarische Kontrolle gibt es deswegen in sehr unterschiedlichen rechtlichen Formen, je nachdem, ob von der Regierung oder der Opposition im Parlament die Rede ist. Weil Vertrauen auf der engen politischen Verbindung von Mehrheitsfraktionen und Regierungspersonal beruht, fällt die Mehrheit als Trägerin rechtlich formalisierter Kontrollbefugnisse weitgehend aus. Natürlich kann auch für sie die Ausübung von Kontrollfunktionen ein Mittel der Stabilisierung der Regierung sein, vor allem wenn die Kontrolle von einfachen Abgeordneten der Regierungsfraktionen ausgeübt wird. Doch sie leisten Regierungskontrolle im deutschen Parlamentarismus kaum in der Weise, wie es die *backbencher* im britischen Unterhaus tun, sondern vor allem über informelle Kanäle: Fraktionsarbeitskreise, Fraktionen, Parteien und Interessenorganisationen. Auch die parlamentarische Mehrheit ist so – freilich subtiler – an der Regierungskontrolle beteiligt. Wie weit zum Beispiel Angela Merkels Kehrtwende in der Flüchtlingspolitik im Verlauf des Jahres 2016 auch aus der CDU/CSU-Bundestagsfraktion heraus erzwungen wurde, wird man eines Tages vielleicht erfahren. Minister nehmen ja häufig an den Plenarsitzungen der Regierungsfraktionen und an den Sitzungen der relevanten Arbeitsgruppen teil. Sie gehen sogar manchmal lieber in den zuständigen Ausschuss, weil dort die Anwesenheit der Opposition die Loyalität ihrer Fraktionsleute halbwegs sicherstellt, als in die Arbeitsgruppe, aus der sie offenen Widerspruch zu erwarten haben. Von Adenauer ist der Satz überliefert: «Für mich ist das Fegefeuer, wenn ich in die Fraktion muss.»[6] Verfassungsrechtlich und empirisch ist die Kontrollfunktion der Mehrheitsfraktionen aber deswegen schwer greifbar. Dagegen sind Kontrolle und Beaufsichtigung der Regierung die zentralen und sichtbaren Funktionen der parlamentarischen Opposition.

Die Dialektik der Ministerverantwortlichkeit

Nun haben allerdings Kontrollrechte der parlamentarischen Opposition zugleich eine systemstabilisierende Funktion: Sie sind ein Mittel, mit dem die Opposition die politische Übereinstimmung zwischen der parlamentarischen Mehrheit und dem verantwortlichen Regierungspersonal auf die Probe stellt. Ein Minister, der sich gegen Angriffe der Opposition gut zu verteidigen und einen effektvollen Gegenschlag zu führen weiß, sichert seine Autorität in der eigenen Fraktion; wer bei der Beantwortung von Fragen und Informationsbitten hingegen eine schlechte Figur macht, gerät auch im eigenen Lager unter Druck. Die parlamentarischen Kontrollrechte, die das deutsche Recht kennt – Große und Kleine Anfragen, Einzelfragen, Regierungsbefragung, Aktuelle Stunden –, hängen folglich systematisch sehr eng mit dem

Prinzip der Ministerverantwortlichkeit zusammen. Sie dienen der Verpflichtung der politischen Leitung auf politische Ziele und nicht vorrangig einer allgemeinen Kontrolle der Exekutive. Das beweist nicht zuletzt die Haltung der Bürokratie in den Ministerien, die nicht Teil des politischen Bündnisses von Mehrheitsfraktionen und Regierungsmitgliedern ist. Sie pflegt die Beantwortung häufiger parlamentarischer Kontrollanfragen ostentativ als unprofessionelle Zeitverschwendung zu beklagen. Müsste man nicht schon wieder dem Bundestag dies und jenes erklären, könne man sich um die wirklich wichtigen Dinge kümmern. In der Tat ist parlamentarische Kontrolle eben Politik und keine Verwaltung.

Aus ihrem systematischen Zusammenhang mit der Ministerverantwortlichkeit folgt zweierlei: Parlamentarische Kontrolle lässt sich zum einen nicht erzwingen, nicht einmal durch das Verfassungsgericht. Dass das Parlament die Regierung kontrolliert, ist zum anderen eine nichtssagende Banalität, solange nicht feststeht, wer an diesem Vorgang eigentlich beteiligt ist. Parlament und Regierung stehen sich nicht als getrennte Entitäten gegenüber. Wohl aber gibt es sehr unterschiedliche Interaktionsformen von unterschiedlichen Abgeordneten mit unterschiedlichen Regierungsmitgliedern und damit sehr differenzierte Formen der Regierungskontrolle. Die Kontrolltätigkeit einzelner Abgeordneter, Ausschüsse, Regierungs- und Oppositionsfraktionen und des Plenums kann einzelnen Ministern, der Regierung als Ganzer oder Stellen unterhalb der Regierung gelten, etwa dem Geheimdienst oder dem Vorstand der Deutschen Bahn.

In einem aber unterscheiden sich alle Formen der parlamentarischen Kontrolle von den anderen Tätigkeiten eines Parlaments, vor allem von der Gesetzgebungsarbeit. Die politisch so unendlich wichtige Hoheit über die Agenda der Kontrolle, über Themensetzung und Zeitplanung, liegt hier sehr viel stärker beim Parlament als bei der Regierung. Während es auf dem Feld der Gesetzgebung richtigerweise vornehmlich die Regierung ist, die die Agenda des Parlaments bestimmt, dominiert bei der parlamentarischen Regierungskontrolle das Parlament die Agenda.

Entscheidend ist also: Nicht der Kontrollierte, sondern der Kontrolleur entscheidet über die Kontrollagenda. Bei der Kontrolle ist es damit diametral anders als bei der Gesetzgebung: Während Gesetzgebungsvorhaben der Opposition in aller Regel wenig Aufmerksamkeit erhalten, schaffen ihr Kontrollbefugnisse die Möglichkeit, politische Aufregerthemen auf die Tagesordnung des Ausschusses oder des Plenums zu setzen. Man kann das als Gleichgewichtsregel der parlamentarischen Agenda bezeichnen. Diese Gleichgewichtsregel ist freilich eher ein theoretisches Modell als eine Beschreibung der Praxis. In Wirklichkeit – und hier liegt heute ein, wenn nicht gar das fundamentale Problem der parlamentarischen Kontrolle – kann von einem Gleichgewicht keine Rede sein.

Das Objekt der Kontrolle
oder Wer ist die Bundesregierung?

Im tradierten deutschen Parlamentsrecht wird der innere Zusammenhang zwischen parlamentarischer Kontrolle und parlamentarischer Ministerverantwortlichkeit leider immer noch weitgehend kaschiert. Alle Errungenschaften der parlamentarischen Kontrolle unter dem Grundgesetz hatten hier sozusagen eine offene Flanke. Die Instrumente der parlamentarischen Kontrolle – Kleine Anfrage, Große Anfrage, Einzelfrage usw. – richten sich nämlich gerade nicht gegen die verantwortlichen Minister, sondern nach dem Wortlaut der §§ 99–104 GOBT stets gegen «die Bundesregierung». Nun ist die Regierung aber nach dem unmissverständlichen Wortlaut des Art. 65 GG als solche verfassungsrechtlich nicht verantwortlich, sondern nur die einzelnen Mitglieder der Bundesregierung. Und trotzdem: Während die Mitglieder des britischen Unterhauses ihre Fragen ganz selbstverständlich an *the Home Secretary, the Prime Minister* usw. richten, fragen die deutschen Abgeordneten immer *die Bundesregierung*.

Was die unmittelbare politische Folge dieser Regelung ist, verrät nicht die Geschäftsordnung des Bundestages, sondern die der Bundesregierung. Der Chef des Bundeskanzleramtes entscheidet, wer dem Parlament antwortet: dieses oder jenes Ministerium oder aber die Bundesregierung als Ganze (§ 7 Abs. 2 GOB-Reg). Diese organisatorische Frage ist beileibe kein bloß technisches Detail. Ihr Sinn besteht darin, dass die rechtlich nur als abstraktes Verfassungsorgan angesprochene Regierung es selbst in der Hand hat, in welcher institutionellen Form sie dem Parlament gegenübertritt: als Kabinettskollegium, als Ressortminister, in Vertretung durch einen Parlamentarischen Staatssekretär oder als Bürokratie, die eine schriftliche Antwort formuliert. All das lässt das heutige Geschäftsordnungsrecht zu, das den konstitutionellen Dualismus zwischen Parlament und Regierung auf diese Weise an einer Schlüsselstelle konserviert hat. Verfassungsrechtlich plausibel ist das nicht; Art. 43 Abs. 1 GG kennt ja auch nur die Herbeirufung der einzelnen Minister, nicht aber eine Herbeirufung der Bundesregierung.[7] Es ist daher auch unerklärlich, weshalb das Bundesverfassungsgericht, das in der früheren Rechtsprechung ganz zutreffend der Auffassung war, parlamentarische Kontrollrechte erlegten «*den Mitgliedern* der Bundesregierung» eine verfassungsrechtliche Pflicht zur Antwort auf,[8] in der neueren Rechtsprechung durchgängig von einer Verpflichtung «der Bundesregierung» spricht.[9]

Funktionen und Grenzen der Plenarkontrolle

«Das Parlament als Institution ist heute nur noch zu rechtfertigen aus dem, was es im Plenum tut», fasste Wilhelm Hennis 1969 seine Kritik an zwei Jahrzehnten des Nachkriegsparlamentarismus zusammen und meinte damit hauptsächlich die parlamentarische Kontrolle.[10] Hennis hatte dabei wiederum vor allem das Vorbild England im Auge, die Minister, die in der Öffentlichkeit der Plenardebatte Rede und Antwort für die Politik der Regierung stehen, und die politischen Schwergewichte der Opposition, die ihre Finger medienwirksam in die Wunde legen. Der große englische Liberale John Stuart Mill, der in der zweiten Hälfte des 19. Jahrhunderts für kurze Zeit selbst Mitglied des Unterhauses war, hat das in seinen *Betrachtungen über die repräsentative Demokratie* klassisch formuliert: Angesichts der komplexen Regelungsaufgaben einer modernen Industriegesellschaft sei jedes Parlament mit der Gesetzgebung notwendig überfordert. Statt sich in Einzelheiten und rechtstechnische Details zu verlieren, solle sich das Unterhaus lieber konsequent zur «controlling assembly» entwickeln.

Stilfragen und Geschäftsordnungsfragen

Der Bundestag hat den Übergang zur *controlling assembly* aus zahlreichen Gründen nie konsequent vollzogen. In der historischen Phase, in der das Regierungshandeln aufgrund seiner überschaubaren Komplexität vielleicht noch plenarfähig gewesen wäre, hatte der Reichstag noch nichts zu kontrollieren. Später konnte der Bundestag seine Gesetzgebungsfunktion aus unterschiedlichen Gründen nicht mehr aus der Hand geben. Was im viktorianischen England eine brillante Beobachtung Mills war, war schon zu Hennis' Zeit kaum mehr zutreffend. Trotzdem hat das deutsche Parlament seit langem ein manifestes und sattsam bekanntes Problem mit der Regierungskontrolle im Plenum. Das politische Stilempfinden hat sich von der Idee der parlamentarischen Regierungskontrolle längst weit entfernt. Für die Bundeskanzlerin ist das oft gesagt worden. Bekanntlich bevorzugt Angela Merkel seit jeher journalistische Formate wie die Sommerpressekonferenz, das Sommerinterview, den Bürgerdialog oder – peinlicher Höhepunkt – das *townhall meeting* «Gut Leben in Deutschland», aus dem im öffentlichen Gedächtnis vor allem die unbeholfene Reaktion der Kanzlerin auf das weinende palästinensische Mädchen Reem Sahwil geblieben ist. Auch Minister ziehen es in kritischen Situationen vor, den «Dialog» mit den «Betroffenen» zu suchen. Bei der Regierungsbefragung glänzen sie meistens mit Abwesenheit.

Nichts davon ist an sich neu. Auch frühere Kanzler standen dem Bundestag nicht – anders als britische Premierminister dem Unterhaus – für eine Befragung zur Verfügung. Und auch die Talkshows, in denen bisweilen Auseinandersetzungen nachgestellt werden, die auch im Parlament stattfinden könnten, sind keine Erfindung der Gegenwart. Die journalistischen Formate, in denen der Fetisch des Authentischen die institutionelle Unterscheidung zwischen Regierung und Opposition ersetzt, werden aber zu einem umso größeren Problem, je mehr diese Unterscheidung auch parlamentarisch diffus wird. Es stellt sich daher zunehmend die Frage, welche Möglichkeiten dem Bundestag noch bleiben, die parlamentarische Kontrolle für sich zu reklamieren.

Hier wird häufig nach besseren Geschäftsordnungsregeln gerufen. Christoph Schönberger hat vor kurzem sogar die Auffassung vertreten, die bisherige Praxis der parlamentarischen Kontrolle sei schlicht verfassungswidrig,[11] weil der Bundestag schon durch die Ausgestaltung der Regierungsbefragung in der durch die Mehrheit beschlossenen Geschäftsordnung die Teilnahme der Bundesregierung in genereller Form verlangt habe (Art. 43 Abs. 1 GG). Die vorhandenen Institutionen sind aber bei näherer

Betrachtung gar nicht so mangelhaft. Der Bundestag hat vor allem ein Problem mit ihrer Handhabung. Die Praxis des Bundestages bewegt sich, wie Norbert Lammert es in seiner Abschiedsrede ausgedrückt hat, in dieser Hinsicht «unter den Mindestansprüchen, die ein selbstbewusstes Parlament für sich gelten lassen muss».

Unkulturen der Rede

Da sind zum einen die Großen und Kleinen Anfragen. Sie unterscheiden sich vor allem darin, dass die Antwort auf eine große Anfrage immer zum Gegenstand einer Aussprache im Plenum gemacht wird, während kleine Anfragen in der Regel gar nicht mündlich verhandelt werden. Abgesehen von dem Ärgernis, dass die Anfragen nicht vom verantwortlichen Minister in eigener Zuständigkeit, sondern von einem Gesamtorgan namens Bundesregierung beantwortet werden, sind diese Instrumente – wenn man alle Unterschiede in der Schnelligkeit und Genauigkeit der Bearbeitung in einzelnen Ressorts in Rechnung stellt – im Wesentlichen funktionsfähig.

Defizite liegen vor allem im Bereich der mündlichen Formen der Regierungskontrolle. Das Parlamentsrecht kennt hier drei unterschiedliche Formen. Nahezu überflüssig ist sicherlich die Fragestunde (§ 105 i. V. m. Anlage 4 GOBT), nach deren Richtlinien die Frage von den Abgeordneten vorher schriftlich eingereicht werden müssen. Die Spontaneität geht somit gegen null. Viele Fragen können in der Sitzung nicht beantwortet werden, weil die fragenden Abgeordneten dann gar nicht erscheinen und die Bänke der Regierungsfraktionen in der Regel leer sind; die Bundesregierung lässt sich stets durch Parlamentarische Staatssekretäre vertreten, die die Fragesteller von der Regierungsbank jovial als «Kollegen» anzureden pflegen. Viele Fragesteller werden ohnehin auf schriftliche Antworten verwiesen, die dann als Parlamentsdrucksache zusammengefasst für jedermann einsehbar online veröffentlicht werden. Die mündliche Form ist hier eigentlich nur Fassade und bleibt ohne politischen Mehrwert.

Ganz anders bei der Befragung der Bundesregierung nach § 106 Abs. 2 S. 1 i. V. m. Anlage 7 GOBT: Sie findet in Sitzungswochen – bemerkenswerterweise immer eine halbe Stunde nach den *Questions to the Prime Minister* in London – am Mittwoch mittags im Plenarsaal statt.[12] Ihr größtes Defizit liegt in einer für die Bundesregierung höchst komfortablen Verfahrensregel. Nicht der Bundestag, sondern das Bundeskanzleramt gibt die Themenstellung vor und entscheidet, welcher Minister sich dem Parlament stellen muss – in der Regel nach dem Kriterium größtmöglicher Schonung des Regierungspersonals. Es kann sich deshalb regelmäßig daran orientieren, welcher Minister im Augenblick am wenigsten Anstoß in der Öffentlichkeit erregt – und das ganze Instrument mit dieser antijournalistischen Logik vor die Wand fahren. So musste es sich die Opposition im Deutschen Bundestag etwa bieten lassen, dass die Bundesregierung auf dem Höhepunkt des Konflikts zwischen den Unionsparteien über die Asylpolitik am 13. Juni 2018 als Thema der Regierungsbefragung den «Klimaschutzbericht 2017» vorgab und die zu diesem Zeitpunkt noch durch keinerlei Initiativen hervorgetretene Bundesumweltministerin Schulze als zu befragende Ministerin benannte. Die Regierung behandelt das Institut eben häufig noch als das, woraus es sich historisch entwickelt hat: als eine Kabinettsberichterstattung, bei der sie das Parlament einseitig über ihre Ergebnisse unterrichtet.[13] Anfang 2018 sah es eine Zeitlang so aus, als werde die Regierungsbefragung grundlegend geändert. In ihrem monatelangen Schwebezustand zwischen Oppositionsrolle und Regierungsbeteiligung hatte sich die SPD dieses seit Jahren vor allem von den Grünen verfolgte Ziel zu eigen gemacht und der CDU einen entsprechenden Passus im Koalitionsvertrag abgetrotzt. Das Kernstück dieser Reform – die regelmäßige Teilnahme der Bundeskanzlerin – ist inzwischen durch eine formlose Zusage der Bundesregierung verwirklicht worden;

eine förmliche Änderung der Geschäftsordnung wurde zwar auf den Weg gebracht, aber nie beschlossen. Zum ersten Mal hat sich Merkel Anfang Juni 2018 der Befragung unterzogen und versprochen, künftig dreimal pro Jahr zu erscheinen. Wann und wann nicht, entscheidet aber auch künftig sie und nicht der Bundestag.

Die Komplizenschaft der Opposition

Die Opposition kann sich aber nicht zu laut über diesen unbefriedigenden Zustand beklagen, der nämlich auch die Folge ihrer eigenen Prioritätensetzung ist. Auch sie spult die Regierungsbefragung als Pflichtübung ab, indem sie in aller Regel ihre Hinterbänkler vorschickt. Die Schwäche der mündlichen Formen der Regierungskontrolle liegt also nicht nur am gewiss schofeligen Verhalten der Bundesregierung, sondern auch am häufigen Desinteresse der Opposition an diesem Format. Man kann geradezu von einem *disengagement compact* zwischen Regierung und Opposition bei der Regierungskontrolle im Plenum sprechen: Die Opposition erwartet bei der Regierungsbefragung keine Anwesenheit der Minister, weil sie das Wohlwollen der Regierung zur Durchsetzung von Interessen in den Verhandlungssystemen der Ausschüsse und der föderalen Koordinierung schätzt, und im Gegenzug muss die Bundesregierung auch nicht die Anwesenheit der politischen Schwergewichte der Opposition fürchten. Würde die Opposition die Befragung der Bundesregierung und die meisten Aktuellen Stunden nicht mehr vornehmlich von Abgeordneten aus der zweiten, dritten oder vierten Reihe bestreiten lassen, sondern ihr Führungspersonal auffahren, dann könnte die Regierung auf Dauer weder immer nur die Minister ins Parlament abkommandieren, deren Themen gerade wirklich niemanden interessieren, noch allgemeine Fragen zu ihrer Politik von Parlamentarischen Staatssekretären und dem Staatsminister im Kanzleramt beantworten lassen. Auch die

Regierungsfraktionen würden es sich dann nicht mehr ohne weiteres leisten können, das Plenum mit einer kleinen B-Mannschaft zu bespielen.

Ähnliches gilt auch für die Aktuelle Stunde (§ 106 Abs. 1 i. V. m. Anlage 5 GOBT), die eigentlich gar keine Einrichtung der parlamentarischen Kontrolle ist, sondern, wie es die Geschäftsordnung formuliert, nur der «Aussprache zu Themen von allgemeinem aktuellen Interesse» im Bundestag dient. Doch sie lässt sich – wenn man nur will – ohne weiteres zu einem Instrument der Regierungskontrolle machen. Das zeigt die Bundestagssitzung vom 27. Juni 2018. An der von der Linkspartei beantragten Aktuellen Stunde zur Seenotrettung im Mittelmeer nahm zunächst kein Mitglied der Bundesregierung teil. Die Parlamentarische Geschäftsführerin der Grünen Steffi Lemke stellte daraufhin einen Antrag zur Geschäftsordnung, den Innenminister nach Art. 43 Abs. 1 GG herbeirufen zu lassen. Es gehe um Leben und Tod; angesichts dessen sei die Bundesregierung in dieser Debatte durch Parlamentarische Staatssekretäre nicht angemessen vertreten. Ihre Fraktion war auf dieses Vorgehen offenbar vorbereitet und in großer Zahl erschienen. Mit Linken und AfD brachte es der Antrag auf die verfassungsrechtlich erforderliche Mehrheit, und Seehofer brauchte keine zwanzig Minuten, um im Plenum zu erscheinen. Einmal förmlich zitiert, konnte der Minister auch nicht mehr schweigen wie noch bei der Aktuellen Stunde zu seinem «Masterplan» zwei Wochen zuvor und antwortete kurz, unvorbereitet und matt auf die Vorhaltungen. Auch in der Aktuellen Stunde hat es – wie der Vorgang zeigt – die Opposition in der Hand, was sie daraus macht. Sie braucht nur in ausreichender Stärke und mit ihrer ersten politischen Garnitur zu erscheinen, dann zwingt sie die Regierungsfraktionen ebenfalls zu erhöhter Präsenz, um Herbeirufungsanträge gegen den fachlich zuständigen Minister nach Art. 43 Abs. 1 GG abzulehnen, sowohl in der Aktuellen Stunde wie auch in der Regierungsbefragung. Das aber wird dann vielfach gar nicht nötig sein, weil ein in die Schusslinie geratener Minister sich

das Fernbleiben in einer auf diese Weise aufgewerteten Plenardebatte kaum wird leisten können.

Der Maschinenraum der Verantwortlichkeit:
Die Ausschüsse

Ein Coup der Parlamentsreform von 1969

Die eigentliche Errungenschaft des Deutschen Bundestages im
Bereich der Regierungskontrolle liegt freilich woanders. Plenarzeit ist knapp. Das Plenum kann sich in Sitzungswochen im besten Fall einen oder zwei Minister zu einem oder zwei Themen
vornehmen; der Effekt dieser Kontrolle liegt vor allem in der
symbolischen Manifestation parlamentarischer Verantwortlichkeit. Zu einer kleinteiligen Regierungskontrolle ist das Plenum
jedoch völlig außerstande. Dem können sich nur die Fachausschüsse annehmen. Starke Ausschüsse multiplizieren nämlich
sozusagen die vorhandene Plenarzeit und kürzen die Verfahren
dadurch erheblich ab. Das ist nicht selbstverständlich, sondern
eine historische Errungenschaft des Bundestages.

Diese Errungenschaft ist ein Kind der «kleinen Parlamentsreform» des Jahres 1969 und besteht in der scheinbar völlig banalen
Regelung in § 62 Abs. 1 S. 3 GOBT. Danach können sich die Ausschüsse nicht nur mit Vorgängen, die ihnen vom Plenum zur Beratung überwiesen werden, sondern auch «mit anderen Fragen
aus ihrem Geschäftsbereich» befassen. Bis dahin hing die Frage,
worüber ein Ausschuss beraten durfte, tatsächlich von einer vorherigen Beauftragung durch das Plenum ab. Überweisungen er-
hielten die Ausschüsse im Wesentlichen für die Gesetzentwürfe
nach der ersten Lesung. Diese Regelung verhinderte die Regierungskontrolle durch Ausschüsse aber geräuschlos und effektiv.
Zwar hätte das Plenum auch früher einem Fachausschuss eine

aktuelle politische Frage innerhalb eines Ressorts zur Befassung überweisen können, doch war das Verfahren viel zu aufwendig und die Plenarzeit viel zu knapp, um rasch auf Entwicklungen zu reagieren. Erst seit es dieses sogenannte Selbstbefassungsrecht gibt, können auch Ausschüsse die Gegenkraft der parlamentarischen Kontrolle nutzen und die Agenda in ihrem Sinne steuern. Denn das Recht, die Behandlung einer Sache zu verlangen, hat die Opposition auch im Ausschuss.[14] Mit § 62 Abs. 1 S. 3 GOBT hat auch das Zitierrecht der Ausschüsse nach Art. 43 Abs. 1 GG eine grundsätzlich andere, nämlich selbständige Bedeutung gewonnen.[15] Die Ausschüsse können sich jetzt tagesaktuell mit Vorgängen aus jedem Politikbereich beschäftigen und dazu die Präsenz des zuständigen Ministers verlangen.

Gewiss machen Ausschüsse nur höchst selten förmlich von ihrem verfassungsrechtlichen Zitierrecht Gebrauch, denn dieses setzt eine Mehrheitsentscheidung voraus. Sie brauchen es meist gar nicht. Die Minister haben auch so hinreichend Anlass, in den Ausschüssen zu erscheinen, und müssen, wie zuletzt Heiko Maas und Horst Seehofer, politische Konsequenzen fürchten, wenn sie sich drücken. Von ihren eigenen Abgeordneten haben sie hier vor allem Unterstützung zu erwarten. In den Ausschüssen hält man zusammen, jedenfalls nach außen. Nach innen kann das anders sein: Die Ausschüsse dienen in heutigen Koalitionsregierungen auch dazu, dass die Koalitionspartner, von denen ja immer nur einer das Fachressort beherrscht, sich gegenseitig überwachen.[16] Früher wurde das mit dem sogenannten «Kreuzstichverfahren» auf der Ebene der Regierungsorganisation bewerkstelligt: Man stellte einem Bundesminister zur Sicherheit immer einen Parlamentarischen Staatssekretär vom Koalitionspartner zur Seite. Seit der Parlamentsreform 1969 konnten die Ausschüsse diese Funktion sukzessive parlamentarisieren. Und sie wird umso wichtiger, je heterogener die Regierungskoalitionen werden – und je größer deswegen der politische Überwachungsbedarf auch zwischen den Koalitionspartnern ist.[17]

Politik und Bürokratie im Ausschuss

Eine wesentliche Erklärung für das Funktionieren der Ausschüsse dürfte bei der Bundesregierung liegen. Sie hat nämlich
nicht nur ein Interesse daran, die Beratungen des Parlaments
schon auf der politisch geräuschloseren Ausschussebene möglichst weit zu treiben, um die Gesetzgebungsagenda nicht zu gefährden. Sie hat auch weniger Schwierigkeiten, sich der nichtöffentlichen Ausschusskontrolle zu unterziehen, weil das dem
ministeriellen Führungspersonal die öffentliche Kontrolle im
Plenum erspart. Vor allem aber hat die verantwortliche politische
Ebene nur im Ausschuss die Möglichkeit, sich der Hilfe der Bürokratie zu bedienen, die nach Art. 43 Abs. 2 S. 2 GG jederzeit gehört werden muss. Diese Norm gilt zwar auch für das Plenum,
doch wird sie dort völlig zu recht nicht mehr praktiziert. Dieser
Gesichtspunkt ist ausgesprochen bedeutsam und zugleich ambivalent. Denn Art. 43 GG erlaubt es der politischen Regierungse-
bene, die Ausschüsse jederzeit mit der parlamentarisch nicht verantwortlichen Bürokratie zu bespielen. Als Bundesinnenminister
Seehofer im September 2018 wegen seines Verfassungsschutzprä-
sidenten Hans-Georg Maaßen unter Druck stand, war es vor allem der Behördenchef, der sich im Bundestagsinnenausschuss einer fünfstündigen Befragung durch Abgeordnete stellte. Seehofer
war zwar auch anwesend, hielt sich nach den Presseberichten
aber eher in der zweiten Reihe.

Auch die Oppositionsfraktionen aber haben an der heutigen
Form der nahezu unsichtbaren Regierungskontrolle im Ausschuss
offenbar ein Interesse, jedenfalls drängen sie seit langem nicht
mehr auf durchgreifende Änderungen. Warum ist das so? Vielleicht deswegen, weil sie in diesem Forum im direkten Kontakt mit
der Ministerialbürokratie tatsächlich bessere Chancen haben, das
Regierungshandeln in ihrem Sinne zu beeinflussen. Dies wiederum liegt sicher ganz maßgeblich an jener Eigenart des Föderalismus, die so vieles erklärt: Die Oppositionsparteien sind im deut-

schen Regierungssystem nie ganz Opposition, immer regieren sie irgendwo mit, immer sind sie irgendwie eingebunden und entscheiden über Stimmenmehrheiten im Bundesrat. Nie kann sich eine Regierung darauf beschränken, ihre Sache rücksichtslos gegen die Opposition durchzuziehen. Deren Abgeordnete verhalten sich deswegen in der Kultur der kooperativen Zusammenarbeit in den Ausschüssen durchaus rational, wenn sie nicht konsequent opponieren, sondern ihrerseits versuchen, etwas von ihrer Agenda («Inhalte») in der Gesetzgebungsarbeit durchzusetzen. Im Fachausschuss eines Arbeitsparlaments, das außerordentlich starke fachliche Spezialisierungen unter den Abgeordneten kennt, ergibt sich außerdem der direkte Kontakt zwischen den fachlich versierten Ausschussabgeordneten und der Ministerialbürokratie und damit die Chance zu jener impliziten Allianz, die man als «horizontale Fachbruderschaft»[18] bezeichnet und die oft auch über Parteigrenzen hinweg erstaunlich gut funktioniert.

Diese Überlegungen zwingen zu dem Schluss, dass die seit langem immer wieder geforderte Öffentlichkeit («Transparenz») von Ausschusssitzungen kurzfristig – und als isolierte Maßnahme auch langfristig – kaum positive Effekte hätte. Eher im Gegenteil: Den Landesparlamenten und dem Europäischen Parlament haben die öffentlichen Sitzungen kein nennenswertes Publikum gebracht. Und schon heute führen auch einige Bundestagsausschüsse häufig öffentliche Anhörungen durch, in denen jedoch meistens bloß Sachverständige und Interessenvertreter angehört werden. Regierungskontrolle findet dort nicht statt, es werden auch keine Entscheidungen gefällt. Von der bereits bestehenden Möglichkeit wirklich öffentlicher Ausschusssitzungen machen gerade die mächtigsten Ausschüsse nur wenig Gebrauch.[19] Die Bereitschaft der Bundesregierung, sich der Ausschusskontrolle zu stellen, würde sinken, die detailliert-technische Kontrolle des Regierungshandelns auf Fachebene würde aufhören. Für die detaillierte Gesetzgebungsarbeit ist Ausschussöffentlichkeit ohnehin ungeeignet.

Mehrebenensystem, information overkill und neue Verwaltungsmodelle – Aspekte entgrenzter Kontrollaufgaben

Die rechtlichen und institutionellen Gegebenheiten effektiver parlamentarischer Kontrolle sind also im Wesentlichen vorhanden, sowohl für die gleichsam unsichtbare Ausschusskontrolle als auch für die Kontrolle im Plenum. Wo also liegt das Problem? Es sind die äußeren Bedingungen der parlamentarischen Kontrolle, die sich verändert haben. Der Bundestag ist mit zahlreichen Entwicklungen einer zunehmenden institutionellen Verselbständigung der Bundesregierung konfrontiert, die ihm die Wahrnehmung von Kontrollfunktionen massiv erschweren.

Wie kontrolliert man «Europa»?

Da ist zum einen die Einbindung der Bundestagsausschüsse in die parlamentarische Kontrolle der Europapolitik. Sie hat in einer Ergänzung des eben zitierten § 62 Abs. 1 S. 3 GOBT Ausdruck gefunden: «mit Angelegenheiten der Europäischen Union, die ihre Zuständigkeit betreffen, *sollen sie sich* auch unabhängig von Überweisungen *zeitnah befassen*». Dieser Ausbau der europapolitischen Tätigkeit ist die unmittelbare Konsequenz einer bis in die neunziger Jahre zurückreichenden Rechtsprechung des Bundesverfassungsgerichts, das in seinem Urteil zur Verfassungsmäßigkeit des Vertrags von Maastricht in einem Leitsatz erklärt hatte, «demokratische Legitimation» erfolge in der Europäischen Union «durch die *Rückkopplung des Handelns europäischer Organe an die Parlamente der Mitgliedstaaten*».[20] Das heißt: Europapolitik ist Innenpolitik, deswegen soll der Bundestag sie kontrollieren. Die Konsequenzen trafen vor allem die Ausschüsse: Das Plenum kommt für eine solche Rückkopplungsleistung von vornherein nicht in Betracht; es hat ja schon für die laufenden Angelegenheiten kaum Zeit, und Europapolitik ist bekanntlich ohnehin immer ausgesprochen technisch.

Auf den ersten Blick ist das sicher richtig. Das Parlament des größten Mitgliedstaates hat zu nationalstaatlicher Introvertiertheit keinerlei Anlass, sondern allen Grund, die Europapolitik der Regierung zu seiner Sache zu machen. Verfassungsrechtlich aber war die Formel schief, ja falsch. Mit einem in seinen Konsequenzen unbedachten Begriff, mit einer einzigen gedankenlosen Metapher hat das Bundesverfassungsgericht auf diese Weise einen zunächst unscheinbaren und dann immer größeren Riss in das ganze parlamentarische System geschlagen: *Rückkopplung.* Es war ja die große Errungenschaft des Deutschen Bundestages, sich die Rückkopplung von Parlament und Regierung in Jahrzehnten verfassungsrechtlich erkämpft zu haben. Nun weiß aber jeder Systemtheoretiker, dass die eine Seite einer Rückkopplungsstruktur nicht ihrerseits mit einer dritten rückgekoppelt werden kann, ohne jene empfindlich zu stören. Die Rückkopplung der parlamentarisch verantwortlichen Regierung an das Parlament hat einen präzisen verfassungsrechtlichen Sinn. Die Rückkopplung der europäischen Organe ist eine bloße Metapher.

Die einzelnen Bestandteile der in ihren Konsequenzen für das parlamentarische Regierungssystem vom Gericht nie zu Ende gedachten Integrationsrechtsprechung bedingen einander: der extensive Vorbehalt des Gesetzes und die dadurch unnötig gesteigerte Umsetzungsgesetzgebung genauso wie das institutionelle Misstrauen des Bundesverfassungsgerichts gegen das Europäische Parlament, die Abkopplung der Parlamentsausschüsse von einem verantwortlichen und ihre Ankopplung an ein unverantwortliches Objekt. Damit keine Missverständnisse entstehen: Die parlamentarische Kontrolle des Handelns der europäischen Institutionen und die verfassungsrechtliche Verknüpfung von europäischen Entscheidungsprozessen und mitgliedstaatlicher Willensbildung sind Verfassungsfragen ersten Ranges – und sie sind als solche weit entfernt von einer befriedigenden Lösung.[21] Nicht wenige Beobachter sind ja der Auffassung, das Gericht hätte schon 1993 sagen sollen: Solange diese Fragen nicht gelöst sind, ohne Deutschland.

Mit dem Weg, den das Gericht gewählt hat, um seine Ja-aber-Rechtsprechung verfassungsrechtlich zu begründen, hat es dem Bundestag aber eine Rolle zugeschoben, die das Parlament eines parlamentarischen Regierungssystems fundamental in Frage stellt. Das Ungleichgewicht der beiden Aussagen des § 62 Abs. 1 S. 3 GOBT bringt diese wahrhaft groteske Konsequenz offen zum Ausdruck: Die Ausschüsse *sollen* sich *zeitnah* mit der Kontrolle einer unverantwortlichen supranationalen Institution beschäftigen. Wenn noch Zeit übrig ist, *können* sie sich auch mit der parlamentarischen Kontrolle der Bundesregierung beschäftigen. Diese strukturelle Einebnung des Kriteriums der Verantwortlichkeit im Recht der parlamentarischen Kontrolle ist auch die Folge jener Rechtsprechung des Bundesverfassungsgerichts. Und wenn das Gericht seine ganze Konstruktion dann auch noch mit dem Begriff der «Integrationsverantwortung des Deutschen Bundestages»[22] ziert, dann ist das sicher ein geschickter semantischer Schachzug, denn Verantwortung ist immer gut – wer wäre schon gegen mehr Verantwortung auf allen Ebenen? Aber es beweist damit, ohne die geringsten Anzeichen von Problembewusstsein aufseiten des Gerichts, die Tragweite seiner Umprogrammierung des Parlaments von einer herrschenden Körperschaft mit verantwortlicher Regierung zu einem Kontrollorgan mit Monitoringaufgaben gegenüber Regierungsfunktionen aller Art, oder, um einen anderen, ebenso substanzlosen Lieblingsbegriff des Bundesverfassungsgerichts zu zitieren, mit «Beobachtungspflichten».

Im großkoalitionären Dauerzustand, in dem die Dialektik von Mehrheitsherrschaft und Kontrolle ohnehin teilweise außer Kraft ist, fällt das natürlich nicht sofort auf. Trotzdem ist die laufende Kontrolle der Rechtsetzung der Europäischen Union etwas völlig anderes als die parlamentarische Kontrolle der Bundesregierung. Man kann das im Detail nachlesen in den §§ 93, 93 a, 93 b und 93 c GOBT, in denen der Auftrag des § 62 Abs. 1 S. 3 GOBT ausgestaltet ist:[23] Unionsdokumente aller Art und Unterrichtungen der Bundesregierung werden danach den Fachausschüssen zur Behandlung überwiesen. Die Ausschüsse prüfen auch die «Einhaltung der Grundsätze der Subsidiarität und Verhältnismäßigkeit». Der Bundestag kann auf ihr Geheiß Verstöße rügen und nötigenfalls beim EuGH klagen. Politische Sanktionen stehen dem Bundestag nicht zu.

Dass die derzeit praktizierte Form der Kontrolle der Europapolitik den Einfluss des Bundestages gegenüber der Bundesregierung kaum stärkt, zeigt sich nicht nur ganz allgemein an der vielfach geäußerten Unzufriedenheit aller Parlamentarier mit den Entscheidungsprozessen während der Eurokrise, sondern auch sehr konkret etwa am Europaausschuss. Dieser Ausschuss wurde in Art. 45 S. 2 und 3 GG verfassungsrechtlich mit beispiellosen Kompetenzen ausgestattet, ist aber politisch ein Fehlschlag, der ausschließlich Hinterbänklern ein Betätigungsfeld bietet. Das liegt keineswegs nur daran, dass es gegen «Europa» bis vor kurzem im Bundestag keine Opposition gab. Einfluss und Prestige gewinnt das Parlament eben nur durch die Kontrolle einer verantwortlichen Regierung. Dabei gibt es ja durchaus auch einen solchen Ansatzpunkt der parlamentarischen Kontrolle: den zuständigen Ressortminister im Rat. Dessen Handeln zu kontrollieren, ist ohne Zweifel ungeheuer schwierig und in weiten Bereichen unmöglich. Man kennt das Problem aus der parlamentarischen Kontrolle der Außenpolitik und den Verfahren der parlamentarischen Ratifizierung internationaler Verträge (Art. 59 Abs. 2 GG). Auch dort kann die Regierung dem Parlament immer entgegenhalten, die Verhandlungen seien eben hart gewesen, ein besseres Ergebnis nicht erreichbar. Doch ist es ein Irrtum zu glauben, man könne beides haben: Einfluss im Rat und eine strenge Bindung der Bundesregierung an die Positionsbildung im Bundestag. Die Minister für *ihre* Positionsbildung zur Rechenschaft zu ziehen, ist sicher mühsamer, könnte aber auf Dauer ertragreicher sein.

Kontrolle oder Selbstkontrolle? Das passive Parlament

Eine zweite, für das heutige Problem parlamentarischer Kontrolle zentrale Entwicklung hängt mit einer veränderten Kommunikation der Regierung zusammen. Parlamentarische Kontrolle heißt ja eigentlich: Rechenschaftspflicht einfordern. Jemand fragt, ein anderer muss antworten. Eines Tages ließ man sich aber einfallen, dass es zweckmäßiger sei, wenn die Regierung gleich von sich aus berichten muss – ohne vorher gefragt zu werden. Die Gründe für solche Berichtspflichten sind sehr unterschiedlich. So gehörte zum Kompromiss über den Großen Lauschangriff 1998 beispielsweise die Ergänzung des Art. 13 GG um einen neuen Absatz: Die Bundesregierung muss den Bundestag jährlich über Abhörmaßnahmen informieren. Kontrollieren kann das Parlament ja nur, wovon es weiß. Auch hat das Bundesverfassungsgericht im Europaverfassungsrecht aus dem Demokratieprinzip umfangreiche Pflichten der Regierung abgeleitet, den Bundestag zu informieren. Seither sind Berichtspflichten gegenüber dem Parlament ein gängiges Muster geworden. Heute werden Parlamentsausschüsse durch das ausufernde Berichts- und Informationswesen der Bundesregierung geradezu überschwemmt.

Mit parlamentarischer Kontrolle im engeren Sinne hat das meist wenig zu tun; vielmehr hat das Parlament hier meistens der Exekutive durch Gesetz eine Art Selbstkontrolle oder Evaluationspflicht auferlegt. Eine Vorschrift wie § 66 des Personenbeförderungsgesetzes beispielsweise verlangt von der Regierung einen Bericht darüber, ob sich das Gesetz im Vollzug bewährt und die vom Gesetzgeber gesetzten Zwecke erfüllt hat. Natürlich müssen solche Berichte keineswegs immer dem Parlament erstattet werden; sie werden aber, wie der tourismuspolitische Bericht der

Bundesregierung, gleichwohl regelmäßig in Form einer Unterrichtung der Bundesregierung als Bundestagsdrucksache verteilt. Das mag völlig banal klingen, ist es aber nicht: Während Informationsrechte ein Gegenstück zur Beherrschung der legislativen Agenda durch die Regierung bilden, geht die Macht der Themensetzung durch die Flut von Informationspflichten weiter zur Exekutive über. Die Bundesregierung kann Berichte unter allgemeinen Gesichtspunkten der Planung der Regierungskommunikation beschließen. Sodann werden sie nach Ermessen der parlamentarischen Leitungsorgane verteilt und unmittelbar an die Ausschüsse zur Beratung überwiesen, ohne dass das Parlament eine Frage formuliert oder auch nur Interesse signalisiert hätte.

So kann ihre Informationshoheit geradezu ein Machtmittel der Regierung gegen das Parlament werden, wenn sie den Informationsfluss auf unkontroversen Politikfeldern ständig hochzuhalten weiß. Denn die Bürokratie ist der parlamentarischen Opposition immer an Masse, Detailschärfe und Qualität ihres Wissens überlegen. Wer den Informationsfluss dominiert, kontrolliert die Wahrnehmung der Themen und die Agenda. So wird das Prinzip, dass parlamentarische Kontrolle ein Gegengewicht zur Agendamacht der Regierung darstellen soll, strukturell unterlaufen. Auch dieser Paradigmenwechsel von parlamentarischer Kontrolle zur regierungsamtlichen Selbstkontrolle ist ein Aspekt der fortschreitenden Entkopplung von Parlament und Regierung. Die Übertragung der Kontrollfunktionen auf den Regierungsapparat macht das Parlament tendenziell zur bloßen Echokammer der Regierung. Exekutive Informationspflichten unterscheiden sich daher wesentlich und unvermeidlich von dem, was parlamentarische Kontrolle in einem parlamentarischen Regierungssystem leisten kann und soll. Das Parlament ist kein externer Kontrolleur der Exekutive, sondern es ist auch die Basis exekutiver Macht.

Der Aufstieg der Agenturen und die Grenzen von Enquête-Rechten

Das verfassungsrechtliche Prinzip der Verknüpfung von Regierungskabinett und Parlament über die Kontrollfunktion hat freilich einen entscheidenden Nachteil: Der Bundestag kontrolliert *nur* die Bundesregierung, das heißt die Amtsführung des Bundeskanzlers und der Minister, nicht aber unmittelbar die Verwaltung, unabhängige Behörden oder sonstige politisch relevante Stellen. Daran zeigt sich noch einmal die Verknüpfung von parlamentarischen Kontrollrechten und Ministerverantwortlichkeit. Möchte das Parlament andere Stellen unterhalb oder außerhalb der Bundesregierung direkt kontrollieren, bleibt nur die Einrichtung eines parlamentarischen Untersuchungsausschusses (Art. 44 GG). Das ist eine zwingende Konsequenz des parlamentarischen Regierungssystems: Nur wenn allein die Bundesminister *wegen* aller Vorgänge in ihrem Verantwortungsbereich, nicht aber die zuständigen Stellen selbst politisch kontrolliert werden, kann ja die politische Verantwortlichkeit gewahrt bleiben. Das Kabinett fungiert sozusagen als Flaschenhals der parlamentarischen Verwaltungskontrolle. Das ist zum Beispiel beim Amerikanischen Kongress völlig anders. Seine Kontrolle, die ja nicht die Kontrolle einer verantwortlichen Regierung ist, erstreckt sich auf alles, wonach den Mitgliedern der Sinn steht, und ist noch nicht einmal auf den Bereich staatlicher Behörden beschränkt. Der Kongress kann nicht nur die Leiter nachgeordneter Regierungsbehörden zum Rapport bestellen, sondern im Prinzip jede öffentliche Person, von der er sich Aufklärung erhofft. Mark Zuckerberg musste sich wegen des Datenskandals bei Facebook im April 2018 zweimal im US-Kongress erklären – wobei sich der Justiz- und der Handelsausschuss des Senats ziemlich blamierten.

Auch der Bundestag hat allerdings zunehmend ein unabweisbares Bedürfnis nach einer parlamentarischen Kontrolle unterhalb der ministeriellen Ebene. Bezöge sich die parlamentarische

Kontrolle nach dem verfassungsrechtlichen Modell des Regierungssystems allein auf die ministerielle Ebene, stünde sie heute vor allergrößten Problemen. Das hängt vor allem mit organisatorischen Veränderungen des Regierungsapparates zusammen. Es gibt heute Behörden, die rechtlich ganz anders funktionieren als die klassische Ministerialverwaltung, bei der ein Bundesminister an der Spitze der Weisungshierarchie steht und die Verantwortung trägt. Die Bundesnetzagentur beispielsweise handelt, wenn sie etwa die Preise für Telekommunikationsdienstleistungen und Netzdurchleitungsentgelte im Energiesektor festlegt, weitgehend unabhängig von Weisungen. Nicht rechtlich, wohl aber faktisch unabhängig agiert auch die Bundesanstalt für Finanzdienstleistungsaufsicht (BAFin) bei der Bankenaufsicht. Die Deutsche Bahn AG ist inzwischen eine private Aktiengesellschaft, steht aber immer noch im Alleineigentum des Bundes. Ihre Geschäftsleitung entscheidet jährlich über die Verwendung von 2,5 Milliarden Euro Steuermitteln für das Schienennetz. Wie kontrolliert das Parlament solche Organisationen?

Parlamentarische Untersuchungsausschüsse können das Problem nicht einmal ansatzweise lösen. Sie können zwar alles kontrollieren, auch die Bahn, das Bundesverwaltungsamt oder die deutsche Botschaft in Athen. Nur sind sie überaus schwerfällige Einrichtungen und verursachen eine Menge Arbeit, die nur für die publikumswirksame Aufklärung von Skandalen politischen Lohn verspricht. Mehr als drei Untersuchungsausschüsse pro Wahlperiode sind vernünftigerweise nicht zu schaffen. Ganz abgesehen davon, dass es auch im Bundestag immer weniger politisch spektakuläre Untersuchungsausschüsse gibt, die der Logik der parlamentarischen Konfrontation von Regierung und Opposition gehorchen: seit den Untersuchungsausschüssen des 15. Bundestages zum vermeintlichen Wahlbetrug («Lügenausschuss») und zum Visa-Skandal eigentlich keinen mehr. Zuletzt wurden vornehmlich Untersuchungen durchgeführt, bei denen die Rollen sehr viel weniger klar verteilt waren, weil sich hier alle

Parlamentarier als Aufklärer von Missständen in der Gesellschaft, der Wirtschaft oder im Ausland inszenieren konnten: im
NSA-Skandal, in der Dieselaffäre oder – medial immer im Schatten des Münchener Strafprozesses – in der NSU-Mordserie.

Für einzelne Felder nichtministerieller Kontrolle gibt es – auch
das ist eine bemerkenswerte Entwicklung – inzwischen verfassungsrechtliche Sonderregelungen, etwa das Parlamentarische
Kontrollgremium, dem nach Art. 45 d GG die Kontrolle von Bundesnachrichtendienst, Verfassungsschutz und Militärischem
Abschirmdienst obliegt. Offiziell werden solche Sondergremien
eingerichtet, weil besonders skandalträchtige Behörden auch besonders intensiv kontrolliert werden müssen. Doch skandalträchtige Behörden sind für Minister immer auch gefährlich – doppelt
gefährlich, wenn die politische Kontrolle wie im Falle des BND
beim Bundeskanzleramt liegt. Die Einrichtung einer parlamentarischen Sonderbehörde, die direkt bei den Diensten kontrolliert, schließt hier die parlamentarische Verantwortlichkeit
zum Vorteil der Minister kurz. Geht etwas schief, reicht es, den
Behördenchef auszuwechseln, schlimmstenfalls noch den Ge-
heimdienstkoordinator. Der ehemalige Verfassungsschutzpräsi-
dent Hans-Georg Maaßen musste im September 2018 seine Ein-
lassungen in der *Bild*-Zeitung persönlich dem Kontrollgremium
und dem Innenausschuss erläutern, während der für seine Behörde zuständige Bundesinnenminister sich auf eine vergleichsweise moderierende Rolle zurückziehen konnte. Die zuständigen
Minister werden dadurch geschützt.

Regierungskontrolle durch corporate governance –
ein verfassungswidriger Irrweg

Noch viel bedenklicher ist die Tatsache, dass Abgeordnete heute
im großen Stil als Mitglieder von Aufsichts- und Beratungsgre-
mien des Bundes agieren.[24] Bundestagsabgeordnete werden hier
mit den Mitteln des Gesellschaftsrechts unmittelbar in die *corpo-*

rate governance von quasistaatlichen Konzernen und verselbständigten Verwaltungseinheiten eingebaut. So sitzt etwa die verkehrspolitische Sprecherin der SPD-Fraktion auch im Aufsichtsrat
der Deutschen Bahn AG. Natürlich ist das auf den ersten Blick
plausibel, schließlich erhält man hier einen Einblick in die Probleme einer großen Organisation, den man sich durch die bloße
Lektüre von Geschäftsberichten nicht ohne weiteres verschaffen
kann. Nur müssen sich die Abgeordneten diese Tätigkeit dann
auch von anderer Stelle entgegenhalten lassen. Insbesondere der
zuständige Verkehrsminister kann eventuelle Vorhaltungen in
Bezug auf den Netzausbau mit dem Argument zurückweisen, die
Abgeordneten sollen das doch direkt mit dem Vorstand klären.
Ebenso kontrollieren im Verwaltungsrat der BAFin neben Vertretern aus Bundesregierung, Wirtschaft und Wissenschaft auch
fünf Abgeordnete das Handeln der Behörde – ein gutes Entlastungsargument für den Finanzminister, sollte sein Haus bei der
Fachaufsicht einmal einen Fehler gemacht haben. Das Kontrollgremium der Bundesnetzagentur ist gleich vollständig mit je
16 Vertretern von Bundestag und Bundesrat besetzt, das Organisationsrecht erzeugt hier eine Art parlamentarische Pseudoverantwortlichkeit, da das Gremium den Präsidenten zwar vorschlägt, ihn aber nicht entlassen kann. Das kann nur die
Bundesregierung (§§ 3 ff. BEGTPG).

Warum werden solche Modelle überhaupt praktiziert? Die
Privatisierung von ehemaligen Staatsbetrieben und die Ausgliederung von Staatsaufgaben in verselbständigte Verwaltungseinheiten waren in den achtziger und neunziger Jahren eine große
Mode. Dabei griff man häufig lose auf das US-amerikanische
Konzept der *independent agencies* zurück. Dabei handelt es sich
um Behörden, die zwar Teil der Exekutive sind, durch den Präsidenten aber nur eingeschränkt kontrolliert und deswegen unabhängig genannt werden. Stattdessen werden sie in unterschiedlicher Form stärker unmittelbar vom Kongress überwacht. Nun
ist aber die direkte Kontrolle durch den Kongress gerade wegen

der Unverantwortlichkeit des Präsidenten in diesem Fall die politische Pointe, die sich auf ein parlamentarisches Regierungssystem nicht übertragen lässt. Abgeordnete haben an dieser direkten Form der Kontrolle von Agenturen natürlich trotzdem großes Interesse. Schließlich erhoffen sie sich von einem Aufsichtsratsmandat vermutlich zu Recht erhöhtes Prestige, Abwechslung, Kontakte und ganz grundsätzlich die Möglichkeit, ihr Geltungsbedürfnis in stärkerem Maße befriedigen zu können als im parlamentarischen Alltag. Immerhin finden auch zwei Abgeordnete Zeit, im Kunstbeirat des Finanzministers für die graphische Gestaltung der Briefmarken mitzuwirken.

Sollte man dieses Modell verfassungsrechtlich generalisieren und parlamentarische Kontrollrechte über die Bundesregierung hinaus ausdehnen? Anwendungsbereiche gibt es zahlreiche. Sollte der Präsident der Bundesnetzagentur dem Parlament die Erhöhung des Briefportos oder der Bahnchef dem Bundestag die Ticketpreise erklären? Sollte sich nicht der Bundesbankpräsident im Plenum über Entscheidungen im Rat der EZB erklären müssen? Denkbar ist vieles, und natürlich könnte sich das Parlament auf diese Weise erhebliche Aufmerksamkeit verschaffen. Doch nichts davon hätte mit der Geltendmachung der Verantwortlichkeit einer parlamentarischen Regierung noch sonderlich viel zu tun. Auch die öffentliche Befragung des Bundestrainers im Sportausschuss nach einem erfolglosen Turnier stieße ja auf großes Interesse. Der Bundestag würde sich auf diese Weise aber in eine Richtung entwickeln, die in der Nichtfokussierung auf eine verantwortliche Regierung stärker der Legislative eines Präsidentialsystems entspricht. Ob das für die Zukunft eine Perspektive ist, ist eine andere Frage. Solange die Bundesrepublik noch parlamentarisch regiert wird, bleibt die Entkoppelung der parlamentarischen Kontrolle von der Verantwortlichkeit der Bundesregierung eine Schwächung der Ministerverantwortlichkeit.

Zukunftsszenarien des deutschen Parlamentarismus

Die Epochenschwelle des Jahres 1989/90 teilt die Verfassungsent-wicklung der Bundesrepublik in zwei Teile, die gegensätzlicher nicht sein könnten. Das parlamentarische Regierungssystem hat sich mit den vornehmlich innenpolitischen und sozialen Inte-grationsaufgaben entwickelt, die der alten Bundesrepublik ge-stellt waren. Den Verfassungsinstitutionen des Grundgesetzes ist es gelungen, alle Gruppen der Gesellschaft an den westdeutschen Staat zu binden. Möglich war das nicht zuletzt durch die großen, ja epochemachenden Gesetzgebungsvorhaben der alten Bundes-republik: Die NS Funktionseliten wurden, zum Ärgernis der Nachgeborenen, durch das großzügige 131er-Gesetz, die Arbeiter-schaft durch Betriebsverfassung, Vermögensbildungsgesetz und dynamische Rente, die Vertriebenen durch den Lastenausgleich, die Studenten durch BAföG und Hochschulmitbestimmung und die Frauen durch Gleichberechtigungsgesetz, eherechtliches Zer-rüttungsprinzip, Mutterschutzgesetz und § 218 StGB n. F. integ-riert. – Eine sehr große Zahl von gesellschaftlichen Gruppen konnte auf diese Weise die Erfahrung machen, dass Parteipolitik über den Weg parlamentarischer Mehrheiten gute Chancen der Interessendurchsetzung bot.

Bekanntlich war die Bundesrepublik zu dieser Zeit aber nicht im Besitz der vollen Souveränität und trug außen- und verteidi-gungspolitisch im Vergleich zu heute wenig Verantwortung. Ernst Forsthoff ging 1960 so weit, die demokratische Normalisie-

rung und die institutionelle Struktur der Bundesrepublik überhaupt zu deuten als «Form des Überdauerns im Rahmen der
freien Welt in einem Augenblicke […], in dem die geschichtliche
Rolle des deutschen Volkes nur eine wesentlich passive sein
konnte. Welche Änderungen sie erfahren wird, wenn diese historische Phase endet, entzieht sich der Voraussicht.»[1]

Die Phase endete, wie wir heute wissen, mit der Deutschen
Einheit. Schon nach der Wiedervereinigung sind vergleichbare
Integrationsleistungen nicht mehr gelungen. Die Frage, wie man
zur Verfassung stand, hielten die Westdeutschen für so selbstverständlich beantwortet, dass sie es nicht für ein vordringliches
Problem hielten, ihre alten und neuen Landsleute für die Verfassung zu gewinnen. Dem administrativen Aufbau Ost durch
Verwaltungszusammenarbeit und Solidarpakte folgte kein
verfassungsrechtlicher Neubau: Die nach der Deutschen Einheit
angestoßene Verfassungsreform des Jahres 1994 endete in kleinli-
chen Revisionen, auf die man auch schon 1985 hätte kommen
können. Die Parteipolitisierung des Bundesrates war, als die ost-
deutschen Länder dazustießen, zu weit fortgeschritten, um ihrem
Stimmenanteil von einem guten Viertel das selbständige Gewicht
einer politischen Kraft zu verleihen. Auch sahen sich die Ost-
deutschen vor die Alternative gestellt, sich entweder den westdeutschen Parteien anzuschließen oder sich in einer Regionalpartei PDS zu organisieren. Eine solche Regionalpartei musste im
parlamentarischen Regierungssystem aber immer ein Fremd-
körper bleiben, da sie wegen der seit 2002 akzeptierten Regierungsbeteiligungen auf Landesebene nicht auf eine eindeutige
Oppositionsrolle, auf der Bundesebene aber auch nicht auf die
Entwicklung einer Regierungsprogrammatik angelegt war. Zu
ändern scheint sich das erst, seit sich maßgebliche Teile der ost-
deutschen Wählerschaft in der AfD artikulieren.

Vor allem außenpolitisch war das Jahr 1990 eine Wende. Was
Niklas Luhmann damals voraussah, ist eingetreten: Die politischen Aufgaben, die der Bundesrepublik heute gestellt sind,

haben ein anderes Format.² Auf eine Phase der internationalen
Verrechtlichungseuphorie, als viele dachten, die alte politische
Form des europäischen Staates werde sich über kurz oder lang in
einer supranationalen Föderation und in *global governance*
auflösen, folgte eine lange Phase der Desillusionierung. In der
Europäischen Union haben während der seit 2008 praktisch un-
unterbrochenen Krise weniger die Institutionen einer parla-
mentarisch-demokratischen Union, also Kommission und Parlament, die Oberhand behalten, auf denen die Hoffnungen des
Verfassungsprojekts ruhten. Die Renaissance des intergouverne-
mentalen Regierens in der Krise, die von der Bundeskanzlerin so
genannte Unionsmethode, machte Deutschland zum «Hegemon
wider Willen» (Christoph Schönberger). Die dauernde Gipfeldi-
plomatie resultiert in der Konzentration aller Entscheidungsprozesse in der Regierungszentrale. Auch die internationale Politik
tritt angesichts des gleichzeitigen Scheiterns von UNO, NATO,
WTO und G8 in eine Phase der, wie der Euphemismus des
Auswärtigen Amts lautet, «Deinstitutionalisierung» ein, deren
innenpolitische Kehrseite die Präsidentialisierung und die Ent-
machtung des Ressorts ist. (Donald Trump hat das State De-
partment inzwischen zum großen Teil abgeschafft.) Unterdessen
ist die Diskussion über die politischen und sozialen Folgen der
Migration bis zur Sprachlosigkeit vergiftet.

Wer in dieser Lage die Frage nach der Zukunft der parlamentarischen Demokratie stellt, muss erklären, was er damit meint.
Natürlich wird der Staat auch weiterhin eine Institution wie den
Bundestag zur Herstellung von verbindlichen Entscheidungen
benötigen. Damit ist aber keineswegs gesagt, dass das parlamentarische Regierungssystem bundesrepublikanischen Typs eine
Zukunft hat oder wie es sich weiterentwickeln wird.

Natürlich könnten ganz unvorhergesehene Dinge passieren.
Eine politische Sammlungsbewegung könnte sich formieren und
das Parteiensystem unter sich begraben. Doch der Erfolg der
Bewegung *La République en Marche* (LREM) lässt sich in der

Bundesrepublik voraussichtlich auf absehbare Zeit nicht imitieren. Das deutsche Parteienrecht schließt locker organisierte Bewegungen bisher weitgehend vom Zugang zu Wahlen aus, indem es sie zwingt, die statische Organisationsform von Parteien anzunehmen.[3] Ob diese Anforderungen ein heimliches Kartell der Etablierten zum Ausdruck bringen oder ob sie ein Postulat der Verfassung selbst sind, wird zur Zeit – unter dem Eindruck vom LREM und der Sammlungsbewegung «Aufstehen!» – intensiv diskutiert.[4] Immerhin verlangt aber Art. 21 GG von Parteien eine innere Ordnung, die demokratischen Grundsätzen entsprechen muss. Das bedeutet nach herkömmlicher Auslegung zumindest, dass Parteien jene für die Ermittlung von Abstimmungsmehrheiten unverzichtbare mitgliedschaftliche Struktur haben müssen, die der bloßen Bewegung fehlt, und dass Parteiämter nur durch periodische Wahlen vergeben werden können. Dass sich Bewegungsmehrheiten bilden können, die stark genug sind, um eine Abänderung des Parteienrechts zu erzwingen, steht auf einem anderen Blatt.

Welche Chancen haben Minderheitsregierungen?

Bleiben die Dinge, wie sie sind, wird die Entwicklung zwangsläufig auf Minderheits- oder tolerierte Minderheitsregierungen zulaufen, von denen Angela Merkel 2017 noch erklärt hat, sie sei da «sehr skeptisch»[5]. Zu einer Minderheitsregierung gibt es zwei denkbare verfassungsmäßige Wege. Zum einen kann eine mehrheitsbildende Partei aus der Regierung oder ein zur Mehrheit notwendiger Abgeordneter aus den Regierungsfraktionen ausscheiden. Das war etwa nach dem Rückzug der FDP aus den Koalitionen mit der CDU 1966 und der SPD 1982 für kurze Zeit der Fall, auch nachdem die Brandt-Regierung 1972 ihre parlamentarische Mehrheit verloren hatte. Diese Minderheitsregierungen waren aber jeweils nur von kurzer Dauer: 1966 und 1982 wurden neue Koalitionen gebildet, und Brandt verfügte

nach seinem großen Wahlsieg wieder über eine bequeme Mehrheit.

Der andere verfassungsmäßige Weg ist der einer originären
Minderheitsregierung:[6] Nach Art. 63 Abs. 1 GG muss der Bundespräsident dem Bundestag zunächst einen Kandidaten für das
Amt des Bundeskanzlers vorschlagen. Die Wahl zum Bundeskanzler setzt dann nach Art. 63 Abs. 2 S. 1 GG eine Mehrheit der
Mitglieder des Bundestages voraus. Nur wenn diese Wahl schei-
tert, unter Umständen auch mehrfach scheitert, und sich auch
keine Kanzlermehrheit für einen anderen Kandidaten findet
(Art. 63 Abs. 3 GG: ohne dieses Scheitern geht es nicht), fände
nach einer Frist von 14 Tagen ein weiterer Wahlgang statt (Art. 63
Abs. 4 S. 1 GG). In diesem unwiderruflich letzten Wahlgang, in
dem es beliebig viele Kandidaten geben kann, ändern sich die
Regeln: Jede relative Mehrheit, also auch bloß die der größten
Fraktion, reicht, um gewählt zu werden. Doch nun geht das Recht
zur Entscheidung auf den Bundespräsidenten über, jetzt liegt das
Zustandekommen der Regierung in seinen Händen: Entweder er
ernennt den mit der bloß relativen Mehrheit Gewählten oder
aber er löst den Bundestag auf. Letzteres Szenario ist – den mani-
festierten Regierungswillen der Minderheit immer vorausge-
setzt – nach aller Erfahrung mit der Amtsführung der bisherigen
Bundespräsidenten äußerst unwahrscheinlich. Bei jeder Auflösung des Bundestages handelte der Bundespräsident bisher in enger Abstimmung mit der Regierung.

Zwischen beiden Formen steht die kleine Schwester der Minderheitsregierung: die tolerierte Minderheitsregierung, die in der
Literatur auch als Magdeburger Modell behandelt wird, weil die
von Reinhard Höppner angeführte Regierung in Sachsen-Anhalt
zwischen 1994 und 2002 keine eigene Mehrheit im Landtag hatte,
sondern von der PDS – nach bestimmten ausgehandelten Maß-
gaben – toleriert wurde. So könnte zum Beispiel ein Bundeskanzler mit den Stimmen einer Fraktion gewählt werden, die nicht in
die Regierung eintritt, aber auch keinen offenen Oppositionskurs

fährt. Die Bandbreite möglicher Tolerierungsmodelle reicht dabei von der verdeckten Mehrheitsregierung, bei der die eine Seite lediglich auf Ministerposten verzichtet, bis hin zu lockeren Kooperationsvereinbarungen bei bestimmten essentiellen Themenfeldern.

Die verfassungsrechtliche Situation einer einmal gebildeten Minderheitsregierung ist recht komfortabel, denn einen anderen verfassungsmäßigen Weg als den des Art. 67 GG gibt es nicht, um die Regierung wieder zu stürzen. Das gilt umso mehr, wenn sie, wie im heutigen Deutschen Bundestag, mit einer *split opposition* mit starkem linken und rechten Rand rechnen muss, deren Einigung auf eine mehrheitsfähige Regierung unwahrscheinlich, wenn auch, wie die Beispiele Italien (Lega und Cinque Stelle) und Griechenland (Syriza und ANEL) lehren, keinesfalls undenkbar ist: *Les extrèmes se touchent.*

Aber würde die Regierung nicht spätestens bei den nächsten Haushaltsberatungen zerbrechen? Keineswegs, denn die finanziellen Handlungsvollmachten der Regierung sind auch ohne einen beschlossenen Bundeshaushalt aus historischen Gründen recht großzügig (Art. 111 GG).[7] Das wenige, was der Regierung im etatlosen Zustand verwehrt ist, kann sich politisch kaum auswirken, solange die Minderheitsregierung von einer Partei der Mitte gestellt wird und solange sie zusammen mit wenigstens einer linken Partei noch über eine Gesetzgebungsmehrheit im Parlament verfügt. Dass ausgerechnet etwa die SPD, die Grünen oder die Linkspartei das Budgetrecht als Kampfmittel gegen die Regierung entdecken und das Land in einen budgetlosen Zustand versetzen würden, ist angesichts der verteilungspolitischen Implikationen eines solchen Verhaltens eher unwahrscheinlich.

Renaissance des Parlamentarismus?

Spricht daher aus verfassungspolitischer Sicht nicht sehr viel dafür, Minderheitsregierungen im deutschen Regierungssystem

einmal zu erproben? Ihre Befürworter haben sich während der
Regierungsbildung 2017/2018 von einer Minderheitsregierung
geradezu eine Renaissance des Parlamentarismus erhofft: «In innenpolitischen Fragen», schrieb damals Heinrich August Winkler in der *Süddeutschen Zeitung*, «wäre eine solche Minderheitsregierung auf wechselnde Mehrheiten, also auf die Unterstützung
mal der SPD, mal der FDP und der Grünen angewiesen. Dem
Bundestag und seinen Ausschüssen würde auf diese Weise neue
Bedeutung zuwachsen. Die Union könnte ihr eigenes Profil
wieder schärfen, ihre jeweiligen punktuellen Partner und Kon-
trahenten ebenfalls.»[8] Nach dieser Vorstellung korrespondiert
einer Minderheitsregierung ein Parlament, das nicht mehr von
Koalition und Kanzleramt vor vollendete Tatsachen gestellt und
als Schallraum regierungsamtlicher Kommunikation gebraucht
wird. Eine Bundesregierung, die demütig ihre Vorhaben dem
ganzen Parlament erklärt und bei wechselnden Mehrheiten um
Unterstützung für ihre Vorhaben wirbt. Die alle maßgeblichen
Debatten auf diese Weise von den Ausschüssen und Koalitions-
runden wieder in das Plenum trägt. Die vielleicht überhaupt weniger regiert, als das Parlament wieder selbst entscheiden lässt!
Wirklich?

Winkler hat sicher recht, dass Minderheitsregierungen heute
etwas anderes sind als in der Weimarer Republik, und zwar auch
politisch, weil es heute zwischen den im Bundestag vertretenen
Parteien noch einen «breiten Verfassungskonsens» gibt und «ein
hohes Maß an außenpolitischer Übereinstimmung zwischen
allen Parteien mit Ausnahme der AfD und der Partei Die Linke.
Eine Minderheitsregierung der größten Fraktion […] müsste
also nicht befürchten, in wichtigen Fragen der Außen- und
Sicherheitspolitik ohne eine parlamentarische Mehrheit dazu-
stehen.» Doch erstens ist die Verpflichtung von Parteien auf eine
außen- und europapolitische Staatsräson nicht einfach die Folge
der Betätigung praktischer Vernunft, sondern sehr wesentlich ein
strategisches Element ihrer Mehrheitsfähigkeit und ihres Regie-

rungswillens, wie unter anderem der Weg der Grünen von der Gruppe Z zu Joschka Fischer belegt; und zweitens zeigt die Dynamik europa- und außenpolitischer Positionsbildung in der Migrationspolitik seit 2017, dass niemand sich auf einen über die parlamentarischen Mehrheiten hinwegreichenden außenpolitischen Verfassungskonsens allzu sehr verlassen sollte.

Die Vorstellung, dass ausgerechnet eine stärkere politische Dissoziation von parlamentarischer Positionsbildung und Regierungspolitik das Parlament stärken könnte, ist in Wahrheit wiederum eine Konsequenz aus der Vorstellung, dass die Aufgaben des Parlaments vor allem in der Deliberation über Gesetzgebungsprojekte bestehen. Im parlamentarischen Regierungssystem beruht die Stärke des Parlaments aber auf der engen personellen und institutionellen Verknüpfung von parlamentarischem und exekutivem Handeln. Sie aber würde durch jede mehr als nur kurzfristige Etablierung von Minderheitsregierungen nicht gestärkt – im Gegenteil.

Einige verfassungsrechtliche Folgefragen

Verfassungen sind natürlich keine axiomatischen Gebilde, die Aussagen über das Verhalten künftiger Akteure im Regierungssystem erlauben. Auch eine skeptische Position gegenüber den verfassungsrechtlichen Folgen von Minderheitsregierungen ist keine Prognose, sondern eine bloße Extrapolation aus bestimmten Gegebenheiten des heutigen deutschen Verfassungsrechts. Das Ende parlamentarischer Mehrheitsregierungen muss sich nicht so auswirken, wie es sich in den Jahren nach dem März 1930 ausgewirkt hat. Die Last dieser historischen Parallele ist ohnehin für alle Ableitungen zu schwer.

Dass die Verfassung in Art. 63 Abs. 4 GG den aufgezeigten Weg zur Minderheitsregierung selbst vorsieht, besagt noch nichts über deren Konsequenzen für die parlamentarische Demokratie. Das parlamentarische Regierungssystem, in dem sich Minderheitsregierungen zu bewähren hätten, ist ja, wie gezeigt, nur in Ansätzen eine Schöpfung der Verfassung, im Wesentlichen aber eine Resultante der Verfassungsentwicklung von bald 70 Jahren Bundesrepublik. Die Entwicklung eines parlamentarischen Handlungsverbunds aus Parlamentsmehrheit und Bundesregierung hat in den subkonstitutionellen Formen des deutschen Regierungssystems in der langen Zeit ihres Funktionierens eine sehr konkrete Gestalt angenommen. Natürlich ist diese Verfassungsentwicklung umkehrbar. Nur darf sich niemand über die Reichweite eines solchen Vorgangs täuschen. Jede der drei in diesem Buch behandelten Vermittlungsinstitutionen wäre dann nämlich in ihrer bisherigen Funktionsweise fundamental in Frage und vor Herausforderungen völlig neuer Art gestellt.

Das gilt zunächst natürlich für die geschrumpften Volksparteien. Die Verpflichtungs- und Kompromissfähigkeit von Regierungsparteien beruht darauf, dass Regierungskoalitionen keine Ad-hoc-Koalitionen auf bestimmten thematischen Feldern, sondern feste Koalitionen sind, die sich auf die gesamte Regierungspolitik einigen müssen.[9] Man kann eine Partei darauf einstellen, sich für einen bestimmten Zeitraum mit einem bestimmten Koalitionspartner in vielen Politikbereichen auf eine bestimmte Linie zu einigen. Man kann aber keine Volkspartei darauf verpflichten, sich für mehr als eine Übergangszeit mit beliebigen anderen Parteien auf allen Themenfeldern auf das jeweils im Einzelfall Durchführbare zu einigen, ohne dass diesen Parteien ihrerseits durch den Zwang zur Übernahme von Regierungsverantwortung Kompromisse abgenötigt werden. Deswegen ist das auf Landesebene erprobte Tolerierungsmodell auf die Bundespolitik auch kaum übertragbar. Die Menge an politisch kontroverser Gesetzgebung, die ein Landtag zu bewältigen hat, ist im Vergleich mit dem Bundestag belanglos. Die Option, einmal eine Wahlperiode ohne ein neues Schulgesetz zu überstehen, hat der Bundestag nicht.

Verhandlungen bei jedem einzelnen Projekt sind ungeheuer aufwendig, wenn die Parteien keine Paketlösungen anstreben

können. Im Übrigen sind Ad-hoc-Mehrheiten hochgradig vola-
til: Was passiert, wenn die Regierungspartei, die mühsam eine
parlamentarische Mehrheit errungen hat, sich bei der Implemen-
tation einer bestimmten Entscheidung mit einem Meinungsum-
schwung im Parlament konfrontiert sähe? Und wie würde die
Ad-hoc-Mehrheit im Parlament die Regierung eigentlich effektiv
kontrollieren, wenn die Kooperationsbereitschaft zwischen den
Ministern einer Minderheitsregierung und den Parlamentsfraktionen, auf die sich die Regierung ja gerade nicht stützen könnte,
gewiss weniger ausgeprägt wäre als bei einer normalen Koalitionsregierung? So besagt auch der von Befürwortern von Minderheitsregierungen gerne angebrachte Hinweis auf das Vorbild
der skandinavischen Konsensdemokratien für die Bundesrepublik im Zeichen einer zunehmenden Polarisierung des politischen
Spektrums letztlich nichts – einmal ganz abgesehen davon, dass
die skandinavischen Demokratien faktische Einkammersysteme
sind, in denen sich das Problem der über die zweite Kammer
erzwungenen qualifizierten Gesetzgebungsmehrheiten (Art. 77
Abs. 4 S. 1 und 2 GG) überhaupt nicht stellt. Dass Parteien ideologisch weniger kohärent sind und Ad-hoc-Koalitionen dadurch
begünstigt werden,[10] gilt zudem als ein typisches Merkmal von
Präsidentialdemokratien.

Konsequenzen hätte der Übergang zu Minderheitsregierungen
aber auch für die institutionelle Rolle des Bundeskanzlers und
des Bundeskanzleramtes. Der Zwang zur Koalitionsbildung
stärkt ja nicht zuletzt die Position des Bundeskanzlers, weil ihm
die Rolle des Vermittlers zwischen den Koalitionsparteien zufällt
und der Abstimmungsbedarf einen Zwang zur innerparteilichen
Geschlossenheit mit sich bringt. Man erinnert sich noch gut,
wie wenig euphorisch Angela Merkel im Gegensatz zur übrigen
CDU-Führung am Wahlabend 2013 reagierte, als zunächst man-
ches nach einer absoluten Mehrheit der Union aussah. Sie wirkte
regelrecht erleichtert, als es dazu nicht reichte. Sie wird zumindest innerlich einen kurzen Dank nach Karlsruhe geschickt ha-

ben: Hätte das Bundesverfassungsgericht nicht im Juli 2012 das bestehende Wahlrecht wegen der vielen Überhangmandate für verfassungswidrig erklärt, hätte Merkel ab 2013 mit dem Unionsergebnis von 41,5 Prozent über eine absolute Mehrheit verfügt. Wenn aber schon die Zentrifugalkräfte einer Alleinregierung hoch sind, wie sehr gilt das dann erst für eine Minderheitsregierung, in der alle Fachpolitiker vom ersten Tag an auf der Suche nach Sondermehrheiten wären?

Seiner Vermittlungsfunktion innerhalb der Bundesregierung und zwischen Bundesregierung und Bundestag verdankt sich auch die institutionelle Rolle des Bundeskanzleramtes. Die politische Planung und routinierte Erledigung des größten Teils der Gesetzgebungsagenda im Zusammenspiel von Bundeskanzleramt, Ressorts und Ältestenrat funktioniert weitgehend informell, beruht aber gerade deswegen auf einer belastbaren Mehrheit der Koalitionsfraktionen in den parlamentarischen Leitungsorganen. Die Verfassung stellt dem Minderheitskanzler zwar das bislang noch nie praktizierte Institut des sogenannten Gesetzgebungsnotstands nach Art. 81 GG zur Seite. Doch dieser beruht – wie der Name schon sagt – nicht auf dem Werben einer Minderheitsregierung um wechselnde Mehrheiten für ihre politischen Projekte, sondern gerade im Gegenteil auf einer Ausschaltung der parlamentarischen Mehrheit durch das Zusammenspiel von Bundeskanzler, Bundespräsident und Bundesrat. Der Gesetzgebungsnotstand wird dadurch eingeleitet, dass der Bundeskanzler nach einer verlorenen Abstimmung über die Vertrauensfrage beim Bundespräsidenten *nicht* den Antrag auf Auflösung des Bundestags stellt, sondern als Minderheitskanzler weiterregiert. Der originäre Minderheitskanzler des Art. 63 Abs. 4 GG soll nämlich nicht ohne weiteres die Befugnisse des Gesetzgebungsnotstands haben. In dieser Situation könnte dann der Bundespräsident für dringliche Gesetzesvorlagen ein besonderes Verfahren einleiten. Nachdem der Bundestag eine Gesetzesvorlage zum zweiten Mal abgelehnt hat, kann der Bundesrat sie durch Zustimmung beschließen. Der Bundesrat fungiert in diesem Verfahren sozusagen als «Legalitätsreserve», wie das im Verfassungskonvent auf Herrenchiemsee 1948 genannt wurde.[11] Auch der Gesetzgebungsnotstand beruht mit anderen Worten auf der dualistischen Verfassung: Das Grundgesetz verschafft auch im Extremfall dem *government business* keinen Vorrang durch die Privilegierung *im* parlamentarischen Verfahren, sondern durch die Ausschaltung des parlamentarischen Verfahrens.

In Wahrheit hilft das Instrument des Gesetzgebungsnotstands einem Minderheitskanzler wohl kaum, selbst wenn er einen Bundespräsidenten an der Seite hat, der dieses Verfahren mitträgt. Schon dass eine Regierung zwar nicht im Bundestag, wohl aber im Bundesrat über eine Gesetzgebungsmehrheit verfügt, ist hochgradig unwahrscheinlich. Die Zahl der Stimmen im Bundesrat, über die irgendeine Partei, die eine Minderheitsregierung stellen würde, noch alleine, das heißt ohne Abstimmungsbedarf innerhalb einer Koalitionsregierung auf Landesebene, verfügt, ist seit der Bayerischen Landtagswahl im Oktober 2018 auf genau null gesunken. Außerdem kann der Gesetzgebungsnotstand während einer Amtszeit höchstens sechs Monate dauern (Art. 81 Abs. 3 S. 2 GG), ist also gerade kein Regierungsmodell, sondern allenfalls ein Krisenmodus.

Schließlich: Wie würde das Bundesverfassungsgericht sich zu einer Minderheitsregierung verhalten? Stellt man in Rechnung, wie sehr dessen Rechtsprechung zur Herausbildung des parlamentarischen Regierungssystems beigetragen hat, ist diese Frage alles andere als klar. Die sehr entschiedene Auffassung des Gerichts zum Vorbehalt des Gesetzes, also zum regelmäßigen Erfordernis einer gesetzlichen Grundlage für staatliches Handeln, das in Grundrechte eingreift, begründet das Gericht zwar vor allem mit den Grundrechten und dem Rechtsstaatsprinzip; sie beruht politisch aber sehr wesentlich darauf, dass die Bundesregierung ihren Rechtsetzungsbedarf auch tatsächlich befriedigen, ihre legislative Agenda auch tatsächlich verwirklichen kann. Sollte sich das Modell einer Bundesregierung ohne feste parlamentarische Mehrheit für mehr als eine Übergangszeit verfestigen, könnte das Gericht gezwungen sein, auf einmal sehr viel großzügiger zu sein. Ähnliches gilt für das vor allem von der bundesverfassungsgerichtlichen Rechtsprechung entwickelte Verfahren der europapolitischen Kommunikation von Bundestag und Bundesregierung nach Art. 23 Abs. 2 und 3 GG, dessen Ausgestaltung durch das «Gesetz über die Zusammenarbeit von Bundesregierung und Deutschem Bundestag in Angelegenheiten der Europäischen Union» (EUZBBG) sehr klar auf die Situation einer Mehrheitsregierung zugeschnitten ist.

Natürlich schlösse keine der hier diskutierten Konsequenzen die Bildung einer Minderheitsregierung aus. Doch mit jeder Änderung, die eine Regierungsbildung ohne parlamentarische Koalitionsmehrheit nach sich zöge, stünde ein Stück des parlamentarischen Grundprinzips des Regierungssystems in Frage, das sich im Laufe der Zeit unterhalb der verfassungsrechtlichen Regelungen herausgebildet hat. Ob eine aus der jetzigen Situation hervorgegangene Minderheitsregierung die politische Kraft hätte, einer solchen Auflösung eingespielter Handlungsmuster etwas Neues entgegenzusetzen, gar den Parlamentarismus neu zu beleben, ist eine naive Hoffnung, für die verfassungsrechtlich nichts spricht. Minderheitsregierungen mit wechselnden Mehrheiten böten im parlamentarischen System der Bundesrepublik deswegen wohl vor allem starken Persönlichkeiten an der Regierungsspitze die Möglichkeit, den Oppositionsparteien im Parlament durch einen stärker plebiszitären Politikstil die Zustimmung zu bestimmten Vorhaben abzuzwingen. Ein erfolgreicher Minderheitskanzler müsste also die plebiszitäre gegenüber der parlamentarisch-repräsentativen Komponente im Regierungshandeln noch weiter aufwerten.

*Legalitätsreserven in der Verhandlungsdemokratie und
der Rückfall in die Beamtenherrschaft*

Vor allem aber müssten Minderheitsregierungen mit der Vitalität
der dualistischen Verfassung rechnen, mit der aus Bundesrat und
bürokratischer Koordinierung bestehenden Legalitätsreserve.
Der Politikwissenschaftler Roland Czada – auch er erwartet von
Minderheitsregierungen die «Wiedergeburt des Parlamentarismus in Deutschland» – hat aus dem Föderalismus sogar ein Argument für dieses Regierungsmodell gemacht.[12] Die deutsche
Verfassung biete «beste Voraussetzungen für das Gelingen einer
Minderheitsregierung», so insbesondere den kooperativen Föderalismus, die parteiübergreifenden «Fachbruderschaften», die
politikfeldspezifischen «Bereichskoalitionen» und die deutsche
Kultur der «Verhandlungsdemokratie»: «Unabhängig davon,
welche Parteienkoalition in Berlin regiert, sind über die im Bundesrat vertretenen Landesregierungen immer alle relevanten Parteien an der Bundesgesetzgebung und damit am Regieren im
Bund beteiligt. Die Opposition regiert auf diese Weise seit Gründung der Bundesrepublik zumindest auf dem Feld der Gesetzgebung immer mit.»

Die politische Logik dieses Arguments ist nun freilich im Gegensatz zu den politischen Intentionen seines Autors das stärkste
denkbare Argument gegen Minderheitsregierungen in der Bundesrepublik. Nach dieser Logik bestünde die Wiederbelebung
des Parlamentarismus paradoxerweise in der Entlastung des Parlaments vom politischen Entscheidungsdruck, der dann ganz
den berühmten Institutionen der föderalen Politikverflechtung
überlassen bliebe. Die angebliche besondere Eignung der Bundesrepublik für Minderheitsregierungen läge demzufolge darin,
dass eine Bundesregierung sich ihrer Abhängigkeit von der *parlamentarischen* Willensbildung teilweise entziehen kann, indem
sie sich in die Abhängigkeit von den *nichtparlamentarischen* Ver-
fassungsfaktoren begibt. Die politische Konsequenz wäre bun-

desstaatliche Koordinierung und Korporatismus, kurz: bürokratische statt parlamentarischer Regierung. Das Argument ist
plausibel, weil es darauf beruht, dass die immer noch dualistische
Struktur der deutschen Verfassungsordnung den Wechsel zwischen einer parlamentarischen und einer föderativ-bürokrati-
schen Form von Politik in der Tat ermöglicht. Nur wäre dies
sozusagen die verkappte Form eines völlig anderen Regierungssystems mit einer noch viel umfassenderen Funktion des Bundesrates als «Legalitätsreserve», für das die Mehrheit im Verfassungskonvent auf Herrenchiemsee seinerzeit optiert hatte und
wovor der Parlamentarische Rat die Bundesrepublik bewahrt hat:
Danach sollte im Fall eines nicht mehrheitsfähigen Bundestages
auch das Recht zur Regierungsbildung auf die föderale zweite
Kammer übergehen.[13] Nichts spricht dafür, diese Entscheidung
zu revidieren und jene sehr deutsche Form der Gewaltenteilung
zwischen Politik und Bürokratie noch einmal zugunsten der Bürokratie aufzuheben.

Institutionelle Alternativen

Andere Szenarien einer Fortentwicklung des parlamentarischen
Regierungssystems wären nur im Wege einer formellen Verfassungsänderung zu realisieren. Die starke bundespolitische Einflussnahme der Landesregierungen und damit die alte föderale
Gegenkraft zum parlamentarischen System ließe sich durchaus
zurückdrängen. Art. 79 Abs. 3 GG garantiert nur die grundsätzliche Mitwirkung der Länder an der Gesetzgebung auf Bundesebene, nicht aber ihre Mitwirkung in der institutionellen Form
des Bundesrates.[14] Natürlich lehrt die jüngste Geschichte Demut,
was die Erfolgschancen institutioneller Reformen auf Bundesebene angeht. Da der Bundesrat jeder Verfassungsänderung mit
einer Zweidrittelmehrheit zustimmen muss, gilt seine Position
als felsenfest. Der Impuls zu Veränderungen könnte nur von
außen kommen, da alle Parteien mit Regierungsbeteiligung auf

Landesebene am Status quo ein zu großes Interesse haben. Schon der mit der ersten Föderalismusreform 2006 beschrittene Weg, die Fälle bundesstaatlicher Verflechtungen zu reduzieren, wird derzeit mit zahlreichen neuen verfassungsrechtlichen Kooperations- und Mischverwaltungstatbeständen (Art. 91a–91e GG), demnächst auch im Bildungsbereich, revidiert. Die Lässigkeit, mit der die Beteiligten sich dabei neue föderative Abstimmungsbedarfe einhandeln, ist übrigens ein drastisches Signal dafür, wie sicher sie heute von der Alternativlosigkeit Großer Koalitionen ausgehen. Doch muss der Bundesrat wirklich bis in alle Ewigkeiten so bleiben, wie er ist? Die Argumente für seine Abschaffung zugunsten eines Senats aus unabhängigen, in den Ländern direkt oder indirekt gewählten Mitgliedern lassen sich immer noch hören: Er bestünde schließlich nicht mehr aus weisungsgebundenen Vertretern der Landesexekutiven, sondern aus genuinen Bundespolitikern. Doch was wäre damit gewonnen? Die Mitbestimmung der Landesbürokratie in der Gesetzgebung ist schließlich heute die Kehrseite ihrer Zuständigkeit zur Ausführung der Bundesgesetze. Dieser Zusammenhang bestünde in einem Senat nicht mehr, einmal abgesehen von allen Fragen seiner Zusammensetzung und des Wahlverfahrens.

Natürlich wird in der Abenddämmerung jeder längeren Kanzlerschaft über Amtszeitbegrenzungen für den Regierungschef diskutiert, von Oppositionspolitikern aus Verzweiflung, von Verfassungsjuristen aus Prinzip. Die Ämterverfassung des Grundgesetzes, so wird dann manchmal gesagt, beruhe auf einer «merkwürdigen, asymmetrischen verfassungsrechtlichen Konzeption der Machtbegrenzung von obersten Organträgern», einer «normativen Ungleichbehandlung zwischen Bundespräsident und Bundeskanzler».[15] Abgesehen davon, dass es für politische Ämter mit jederzeitiger Abberufbarkeit durch die Parlamentsmehrheit und gleichzeitiger Amtszeitbegrenzung wohl kein einziges Beispiel gibt, von einer Inkonsequenz also schlechterdings keine Rede sein kann, beruht dieses Argument auf einer vollständig irreführenden Parallele zwischen der verfassungsrechtlichen Stellung eines gewählten Präsidenten und der eines parlamentarisch verantwortlichen Regierungschefs. Nicht zuletzt muss ein Präsident in der zweiten Amtszeit ja keine Rücksichten mehr auf seine Wiederwahl nehmen; ein Bundeskanzler verlöre hingegen schon lange vor dem Ablauf seiner Amtszeit über die Nachfolgefrage unweigerlich den Rückhalt in der Fraktion; siehe die CDU seit dem 29. Oktober 2018. Amtszeitbegrenzungen wären also das definitive Signal zum Übergang zu einer unabhängigen Exekutive, zur Abschaffung des parlamentarischen Regierungssystems und zum Übergang zum Präsidialsystem.

Auch dieses Modell hat natürlich Befürworter. Der Berliner Ökonom Charles Blankart hat vor einiger Zeit noch einmal die Standardargumente genannt: «Wird der Bundeskanzler vom Volk gewählt, so ist er von einer festen Parteienkoalition unabhängig. Koalitionen werden je nach Gesetzesvorlage gebildet, woran auch die kleinen Parteien mitwirken können, ohne die Funktionsfähigkeit der Demokratie zu gefährden. Eine Mindeststimmenzahl pro Partei [d. h. die Fünfprozenthürde, F. M.] ist nicht nötig.»[16] Sicher sind Präsidentialsystem und reines Verhältniswahlrecht keine Gegensätze, auch wenn Frankreich und die USA das zu lehren scheinen; Argentinien beispielsweise, aber auch andere Verfassungen kennen diese Kombination. Doch einmal abgesehen davon, dass auch ein präsidentieller Bundeskanzler wohl kaum mit Ad-hoc-Koalitionen regieren könnte, sondern sich schon wegen des Bundesrates auf eine bestimmte Parteikoalition festlegen müsste; auch abgesehen davon, dass die Kompromissfähigkeit der Parteien eben wesentlich aus dem Zwang zur Regierungsbildung resultiert: Wer hielte das im Ernst für eine verfassungspolitisch wünschenswerte Entwicklung? Überall in der Welt befinden sich die großen monokratischen Ämter in einer ausweglosen Situation zwischen Entgrenzung und Bedrängnis. Donald Trump hat die amerikanische *Presidency* vielleicht unrettbar beschädigt, und ob der Staatspräsident der *Cinquième*

République noch einmal zu seiner alten politischen Statur zu-
rückfindet, ist zweifelhaft. Selbst das Amt des Bischofs von Rom
schlingert seit dem plebiszitären Pontifikat Karol Wojtyłas von
einer Krise in die andere. Sollte man die kollegiale Struktur einer
parlamentarischen Regierung in dieser Situation wirklich gegen
ein autoritäres Amt eintauschen?

Wesentlich interessanter ist der Vorschlag des Politikwissenschaftlers Steffen Ganghof, der den Charme hat, nicht auf das
unrealistische Szenario der Abschaffung des Bundesrates zu spe-
kulieren.[17] Er beruht auf einem vom heutigen Bundestagswahlrecht erheblich abweichenden modifizierten Verhältniswahlsys-
tem. Ganghof schlägt vor, dass die Bürger bei der Stimmabgabe
ein rein proportional, also ein anhand von einheitlichen nationalen Listen und ohne Sperrklausel zusammengesetztes Parlament
wählen. Doch innerhalb des Parlaments wird schon mit diesem
Wahlvorgang, das heißt ohne spätere parlamentarische Entscheidung, zugleich eine «confidence chamber» gewählt, in der nur
die beiden nach Stimmenverhältnissen stärksten Parteien in ihrem Größenverhältnis zueinander vertreten sind. Auf die Zusammensetzung dieser «confidence chamber» können die Wähler
durch die Bildung einer Präferenzreihenfolge auch dann Einfluss
nehmen, wenn sie primär einer kleineren Partei anhängen. Die
regierungstragende Funktion des Parlaments würde auf diese
Weise institutionell von seiner Entscheidungsfunktion entkoppelt: Während eine Mehrheit innerhalb der proportionalen Kammer alle Gesetzgebungsvorhaben beschlösse, hinge die Regierung
allein vom Vertrauen innerhalb der «confidence chamber» ab.
Die Hürden für die Etablierung neuer Parteien wären damit – im
Vergleich mit der heutigen Sperrklausel – vergleichsweise gering,
ohne dass damit gleich die Regierungsstabilität in Gefahr wäre.

Ein Parlament, wie man es aus der europäischen Verfassungsgeschichte bisher kannte, wäre dieses Arrangement, das Ganghof
selbst als «Semiparlamentarismus» bezeichnet, nicht mehr. Es
würde innerhalb des Parlaments eine Gruppe von privilegierten

Abgeordneten schaffen, die kaum zögern dürften, ihren Einfluss auf die Regierungsbildung auch zur Machtsteigerung im Legislativprozess geltend zu machen. Auch das geltende Bundestagswahlrecht ist zwar ein *mixed-member system*, doch haben alle Mitglieder des Parlaments den gleichen rechtlichen Status. Alle organisatorischen Ungleichheiten und Ämter innerhalb der Körperschaft werden in freier Selbstorganisation geschaffen. Das freie Mandat, das den neuzeitlichen Parlamentarismus hervorgebracht hat, ist gerade auch ein *gleiches* Mandat. Diese Gleichheit ist nicht nur eine Rechtstechnik der Zählung von Abstimmungsmehrheiten, also der autorisierten Entscheidungskompetenzen des Parlaments. Sie ist auch ein Teil der symbolischen Repräsentation des Parlamentarismus. In der Gleichheit zwischen den Abgeordneten wird die rechtliche Gleichheit innerhalb der bürgerlichen Nation anschaulich. Eben darum haben Marx und Lenin den Parlamentarismus ja als institutionelle Form einer Klassenherrschaft verdammt.

An der Überlegung, das Prinzip der egalitären Repräsentation zum Zwecke der Stabilisierung der Regierung aufzugeben, offenbart sich das ganze Dilemma des heutigen Parlamentarismus: Kann eine zunehmend diverse und gespaltene Gesellschaft eine Vorstellung von politischer Repräsentation ausbilden, die an den ausgleichenden Effekten kollegialer Beschlusskörperschaften auch auf der höchsten Ebene der Staatsleitung festhält, mit anderen Worten: die etwas anderes ist als plebiszitäre Akklamation? Oder führt ihr Weg zurück zu Institutionen, in denen – wie in den politischen Körperschaften der Vormoderne – Aushandlungsprozesse zwischen *Gruppen* ermöglicht werden? Was im 20. Jahrhundert utopisch gewesen wäre, braucht es heute nicht zu sein. Es gibt ja genügend Stimmen, die Marx' Kritik an der ideologischen Struktur der bürgerlichen Form der Legislative für die Repräsentationsprobleme heutiger pluralistischer und zunehmend diverser Gesellschaften erneuern: Dass im Parlament Frauen sowie ethische oder religiöse Minderheiten gemessen am

Bevölkerungsdurchschnitt weniger sichtbar sind, wird seit langem ohne greifbare Folgen diskutiert. Außerhalb der westlichen Welt ist etwa mit festen Sitzquoten für Frauen und andere Gruppen in der Legislative experimentiert worden. Dabei handelt es sich aber in der Regel um Gesellschaften, in denen die Kräfte politischer Zugehörigkeit so schwach sind, dass sie keine irgendwie belastbare Vorstellung von Bürgerschaft ausbilden können. Das Festhalten an der «freien Repräsentation» (Max Weber) des Parlaments ist deswegen für die westlichen Gesellschaften auch ein Testfall dafür, wie weit ihr politischer Begriff der Staatsangehörigkeit heute noch trägt.

Nachwort

Einige der in diesem Buch angesprochenen verfassungsrechtlichen Fragen der Stellung des Deutschen Bundestages habe ich näher behandelt in einer vergleichenden Untersuchung, die unter dem Titel «Selbstorganisation des parlamentarischen Regierungssystems» demnächst im Verlag Mohr Siebeck (Tübingen) erscheinen wird. Dort finden sich auch die vornehmlich für Fachleute gedachten detaillierten Nachweise zur Literatur und zur Rechtsprechung, die hier auf ein Minimum reduziert sind.

Geschrieben habe ich den Text während der Agonie der Großen Koalition im langen Sommer 2018. Er lag am 28. Oktober abgeschlossen vor.

Matthias Hansl verdanke ich nicht nur die Anregung, ein Buch über den Zustand des deutschen Parlamentarismus zu schreiben, sondern eine engagierte Zusammenarbeit, freundliche Ermahnungen und ein eingehendes Lektorat. Gerd Giesler, Philip Manow, Christoph Möllers, Christian Neumeier und Matthias Roßbach haben das Manuskript gelesen und mit mir diskutiert. Von ihnen allen habe ich in den letzten Jahren in zahllosen Gesprächen so viel lernen dürfen, dass es mir eine besondere Ehre ist, ihnen auch an dieser Stelle zu danken.

Würzburg, im Herbst 2018   F. M.

Anhang

Anmerkungen

Vorbemerkung

1 Christian Meier: *Res publica amissa. Eine Studie zu Verfassung und Geschichte der späten römischen Republik*, Wiesbaden 1966.
2 Andreas Voßkuhle: *Die Verfassung der Mitte*, München 2016.
3 Wolfram Pyta: *Hindenburg: Herrschaft zwischen Hohenzollern und Hitler*, München 2009.
4 Thomas Mergel: *Parlamentarische Kultur in der Weimarer Republik: Politische Kommunikation, symbolische Politik und Öffentlichkeit im Reichstag*, Düsseldorf ³2012; Thomas Raithel: *Das schwierige Spiel des Parlamentarismus: Deutscher Reichstag und französische Chambre des Députés in den Inflationskrisen der 1920er Jahre*, München 2005.
5 Vgl. dazu auch den vorzüglichen Aufsatz von Lukas Haffert, Metropole des Populismus – Berlin als Totem der Elitenkritik, *Merkur* (72. Jahrgang), Heft 825, 2018, S. 71–76.
6 Wolfgang Schröder/Bernhard Weßels/Alexander Berzel: Die AfD in den Landtagen, *Zeitschrift für Parlamentsfragen* 49 (2018), 91.
7 BVerfGE 144, 20 – *NPD-Verbotsverfahren II* (17.1.2017).
8 Siehe etwa die Bestandsaufnahmen bei Pascale Cancik und Hermann Pünder: Wahlrecht und Parlamentsrecht als Gelingensbedingungen repräsentativer Demokratie, *Veröffentlichungen der Vereinigung der Deutschen Staatsrechtslehrer* 72 (2013), S. 191–322.
9 Lammert findet das Rednerpult im Bundestag überflüssig, F. A. Z. v. 23.5. 2018.
10 Eine besonders originelle Beschreibung des Plenarsaals findet sich bei Sophie Schönberger: Der Plenarsaal als Ort des Gedenkens – Parlamentarische Rituale im Deutschen Bundestag, *Der Staat* 56 (2017), S. 441–472.
11 Walter Benjamin: Das Kunstwerk im Zeitalter seiner technischen Reproduzierbarkeit (3. Fassung), in: *Ges. Schriften Bd. I/2*, Frankfurt 1974, S. 491 f. Fn. 20.

I. Das unbekannte Zentrum der deutschen Verfassung

1 Aus der verfassungsrechtlichen Literatur zum parlamentarischen Regierungssystem vor allem Hans-Peter Schneider: Das parlamentarische

System, in: Ernst Benda/Werner Maihofer/Hans-Jochen Vogel (Hrsg.),
Handbuch des Verfassungsrechts der Bundesrepublik Deutschland, Berlin
²1994, § 13 Rdnr. 3; Peter Badura: Die parlamentarische Demokratie, in:
Paul Kirchhof/Josef Isensee (Hrsg.), *Handbuch des Staatsrechts*, Bd. I,
Heidelberg 1987, § 23; einen vergleichenden Überblick bietet Anthony
W. Bradley/Cesare Pinelli: Parliamentarism, in: Michel Rosenfeld/András
Sajó (Hrsg.), *The Oxford Handbook of Comparative Constitutional Law*,
Oxford 2012, S. 654–656; aus der Weimarer Zeit noch Richard Thoma:
Die rechtliche Ordnung des parlamentarischen Regierungssystems, in:
Gerhard Anschütz/Richard Thoma (Hrsg.), *Handbuch des Deutschen
Staatsrechts*, Bd. I, Tübingen 1930, v. a. S. 503–504; wichtig auch Ulrich
Scheuner: Entwicklungslinien des parlamentarischen Regierungssys-
tems (1969), in: *Staatstheorie und Staatsrecht*, Berlin 1978.

2 Walter Bagehot: *The English Constitution*, London 1867, S. 12, 36.

3 Richard Thoma: Sinn und Gestaltung des deutschen Parlamentarismus,
in: *Rechtsstaat – Demokratie – Grundrechte*, Tübingen 2008, S. 233.

4 Klaus von Beyme: *Die parlamentarische Demokratie: Entstehung und
Funktionsweise 1789–1999*, Wiesbaden ⁴2014, S. 37, 109–111.

5 Art. 29 RV 1871: «Die Mitglieder des Reichstages sind Vertreter des
gesammten Volkes und an Aufträge und Instruktionen nicht gebunden.» Art. 21 WRV: «Die Abgeordneten sind Vertreter des ganzen Volkes.
Sie sind nur ihrem Gewissen unterworfen und an Aufträge nicht gebunden.»

6 Philip Manow: Das Parlament, der Filibuster und die politische Romantik, *Merkur* 807 (2016), S. 95 ff.

7 Hans Maier: Parlamentsreform – aber wie?, *Merkur* 254 (1969), S. 516.

8 Abw. M. *Lübbe-Wolff* zu BVerfGE 114, 121 (182) – *Bundestagsauflösung III*
(25.8.2004).

9 Hans Meyer: Die Stellung der Parlamente in der Verfassungsordnung des
Grundgesetzes, in: Hans-Peter Schneider/Wolfgang Zeh (Hrsg.), *Parlamentsrecht und Parlamentspraxis*, Berlin 1989, § 4 Rdnr. 12.

10 Hans-Peter Schwarz: Die CDU/CSU-Fraktion in der Ära Adenauer, in:
Hans-Peter Schwarz (Hrsg.), *Die Fraktion als Machtfaktor*, München
2009, S. 13.

11 von Beyme: *Die parlamentarische Demokratie*, S. 26.

12 Wilhelm Hennis: Die Rolle des Parlaments und die Parteiendemokratie
(1974), in: *Regieren im modernen Staat*, Tübingen 1999, S. 227.

13 Siehe die klassische Analyse von Gerhard Lehmbruch: *Parteienwettbewerb im Bundesstaat: Regelsysteme und Spannungslagen im politischen
System der Bundesrepublik Deutschland*, Wiesbaden ³2000, bes. S. 17.

14 Stefan Oeter: *Integration und Subsidiarität im deutschen Bundesstaats-*

rect: *Untersuchungen zur Bundesstaatstheorie unter dem Grundgesetz*, Tübingen 1998.

15 Christoph Möllers: Der parlamentarische Bundesstaat – Das vergessene Spannungsverhältnis von Parlament, Demokratie und Bundesstaat, in: Josef Aulehner u. a. (Hrsg.), *Föderalismus – Auflösung oder Zukunft der Staatlichkeit?*, Stuttgart 1997, S. 81.

16 Die maßgeblichen Arbeiten sind zusammengefasst in dem Band: *Regieren im modernen Staat: Politikwissenschaftliche Abhandlungen I*, Tübingen 1999.

17 Stephan Schlak: *Wilhelm Hennis: Szenen einer Ideengeschichte der Bundesrepublik*, München 2008, S. 174.

18 Wilhelm Hennis: *Auf dem Weg in den Parteienstaat: Aufsätze aus vier Jahrzehnten*, Stuttgart 1998.

19 BVerfGE 137, 185 (232) – *Rüstungsexporte* (21.10.2014).

20 Siehe die Würdigung bei Christoph Schönberger: Der Indian Summer eines liberalen Etatismus, in: Hermann-Josef Große Kracht/Klaus Große Kracht (Hrsg.), *Religion – Recht – Republik*, Paderborn 2014, S. 133 f.

21 Philip Manow: Das Ende der Situationsvernunft, *Die Zeit* v. 14.7.2018.

22 Astrid Séville: *Der Sound der Macht: Eine Kritik der dissonanten Herrschaft*, München 2018.

23 Arnulf Baring: Bürger, auf die Barrikaden! Deutschland auf dem Weg zu einer westlichen DDR, *Frankfurter Allgemeine Zeitung* v. 19.11.2002.

24 Christoph Möllers: Wir, die Bürger(lichen), *Merkur* 71 (2017), S. 12.

25 Max Weber: Politik als Beruf (1919), in: Wolfgang J. Mommsen/Gangolf Hübinger (Hrsg.), *Zur Politik im Weltkrieg: Schriften und Reden 1914–1918*, MWG Bd. I/17, Tübingen 1992.

26 Mely Kiyak: Angela Merkel sitzt im pinkfarbenen Sesselchen und modernisiert Deutschland, http://kolumne.gorki.de/kolumne-74/.

27 Ich greife im Folgenden zurück auf meinen Artikel «Regierung ist Mist» im Feuilleton der *Frankfurter Allgemeinen Zeitung* vom 25.5.2017.

28 Philip Manow: Das Ende der Situationsvernunft, *Die Zeit* v. 14.7.2018.

29 Zu diesem Problem Horst Dreier: *Gilt das Grundgesetz ewig?: Fünf Kapitel zum modernen Verfassungsstaat*, München 2009, S. 100.

30 Ulrich K. Preuß: *Revolution, Fortschritt und Verfassung: Zu einem neuen Verfassungsverständnis*, Berlin 1990.

31 Horst Dreier: Das Grundgesetz unter Ablösungsvorbehalt?, in: *Idee und Gestalt des freiheitlichen Verfassungsstaates*, Tübingen 2014, S. 455.

32 Karl Marx: Der achtzehnte Brumaire des Louis Bonaparte, in: *Marx-Engels-Werke*, Bd. 8, Berlin (Ost) 1960, S. 196.

33 Georg Jellinek: *Verfassungsänderung und Verfassungswandlung: Eine staatsrechtlich-politische Abhandlung*, Berlin 1906, S. 76.

34 Lenin: *Staat und Revolution (1917)*, Hamburg 2012.

35 Carl Schmitt: *Die geistesgeschichtliche Lage des heutigen Parlamentarismus*, München und Leipzig 1926.

36 Johannes Agnoli/Peter Brückner: *Die Transformation der Demokratie*, Berlin 1967.

37 Ernst Forsthoff: *Der Staat der Industriegesellschaft. Dargestellt am Beispiel der Bundesrepublik Deutschland*, München 1971, S. 94 ff.

38 Egon Flaig: Wie entscheidungsfähig sind Demokratien?, in: Friedrich Wilhelm Graf/Heinrich Meier (Hrsg.), *Die Zukunft der Demokratie*, München 2018, S. 122 f.

39 Peter Sloterdijk: Der verletzte Stolz, *DER SPIEGEL* Nr. 45/2010.

40 Peter Bofinger/Jürgen Habermas/Julian Nida-Rümelin: Einspruch gegen die Fassadendemokratie, *Frankfurter Allgemeine Zeitung*, 3.8.2012.

II. Jahrgang 1919: Eine verfassungsgeschichtliche Skizze des parlamentarischen Regierungssystems

1 Klassische Kritik: Wilhelm Hennis: *Verfassung und Verfassungswirklichkeit: Ein deutsches Problem*, Tübingen 1968.

2 Christoph Möllers: *Gewaltengliederung: Legitimation und Dogmatik im nationalen und internationalen Rechtsvergleich*, Tübingen 2005.

3 Hierzu zusammenfassend Christoph Schönberger: Der Deutsche Bundestag zwischen Konstitutionalismus und parlamentarischer Demokratie: Historische und vergleichende Variationen auf ein Thema Gerhard Loewenbergs, in: Helmar Schöne/Julia von Blumenthal (Hrsg.), *Parlamentarismusforschung in Deutschland*, Baden-Baden 2009.

4 Gerhard Loewenberg: *Parlamentarismus im politischen System der Bundesrepublik Deutschland*, Tübingen 1969; Gerhard Lehmbruch: *Parteienwettbewerb im Bundesstaat: Regelsysteme und Spannungslagen im politischen System der Bundesrepublik Deutschland*, Opladen [3]2000.

5 Aus der neueren Literatur etwa Alexander Weiß: *Theorie der Parlamentsöffentlichkeit: Elemente einer Diskursgeschichte und deliberatives Modell*, Baden-Baden 2011.

6 Hasso Hofmann: Das Postulat der Allgemeinheit des Gesetzes: Mit einem Anhang: Individuum und allgemeines Gesetz – Zur Dialektik in Kleists «Penthesilea» und «Prinz von Homburg», in: *Verfassungsrechtliche Perspektiven*, Tübingen 1995, S. 260–322.

7 Christoph Gusy: *100 Jahre Weimarer Verfassung: Eine gute Verfassung in schlechter Zeit*, Tübingen 2018, S. 156 ff.; Gertrude Lübbe-Wolff: Das Demokratiekonzept der Weimarer Reichsverfassung, in: Horst Dreier/

Christian Waldhoff (Hrsg.), *Das Wagnis der Demokratie*, München 2018, S. 116–126.

8 Einzelheiten bei Malcolm Jack (Hrsg.): *Erskine May's treatise on the law, privileges, proceedings and usage of Parliament*, [24]2011, S. 352 ff.

9 Clayton Roberts: *The growth of responsible government in Stuart England*, London 1966.

10 Vor allem Ernst Fraenkel hat immer wieder auf die fundamentale Bedeutung dieses «andersartigen Phasenablaufs der Entstehungsgeschichte von Bürokratie und Parlamenten» hingewiesen: Historische Vorbelastungen des deutschen Parlamentarismus (1960), in: *Deutschland und die westlichen Demokratien*, Baden-Baden [9]2011, S. 53–73.

11 Joseph A. Schumpeter: *Kapitalismus, Sozialismus und Demokratie: Mensch und Gesellschaft*, Bern 1946, S. 146.

12 Brief an Ludo Moritz Hartmann v. 3. Januar 1919, in: Max-Weber-Gesamtausgabe, Bd. II/10,1, hrsg. v. Gerd Krumeich u. a., 2012, S. 387.

13 Ich habe das an anderer Stelle näher ausgeführt: Florian Meinel: *Selbstorganisation des parlamentarischen Regierungssystems: Vergleichende Untersuchungen zu einem Verfassungsproblem der Bundesrepublik Deutschland*, Tübingen 2019 (i. V.), Kap. 6.

14 Ernst Rudolf Huber: *Deutsche Verfassungsgeschichte seit 1789*, Bd. VII, Stuttgart u. a. 1984, S. 647 f.

15 Jürgen Habermas: *Strukturwandel der Öffentlichkeit: Untersuchungen zu einer Kategorie der bürgerlichen Gesellschaft* (1962). Frankfurt am Main 1990; Jürgen Habermas: Volkssouveränität als Verfahren, *Merkur* 484 (1989), S. 465–477.

16 Peter Bofinger/Jürgen Habermas/Julian Nida-Rümelin: Einspruch gegen die Fassadendemokratie, *Frankfurter Allgemeine Zeitung* v. 3.8.2012.

17 Eine kurze und präzise Würdigung bietet Hasso Hofmann: Verfassungsrechtliche Sicherungen der parlamentarischen Demokratie: Zur Garantie des institutionellen Willensbildungs- und Entscheidungsprozesses, in: *Verfassungsrechtliche Perspektiven*, Tübingen 1995, S. 129 ff.

18 Matthias Jestaedt: *Demokratieprinzip und Kondominialverwaltung: Entscheidungsteilhabe Privater an der öffentlichen Verwaltung auf dem Prüfstand des Verfassungsprinzips Demokratie*, Berlin 1993, S. 313.

19 Julius Hatschek: *Das Parlamentsrecht des Deutschen Reiches: Im Auftrag des Deutschen Reichstages dargestellt*, Erster Teil, Berlin u. a. 1915, S. 185–191.

20 Peter Blum: Leitungsorgane, in: Martin Morlok/Utz Schliesky/Dieter Wiefelspütz (Hrsg.), *Parlamentsrecht*, Baden-Baden 2016, § 21 Rdnr. 61, 66: Besondere Bedeutung hat hier der Umstand, dass alle Geschäftsordnungsfragen vor Sitzungen des Ältestenrates von den Parlamentarischen

Geschäftsführern der Fraktionen vorbesprochen werden; eingehend zur Kontinuität dieser parlamentarischen Institution Harald Franke: *Vom Seniorenkonvent des Reichstages zum Ältestenrat des Bundestages*, Berlin 1987.

21 Plenarprotokoll 14/251, Sten. Ber., S. 25 443–25 447.

22 Wolfgang Zeh: Das Ausschußsystem im Bundestag, in: Hans-Peter Schneider/Wolfgang Zeh (Hrsg.), *Parlamentsrecht und Parlamentspraxis*, Berlin 1989, § 39 Rdnr. 26; Friedrich Schäfer: *Der Bundestag: Eine Darstellung seiner Aufgaben und seiner Arbeitsweise*, Köln u. a. [4]1982, S. 118.

23 Fritz Münch: *Die Bundesregierung*, Frankfurt am Main 1954, S. 159.

24 Fritz René Allemann: *Bonn ist nicht Weimar*, Köln 1956, S. 327 ff.

25 Anselm Doering-Manteuffel: Strukturmerkmale der Kanzlerdemokratie, *Der Staat* 30 (1991), S. 1.

26 Rüdiger Altmann: *Das Erbe Adenauers*, Stuttgart-Degerloch [2]1960, S. 27.

27 Ernst Friesenhahn: Parlament und Regierung im modernen Staat, *Veröffentlichungen der Vereinigung der Deutschen Staatsrechtslehrer* 16 (1958), S. 37 f.

28 Hans-Peter Schwarz: *Adenauer*, Bd. 1, Stuttgart 1986, S. 624 f.; Rudolf Morsey: Die Bildung der ersten Regierungskoalition, *Historisches Jahrbuch* 97/98 (1978), S. 418–438.

29 Jürgen Habermas: Zum Begriff der politischen Beteiligung (1958), in: *Kultur und Kritik. Verstreute Aufsätze*, Frankfurt am Main 1973, S. 9 ff.

30 Dazu Udo Wengst: Ministerverantwortlichkeit in der parlamentarischen Praxis der Bundesrepublik Deutschland, *Zeitschrift für Parlamentsfragen* 15 (1984), S. 539–551; umfangreiche Nachweise zur Literatur und Staatspraxis finden sich bei Katrin Stein: *Die Verantwortlichkeit politischer Akteure*, Tübingen 2009, S. 378–383.

31 Datenhandbuch des Deutschen Bundestages, Online-Ausgabe, Kap. 11.4 (Stand 9.4.2014).

32 Hans-Peter Schwarz: Die Fraktion als Machtfaktor, in: Hans-Peter Schwarz (Hrsg.), *Die Fraktion als Machtfaktor*, München 2009, S. 283.

33 Dazu Ursula Hüllbüsch: Einleitung, in: Bundesarchiv (Hrsg.), *Die Kabinettsprotokolle der Bundesregierung*, Band 4: 1951, Boppard am Rhein 1988, S. LXI–LXIII.

34 Meinhard Schröder: Kritische Tendenzen im normativen Umriss von Regierung und Parlament, in: *Festschrift für Peter Badura*, Tübingen 2004, S. 504; Jens-Peter Steuck: Die ständige Teilnahme von Fraktionsvorsitzenden an Kabinettssitzungen der Bundesregierung — ein Verstoß gegen das Gewaltenteilungsprinzip?, *ZRP* 32 (1999), S. 403–405.

35 Zum Folgenden namentlich Jens Brauneck: *Die rechtliche Stellung des*

Bundeskanzleramtes: Rechtliche Grenzen für Organisation, Handeln und Kontrollierbarkeit des Bundeskanzleramtes, Baden-Baden 1994; Thomas Knoll: *Das Bonner Bundeskanzleramt: Organisation und Funktionen von 1949–1999*, Wiesbaden 2004; Stephan Bröchler/Julia von Blumenthal (Hrsg.): *Regierungskanzleien im politischen Prozess*, Wiesbaden 2011; Volker Busse/Hans Hofmann: *Bundeskanzleramt und Bundesregierung*, Köln ⁶2016.

36 Thomas Knoll, a. a. O., S. 412.

37 Thomas Knoll: Das Bundeskanzleramt – Funktionen und Organisation, in: Klemens H. Schrenk/Markus Soldner (Hrsg.), *Analyse demokratischer Regierungssysteme*, Wiesbaden 2010, S. 215.

38 Antwort der Bundesregierung auf die Kleine Anfrage der Abgeordneten Leif-Erik Holm, Marc Bernhard, Peter Boehringer, weiterer Abgeordneter und der Fraktion der AfD: Aufwendungen der Bundesregierung für Öffentlichkeitsarbeit, BT-Drucks. 19/1781.

39 Der offizielle Organisationsplan des Bundeskanzleramtes (https://www.bundesregierung.de/Content/DE/_Anlagen/druckversion-organigramm-bkamt.pdf?__blob=publicationFile) ist insoweit unrichtig. Richtig ist dagegen der Organisationsplan des Bundespresseamtes selbst (https://www.bundesregierung.de/Content/DE/_Anlagen/druckversion-organigramm-bpa.pdf?__blob=publicationFile&v=28).

40 Barry K. Winetrobe: The Autonomy of Parliament, in: Dawn Oliver/Gavin Drewry (Hrsg.), *The Law and Parliament*, London u. a. 1998, S. 20; grundlegend Gary W. Cox: *The efficient secret: The Cabinet and the development of political parties in Victorian England*, Cambridge u. a. 1987.

41 Michael Kloepfer (Hrsg.): *Gesetzgebungsoutsourcing*, Baden-Baden 2011.

42 Volker Busse: *Geschäftsordnung der Bundesregierung*, München ²2014, § 23 Rdnr. 5.

43 Knoll: *Das Bonner Bundeskanzleramt*, S. 430.

44 Lehmbruch: *Parteienwettbewerb im Bundesstaat*, S. 57.

45 Herberg Döring/Christoph Hönnige: Vote of Confidence Procedure and Gesetzgebungsnotstand: Two Toothless Tigers of Governmental Control, *German Politics* 15 (2006), S. 1–26.

46 Einen vergleichenden Überblick bietet John D. Huber: The Vote of Confidence in Parliamentary Democracies, *American Political Science Review* 90 (1996), S. 269–282.

47 Anthony W. Bradley/Keith D. Ewing/Christopher Knight: *Constitutional and administrative law*, Harlow u. a. ¹⁶2014, S. 246–248.

48 Albert Venn Dicey: *Introduction to the study of the law of the constitution*, London ⁸1923, S. 429, 433.

49 Plenarprotokoll 9/141 v. 17.12.1982, Sten. Ber., S. 8939.

50 BVerfGE 62, 1 – *Bundestagsauflösung I* (16.2.1983).

51 BVerfGE 62, 1 (42) – *Bundestagsauflösung I* (16.2.1983).

52 BVerfGE 114, 121 (162 ff.) – *Bundestagsauflösung III* (25.8.2005).

53 *Beratungen und Empfehlungen zur Verfassungsreform: Schlußbericht der Enquete-Kommission Verfassungsreform des Deutschen Bundestages, Teil I: Parlament und Regierung* (Zur Sache 3/76), 1976, S. 21.

54 Für das Kaiserreich zeigt das Ursula Mittmann: *Fraktion und Partei: Ein Vergleich von Zentrum und Sozialdemokratie im Kaiserreich*, Düsseldorf 1976.

55 Karl Kautsky: *Der Parlamentarismus, die Volksgesetzgebung und die Sozialdemokratie*, Stuttgart 1893, S. 111.

56 Hans Kelsen: Wesen und Wert der Demokratie (1929), in: *Verteidigung der Demokratie*, Tübingen 2006, S. 185 f.

57 Schwarz: Die Fraktion als Machtfaktor, S. 291.

58 «Wo bleibt der politische Wille des Volkes?» Bundespräsident Richard von Weizsäcker im Gespräch mit Gunter Hofmann und Werner A. Perger, in: Die Zeit v. 19.6.1992.

59 Schlak: *Wilhelm Hennis*, S. 123–127.

60 Holger Döring/Philip Manow: Is Proportional Representation More Favourable to the Left?: Electoral Rules and Their Impact on Elections, Parliaments and the Formation of Cabinets, *British Journal of Political Science* 47 (2017), S. 149–164.

61 Eine sehr frühe und grundsätzliche Diskussion des Problems findet sich bei Ernst-Wolfgang Böckenförde: *Die Organisationsgewalt im Bereich der Regierung: Eine Untersuchung zum Staatsrecht der Bundesrepublik Deutschland (1964)*, Berlin ²1998, S. 232–234.

62 Matthias Roßbach: *Das Personal der Republik*, Tübingen 2019 (i. E.).

63 Philip Manow: Die politische Kontrolle der Ministerialbürokratie des Bundes: Die Bedeutung der Landesebene, in: Philip Manow/Steffen Ganghof (Hrsg.), *Mechanismen der Politik*, Frankfurt am Main 2005, S. 251.

64 Manow, a. a. O., S. 248 ff.

65 Frank Decker: *Regieren im «Parteienbundesstaat»: Zur Architektur der deutschen Politik*, Wiesbaden 2011, S. 92.

66 Justin Collings: *Democracy's guardians: A history of the German Federal Constitutional Court 1951–2001*, Oxford 2015.

67 Hans-Ulrich Wehler: *Deutsche Gesellschaftsgeschichte*, Bd. 5, München 2010, S. 6.

68 Christoph Möllers: Legalität, Legitimität und Legitimation des Bundesverfassungsgerichts, in: *Das entgrenzte Gericht*, Berlin 2011, S. 281–422.

69 Jost Pietzcker: Organstreit, in: Peter Badura/Horst Dreier (Hrsg.), *Festschrift 50 Jahre Bundesverfassungsgericht*, Bd. 1, Tübingen 2001, S. 587 f.; Rainer Grote: *Der Verfassungsorganstreit*, Tübingen 2010.

70 Auch das frühe Bundesverfassungsgericht war hier noch sehr zurückhaltend; siehe Pascale Cancik: Parlamentarismus vor dem Bundesverfassungsgericht – Das Redezeiturteil und die Erfassung der Verfassungswirklichkeit, in: Florian Meinel (Hrsg.), *Verfassungsgerichtsbarkeit in der Bonner Republik*, Tübingen 2019 (i. V.)

71 Christoph Schönberger: Anmerkungen zu Karlsruhe, in: *Das entgrenzte Gericht*, Berlin 2011, S. 16–20.

72 BVerfGE 90, 286 (381 ff.) – *Out of Area-Einsätze der Bundeswehr* (12.7. 1994).

73 BVerfGE 44, 125 – *Öffentlichkeitsarbeit der Bundesregierung* (2.3.1977).

74 BVerfG, NJW 2018, 928 – *Neutralitätspflicht von Regierungsmitgliedern* (27.2.2018).

75 BVerfGE 4, 27 (30) – *Prozessualer Status politischer Parteien* (20.7.1954)

76 John Stuart Mill: *Considerations on representative government*, London 1861, Kap. V.

77 Wilhelm Hennis: Der Deutsche Bundestag 1949–1965: Leistung und Reformaufgaben (1966), in: *Auf dem Weg in den Parteienstaat*, Stuttgart 1998, S. 21 ff.; Christoph Schönberger: Der Deutsche Bundestag zwischen Konstitutionalismus und parlamentarischer Demokratie: Historische und vergleichende Variationen auf ein Thema Gerhard Loewenbergs, in: Helmar Schöne/Julia von Blumenthal (Hrsg.), *Parlamentarismusforschung in Deutschland*, Baden-Baden 2009, S. 45 f.

78 Ruth Fox/Joel Blackwell: *The Devil is in the Detail: Parliament and Delegated Legislation*, London 2015.

79 *R (Miller) v Secretary of State for Exiting the European Union*, [2017] UKSC 5.

80 Präzise Christoph Schönberger: Das Parlament: Geschichte einer europäischen Erfindung, in: Martin Morlok/Dieter Wiefelspütz (Hrsg.), *Parlamentsrecht*, Baden-Baden 2016, § 1 Rdnr. 55.

81 Auf den Zusammenhang zwischen den Imperativen sozialstaatlicher Politik und dem Parlamentarisierungsmodell der Bundesrepublik weist auch Peter Badura hin: Die parlamentarische Demokratie, in: Josef Isensee/Paul Kirchhof (Hrsg.), *Handbuch des Staatsrechts*, Bd. II, Heidelberg 2004, § 25 Rdnr. 8–9; Helmuth Schulze-Fielitz: *Theorie und Praxis parlamentarischer Gesetzgebung, besonders des 9. Deutschen Bundestages (1980–1983)*, Berlin 1988, S. 4–8.

82 Erstmals BVerfGE 89, 155 – *Vertrag von Maastricht* (12.10.1993); der grundlegende Text des geistigen Vaters dieser Rechtsprechung ist Paul

Kirchhof: Der deutsche Staat im Prozeß der europäischen Integration, in: Josef Isensee/Paul Kirchhof (Hrsg.), *Handbuch des Staatsrechts*, Bd. VII, Heidelberg 1992, § 183 Rdnr. 57 ff., bes. Rdnr. 61.

83 BVerfGE 129, 124 (Rdnr. 141) – *Griechenlandhilfe/Euro-Rettungsschirm* (7.9.2011).

84 Fragen an das Selbstverständnis des Bundesverfassungsgerichts formuliert in diesem Zusammenhang Christoph Schönberger: Identitäterä, *Jahrbuch des öffentlichen Rechts* 63 (2015), S. 42 ff.

III. Volksvertretung im Arbeitsparlament

1 Thomas Hobbes: *De cive* (1642), VII, 9.

2 Immer noch grundlegend Christoph Müller: *Das imperative und freie Mandat: Überlegungen zur Lehre von der Repräsentation des Volkes*, Leiden 1966; präzise Horst Dreier: Das Problem der Volkssouveränität, in: Pirmin Stekeler-Weithofer/Benno Zabel (Hrsg.), *Philosophie der Republik*, Tübingen 2018, S. 55 f.

3 Hanna Fenichel Pitkin: *The concept of representation*, Berkeley u. a. 1967.

4 Bernard Manin: *The principles of representative government*, Cambridge 2002, S. 203.

5 Zu alledem immer noch grundlegend Hasso Hofmann: *Repräsentation: Studien zur Wort- und Begriffsgeschichte von der Antike bis ins 19. Jahrhundert*, Berlin 1974.

6 Zur Genese dieser Vorstellung insbesondere Gerhard Loewenberg: *Parlamentarismus im politischen System der Bundesrepublik Deutschland*, Tübingen 1969, S. 73 f.

7 Grundlegend demnächst Christian Neumeier: *Kompetenz: Eine verfassungsgeschichtliche Studie*, Ms. 2019.

8 Carl Schmitt: *Die Diktatur (1921): Von den Anfängen des modernen Souveränitätsgedankens bis zum proletarischen Klassenkampf*, Berlin ²1928, S. 141 f.

9 Christoph Schönberger/Sophie Schönberger: Die AfD im Bundestag, *Juristenzeitung* 73 (2018), S. 105–114.

10 BVerfGE 112, 118 – *Bundestagsbank des Vermittlungsausschusses* (8.12. 2004).

11 Kritisch Christian Waldhoff: Das mißverstandene Mandat, *Zeitschrift für Parlamentsfragen* 37 (2006), S. 251–266.

12 BVerfGE 131, 316 – *Überhangmandate* (25.7.2012).

13 Siehe zunächst BVerfGE 89, 155 (182) – *Maastricht* (12.10.1993); zuletzt BVerfGE 123, 267 (359 u. passim) – *Lissabon* (30.6.2009).

14 BVerfGE 134, 141 (172 ff.) – *Ramelow* (17.9.2013).

15 BVerfGE 130, 318 (Leitsatz 1) – *Stabilisierungsmechanismusgesetz* (28.2. 2012).

16 Matthew S. Shugart/Martin P. Wattenberg (Hrsg.): *Mixed-Member Electoral Systems*, Oxford 2001.

17 Albert Venn Dicey: *Introduction to the study of the law of the constitution*, London [8]1923, S. lxix-lxx.

18 Anthony W. Bradley/Keith D. Ewing/Christopher Knight: *Constitutional and administrative law*, Harlow u. a. [16]2014, S. lxix.

19 Sehr anschaulich schildert das Danny Schindler: Die Mühen der Ebene: Parteiarbeit der Bundestagsabgeordneten im Wahlkreis, *Zeitschrift für Parlamentsfragen* 44 (2013), S. 507 ff.

20 Philip Manow: Mixed Rules, Different Roles?, *Journal of Legislative Studies* 19 (2013), S. 287–308; Philip Manow: *Mixed rules, mixed strategies: Candidates and parties in Germany's electoral system*, Colchester, United Kingdom 2015, S. 178–180.

21 Siehe etwa Decker: *Regieren im «Parteienbundesstaat»*, S. 66.

22 Hans-Peter Schwarz: Die Fraktion als Machtfaktor, in: Hans-Peter Schwarz (Hrsg.), *Die Fraktion als Machtfaktor*, München 2009, S. 281.

23 BVerfGE 102, 224 – *Funktionszulagen* (31.7.2000).

24 Dieses Argument verdanke ich Philip Manow.

25 Ständige Rechtsprechung seit BVerfGE 1, 208 (246); zuletzt BVerfGE 131, 316 (334 f.) – *Landeslisten* (25.7.2012)

26 BVerfGE 131, 316 (Rdnr. 61) – *Negatives Stimmgewicht* (25.7.2012).

27 A. a. O., Rdnr. 52: «Das Recht der Bürger, in Freiheit und Gleichheit durch Wahlen und Abstimmungen die öffentliche Gewalt personell und sachlich zu bestimmen, ist elementarer Bestandteil des Demokratieprinzips. Der Grundsatz der Gleichheit der Wahl trägt der vom Demokratieprinzip vorausgesetzten Gleichberechtigung der Staatsbürger Rechnung.»

28 Loewenberg: *Parlamentarismus im politischen System der Bundesrepublik Deutschland*, S. 94 f.

29 Dieter Nohlen: *Wahlrecht und Parteiensystem: Zur Theorie und Empirie der Wahlsysteme*, Bonn [7]2014, S. 394.

30 Die üblichen politischen Argumente finden sich etwa bei Christoph Schwennicke, Deutschland braucht ein Mehrheitswahlrecht, Cicero Online, 29.8.2013, https://www.cicero.de/innenpolitik/plaedoyer-deutschland-braucht-ein-mehrheitswahlrecht/55576. Ausführliche Nachweise zur verfassungsrechtlichen Diskussion bei Hermann Pünder: Wahlrecht und Parlamentsrecht als Gelingensbedingungen repräsentativer Demokratie, *Veröffentlichungen der Vereinigung der Deutschen Staatsrechtslehrer* 72 (2013), S. 213 ff.

31 Christoph Schönberger: Lob der Fünfprozenthürde, *Verfassungsblog*, https://verfassungsblog.de/lob-fuenfprozenthuerde/ (27.9.2013).

32 Dolf Sternberger: Berufspolitiker und Politiker-Berufe, *Die Gegenwart* V (1950), S. 9.

33 Eine gute Zusammenfassung bietet Mónica Brito Vieira/David Runciman: *Representation*, New York 2008; neuerdings Mónica Brito Vieira: Introduction, in: Mónica Brito Vieira (Hrsg.), *Reclaiming representation*, New York 2017, S. 1–21.

34 Sigrid Boysen: Repräsentation und Repräsentativität. Geschlechterfragen im internationalen Demokratiediskurs, erscheint in: Margarete Schuler-Harms (Hrsg.), *Gleichberechtigung und Demokratie – Gleichberechtigung in der Demokratie*, i. V.

35 Markus Linden: *Einschluss und Ausschluss durch Repräsentation: Theorie und Empirie am Beispiel der deutschen Integrationspolitik*, Baden-Baden 2014.

36 John Adams: Thoughts on Government (1776), in: Charles S. Hyneman/ Donald S. Lutz (Hrsg.), *American Political Writing During the Founding Era*, Bd. 1, Indianapolis 1983, S. 401–409.

37 Hanna Fenichel Pitkin: *The concept of representation*, Berkeley u. a. 1967, S. 76.

38 Peter Sloterdijk: Von pseudonymer Politik, in: Friedrich Wilhelm Graf/ Heinrich Meier (Hrsg.), *Die Zukunft der Demokratie*, München 2018, S. 171–202; die Wendung «Monolog eines Autistenclubs» findet sich an anderer Stelle: Peter Sloterdijk: Der verletzte Stolz, DER SPIEGEL Nr. 45/2010.

39 Gerhard Leibholz: *Das Wesen der Repräsentation und der Gestaltwandel der Demokratie im 20. Jahrhundert*, Berlin 1966; Gerhard Leibholz: *Strukturprobleme der modernen Demokratie*, Karlsruhe ³1967.

40 Andrew Rehfeld: *The concept of constituency: Political representation, democratic legitimacy, and institutional design*, Cambridge 2005, S. 209 ff.

IV. Die Krise der Vermittlungsinstitutionen

1 Siehe etwa Oskar Niedermayer: Die Erosion der Volksparteien, *Zeitschrift für Politik* 57 (2010), S. 265–277.

2 Oskar Niedermayer: Parteimitglieder in Deutschland: Version 2017, *Arbeitshefte aus dem Otto-Stammer-Zentrum*, Nr. 27, FU Berlin 2017.

3 Philip Manow: *Die politische Ökonomie des Populismus*, Berlin 2018.

4 Christoph Möllers: Wir, die Bürger(lichen), *Merkur* 71 (2017), S. 7.

5 Ernst Forsthoff: Haben wir zuviel oder zuwenig Staat?, in: *Rechtsstaat im Wandel*, Stuttgart 1964, S. 72.

6 Startseite www.lobbycontrol.de (21.8.2018).

7 Michael Stolleis: Parteienstaatlichkeit – Krisensymptome des demokratischen Verfassungsstaats?, *Veröffentlichungen der Vereinigung der Deutschen Staatsrechtslehrer* 44 (1986), S. 13 f.

8 Philip Manow/Marian Döhler: *Strukturbildung von Politikfeldern: Das Beispiel bundesdeutscher Gesundheitspolitik seit den fünfziger Jahren*, Wiesbaden 1997, S. 49 ff.

9 Christine Trampusch: From Interest Groups to Parties: The Change in the Career Patterns of the Legislative Elite in German Social Policy, *German Politics* 14 (2005), S. 14–32.

10 Anlage 2 zur GOBT. Die Liste wird laufend aktualisiert und findet sich unter www.bundestag.de/parlament/lobbyliste.

11 Unterschiedliche Würdigungen dieser Leistung bei Hans-Peter Schwarz: *Helmut Kohl: Eine politische Biographie*, München 2012, S. 166 ff.; Patrick Bahners: *Helmut Kohl: Der Charakter der Macht*, München 2017, S. 51 ff.

12 Eine Rekonstruktion der Verhandlungen 2017/2018 leistet: Sven T. Siefken: Regierungsbildung nach der Bundestagswahl 2017, in: *Zeitschrift für Parlamentsfragen* 49 (2018), S. 407–436.

13 Martin Oldiges/Ralf Brinktrine, in: Michael Sachs (Hrsg.), *Grundgesetz*, München [8]2018, Art. 69 Rdnr. 40 mit weiteren Nachweisen.

14 Siefken: Regierungsbildung nach der Bundestagswahl 2017, S. 412, 420.

15 Oldiges/Brinktrine, a. a. O., Art. 69 Rdnr. 40.

16 Zu alledem die Beiträge in Matthias Jestaedt/Oliver Lepsius/Christoph Möllers/Christoph Schönberger: *Das entgrenzte Gericht: Eine kritische Bilanz nach sechzig Jahren*, Berlin 2011.

17 Christoph Schönberger: Anmerkungen zu Karlsruhe, in: *Das entgrenzte Gericht*, Berlin 2011, S. 57 ff.

18 Christoph Möllers: Legalität, Legitimität und Legitimation des Bundesverfassungsgerichts, in: *Das entgrenzte Gericht*, Berlin 2011, S. 281–422.

19 Beispiele, die zeigen, von wie unterschiedlichen Seiten äußerst grundsätzliche Kritik geäußert wird: Martin Nettesheim: Postpolitik aus Karlsruhe: Verfassungsrechtsprechung als Bedrohungsabwehr, *Merkur* 781 (2014), S. 481–490; Otto Depenheuer: Grenzenlos gefährlich – Selbstermächtigungen des Bundesverfassungsgerichts, in: Christian Hillgruber (Hrsg.), *Gouvernement des juges – Fluch oder Segen?*, Paderborn 2014, S. 79–143; Christoph Schönberger: Identitäterä, *Jahrbuch des öffentlichen Rechts* 63 (2015), S. 41–62; Christoph Möllers: Von der Kernbereichsgarantie zur exekutiven Notstandsprärogative: zum BND-Selektoren-Beschluss des BVerfG, *Juristenzeitung* 72 (2017), S. 271–278; Horst Risse: Rechtsprechung und Parlamentsfreiheit – Versuch einer Vermessung der geschütz-

ten parlamentarischen Gestaltungs- und Entscheidungsräume, *Juristen-zeitung* 73 (2018), S. 71–79.

20 Justin Collings: Democracy's guardians: A history of the German Federal Constitutional Court 1951–2001, Oxford 2015; Florian Meinel (Hrsg.): *Verfassungsgerichtsbarkeit in der Bonner Republik*, Tübingen 2019.

21 Anselm Doering-Manteuffel/Berndt Greiner/Oliver Lepsius: *Der Brok-dorf-Beschluss des Bundesverfassungsgerichts 1985: Eine Veröffentlichung aus dem Arbeitskreis für Rechtswissenschaft und Zeitgeschichte an der Akademie der Wissenschaften und der Literatur Mainz*, Tübingen 2015.

22 Christoph Schönberger: Die Europäische Union zwischen «Demokratie-defizit» und Bundesstaatsverbot: Anmerkungen zum Lissabon-Urteil des Bundesverfassungsgerichts, *Der Staat* 48 (2009), S. 557.

23 BVerfGE 89, 155 (171 f.) – *Vertrag von Maastricht* (12.10.1993); BVerfGE 123, 267 (340 f.) – *Vertrag von Lissabon* (30.6.2009).

24 BVerfGE 123, 267 (354) – *Vertrag von Lissabon* (30.6.2009); dazu insbe-sondere Thomas Wischmeyer: Nationale Identität und Verfassungsiden-tität: Schutzgehalte, Instrumente, Perspektiven, *Archiv des öffentlichen Rechts* 140 (2015), S. 452 ff.

25 BVerfGE 131, 316 (370) – *Überhangmandate* (25.7.2012).

26 BVerfGE 129, 300 – *Europawahl-Sperrklausel I* (9.9.2011); BVerfGE 135, 259 – *Europawahl-Sperrklausel II* (26.2.2014)

27 Einzelheiten bei Barbara Remmert, in: Theodor Maunz/Günter Dürig (Hrsg.), *Grundgesetz*, München Losebl., Art. 80 (2013), Rdnr. 113 ff.

28 BVerfGE 113, 273 – *Europäischer Haftbefehl* (18.7.2005).

29 Ich übernehme hier einen Begriff von Gunnar Folke Schuppert/Christian Bumke: *Die Konstitutionalisierung der Rechtsordnung: Überlegungen zum Verhältnis von verfassungsrechtlicher Ausstrahlungswirkung und Eigen-ständigkeit des «einfachen» Rechts*, Baden-Baden 2000, S. 63.

30 BVerfGE 98, 218 – *Rechtschreibreform* (14.7.1998).

31 BVerfGE 105, 279 (303) – *Osho* (26.6.2002).

32 Jelena von Achenbach: Parlamentarische Informationsrechte und Gewal-tenteilung in der neueren Rechtsprechung des Bundesverfassungsge-richts, *Zeitschrift für Parlamentsfragen* 48 (2017), S. 491–515.

33 Ich habe das an anderer Stelle näher begründet; siehe Florian Meinel: Confidence and control in parliamentary government, *The American Journal of Comparative Law* 66 (2018), S. 317–367; Florian Meinel: Orga-nisation und Kontrolle im Bereich der Regierung, *Die Öffentliche Verwal-tung* 68 (2015), S. 724 ff.

34 Unabhängige Historikerkommission zur Erforschung der Geschichte des Bundesnachrichtendienstes (Hrsg.): *Die Geschichte der Organisation Gehlen und des BND 1945–1968*, Marburg 2014.

35 Das Organigramm des Bundeskanzleramtes findet sich unter https://
www.bundesregierung.de/Content/DE/_Anlagen/druckversion-organi-
gramm-bkamt.pdf?__blob=publicationFile (Stand: 16.9.2018).

36 BVerfGE 137, 185 (236 f., 239) – *Rüstungsexporte* (21.10.2014).

V. Leistungen und Schwächen der parlamentarischen
Regierungskontrolle im Deutschen Bundestag

1 Plenarprotokoll 18/145, S. 14 279.

2 Plenarprotokoll 19/40, S. 4006–4024.

3 Adam Tomkins: What Is Parliament For?, in: Nicholas Bamforth/Peter
Leyland (Hrsg.), *Public Law in a Multi-Layered Constitution*, Oxford und
Portland 2003, S. 74–8.

4 BVerfGE 67, 100 – *Flick-Untersuchungsausschuss* (17.7.1984); BVerfGE 77,
1 – *Neue Heimat* (1.10.1987).

5 Siehe Armel Le Divellec: L'Articulation des Pouvoirs dans les Démo-
craties Parlementaires Européennes, *Pouvoirs* 143 (2012), S. 134; Peter
Cane: *Controlling administrative power: An historical comparison*, Cam-
bridge 2016, S. 151–153; aus der älteren Literatur noch Klaus Kröger: *Die
Ministerverantwortlichkeit in der Verfassungsordnung der Bundesrepublik
Deutschland*, Frankfurt am Main 1972, S. 168.

6 Zit. b. Hans-Peter Schwarz: Die CDU/CSU-Fraktion in der Ära Adenauer, in: Hans-Peter Schwarz (Hrsg.), *Die Fraktion als Machtfaktor*,
München 2009, S. 14.

7 Die SPD wollte daher in der Gemeinsamen Verfassungskommission
nach der Wiedervereinigung das parlamentarische Fragerecht systematisch zutreffend in einem neuen Art. 43 Abs. 1 S. 2 GG regeln: «Parlamentarische Anfragen und Fragen einzelner Bundestagsabgeordneter sind
unverzüglich und vollständig zu beantworten.» (BT-Drucks. 12/6000,
S. 91). Dazu ist es aber nicht gekommen, weil die Mehrheit in der Verfassungskommission die «Trennung, die die Verfassung grundsätzlich zwischen Parlament und Regierung – also zwischen Legislative und Exekutive – gezogen habe», gefährdet sah. Das Zitat ist leider für das Niveau
dieser letzten großen Verfassungsreforminitiative der Bundesrepublik einigermaßen kennzeichnend.

8 BVerfGE 57, 1 (5) – *NPD* (25.5.1981) – Hervorhebung nicht im Original;
ähnlich BVerfGE 13, 123 (125) – *Parlamentarische Fragestunde* (18.7.
1961).

9 BVerfGE 124, 161 (188) – *Überwachung von Bundestagsabgeordneten* (1.7.
2009); BVerfGE 132, 195 (242) – *Unterrichtungspflichten in EU-Angelegen-
heiten* (12.9.2012).

10 Wilhelm Hennis: Rechtfertigung und Kritik der Bundestagsarbeit, in: Wolfgang Abendroth (Hrsg.), *Festschrift für Adolf Arndt zum 65. Geburtstag*, Frankfurt am Main 1969, S. 151.

11 Christoph Schönberger: *Rechtsgutachten über die Anwesenheitspflicht der Mitglieder der Bundesregierung bei der Befragung der Bundesregierung nach der Geschäftsordnung des Deutschen Bundestages und dem Grundgesetz, erstattet im Auftrag der Bundestagsfraktion Bündnis 90/Die Grünen*, Typoskript, März 2017.

12 Die Details sind in Anlage 7 der Geschäftsordnung des Deutschen Bundestages geregelt.

13 Eingehend Christoph Schönberger a.a.O., S. 5 ff.

14 Das ergibt sich nicht direkt aus der Geschäftsordnung, aber aus der Auslegungsentscheidung 13/13 des Geschäftsordnungsausschusses v. 30.10. 1997 zu §§ 60, 61 GOBT, in: *Auslegungsentscheidungen des Ausschusses für Wahlprüfung, Immunität und Geschäftsordnung des Deutschen Bundestages* (Stand: 2013), www.bundestag.de, S. 77.

15 Siehe Jürgen von Oertzen: *Das Expertenparlament: Abgeordnetenrollen in den Fachstrukturen bundesdeutscher Parlamente*, Baden-Baden 2006, S. 236–238.

16 Michael F. Thies: Keeping Tabs on Partners, *American Journal of Political Science* 45 (2001), S. 580–598.

17 Siehe hierzu Royce Carroll/Gary W. Cox: Shadowing Ministers, *Comparative Political Studies* 45 (2012), S. 220–237; Lanny W. Martin/Georg Vanberg: Policing the Bargain: Coalition Government and Parliamentary Scrutiny, *American Journal of Political Science* (2014), S. 13–27.

18 Carl Otto Lenz/Gerald Kretschmer: Strukturfragen – Die Alternativen der Enquete-Kommission Verfassungsreform, in: Heinrich Oberreuter (Hrsg.), *Parlamentsreform*, Passau 1981, S. 198; zur Rolle der Ministerialbürokratie im Ausschußverfahren eingehend bereits Friedrich Schäfer: *Der Bundestag: Eine Darstellung seiner Aufgaben und seiner Arbeitsweise*, Köln u. a. [4]1982, S. 121–125.

19 Deutscher Bundestag: *Datenhandbuch zur Geschichte des Deutschen Bundestages* Online-Ausg. (www.bundestag.de), Kap. 8.1.

20 BVerfGE 89, 155 (Ls. 3 a, 185) – *Vertrag von Maastricht* (12.10.1993). Eine Kritik des mit dem Maastricht-Urteil verfassungsrechtlich popularisierten Legitimationsbegriffs habe ich an anderer Stelle skizziert: Florian Meinel: Die Legalisierung der Legitimation, *Merkur* 784 (2014), S. 767–779.

21 Eine Interpretation der Problematik im Lichte der jüngsten Krisen bei Christoph Möllers: Krisenzurechnung und Legitimationsproblematik in der Europäischen Union, *Leviathan* 43 (2015), S. 339.

22 Ständige Rechtsprechung seit BVerfGE 123, 267 – *Vertrag von Lissabon* (30.6.2009).

23 Eingehend Andreas von Arnauld: Parlamentarismus und Föderalismus in der EU, in: Ulrich Hufeld/Andreas von Arnauld (Hrsg.), *Systematischer Kommentar zu den Lissabon-Begleitgesetzen*, Baden-Baden ²2017, § 2 Rdnr. 30 ff.

24 Sven T. Siefken: Abgeordnete in Aufsichtsgremien von Agenturen. Parlamentarische Kontrolle und die Legitimation der sich wandelnden Verwaltung, Vortrag auf dem DVPW-Kongress in Duisburg, September 2015, Ms.

Zukunftsszenarien des deutschen Parlamentarismus

1 Ernst Forsthoff: Die Bundesrepublik Deutschland – Umrisse einer Realanalyse, *Merkur* 14 (1960), S. 821.

2 Niklas Luhmann: Dabeisein und Dagegensein – Anregungen zu einem Nachruf auf die Bundesrepublik (22.8.1990), in: *Short Cuts*, Berlin ⁴2002, S. 87.

3 Sophie Schönberger: Rechtliche Hürden für neue Parteien, in: Martin Morlok/Thomas Poguntke/Gregor Zons (Hrsg.), *Etablierungschancen neuer Parteien*, Baden-Baden 2016, S. 71–90.

4 Siehe zuletzt Christoph Gusy: Parteienrecht en marche?, *Verfassungsblog*, 6.9.2019, https://verfassungsblog.de/parteienrecht-en-marche/.

5 ARD Brennpunkt, 20.11.2017. Meine Auffassung habe ich damals skizziert, worauf ich im Folgenden zurückgreife: Warum eine Minderheitsregierung niemand wollen kann, *Verfassungsblog*, 20.11.2017, https://verfassungsblog.de/warum-eine-minderheitsregierung-niemand-wollen-kann/.

6 Dazu die vergleichende Bestandsaufnahme von Gerd Strohmeier: Minderheitsregierungen in Deutschland auf Bundesebene – Krise oder Chance?, *Zeitschrift für Politik* 56 (2009), S. 268 ff.

7 Werner Heun: *Staatshaushalt und Staatsleitung: Das Haushaltsrecht im parlamentarischen Regierungssystem des Grundgesetzes*, Baden-Baden 1989, S. 309–320.

8 Heinrich August Winkler: Nur keine vierte Groko!, in: *Süddeutsche Zeitung* v. 23.11.2017.

9 Kaare Strøm/Wolfgang C. Müller/Torbjörn Bergman: *Cabinet governance: The Democractic Life Cycle in Western Europe*, Oxford 2007.

10 José Antonio Cheibub/Adam Przeworski/Sebastian M. Saiegh: Government Coalitions and Legislative Success under Presidentialism and Parliamentarism, *British Journal of Political Science* 34 (2004), S. 565–587.

11 *Der Parlamentarische Rat: Akten und Protokolle*, Bd. 2, hrsg. v. Bundesar-
    chiv, Boppardt a. Rhein 1981, S. 282 u. passim.
12 Dann müsste auch die Kanzlerin Farbe bekennen, *Frankfurter Allge-
    meine Zeitung* v. 29.11.2017.
13 Art. 88 Abs. 1 HChE, *Der Parlamentarische Rat: Akten und Protokolle*,
    Bd. 2, hrsg. v. Bundesarchiv, Boppardt a. Rhein 1981, S. 597.
14 Matthias Herdegen, in: Theodor Maunz/Günter Dürig (Hrsg.), *Grundge-
    setz*, München, Losebl., Art. 79 (2014), Rdnr. 101 ff.
15 Michael Kloepfer: Herrschaft auf Zeit – das Amt des Bundeskanzlers, in:
    Frankfurter Allgemeine Zeitung v. 18.2.2016; zuletzt Jens Kersten: Parla-
    mentarismus und Populismus, in: *Juristische Schulung* 2018, S. 936.
16 Charles Beat Blankart, Jetzt steht auch die Fünfprozenthürde auf der
    Kippe, in: *Frankfurter Allgemeine Sonntagszeitung* v. 23.3.2014.
17 Steffen Ganghof: Combining proportional and majoritarian democracy:
    An institutional design proposal, *Research and Politics* July-September
    (2016), S. 1–7; Steffen Ganghof: A New Political System Model: Semi-Par-
    liamentary Government, *European Journal of Political Research* 57 (2018),
    S. 261–281.

Register

Politik und Zeitgeschehen

Frank Bösch
Zeitenwende 1979
Als die Welt von heute begann
2019. 512 Seiten mit 20 Abbildungen. Gebunden

Ben Rhodes
Im Weißen Haus
Die Jahre mit Barack Obama
Aus dem Englischen von Enrico Heinemann, Thomas Pfeiffer,
Jörn Pinnow und Martin Richter
2019. 576 Seiten mit 15 Abbildungen. Gebunden

Christina von Hodenberg
Das andere Achtundsechzig
Gesellschaftsgeschichte einer Revolte
2. Auflage. 2018. 250 Seiten mit 20 Abbildungen. Gebunden

Heinrich August Winkler
Zerbricht der Westen?
Über die gegenwärtige Krise in Europa und Amerika
2. Auflage. 2017. 493 Seiten. Gebunden

Olaf Sundermeyer
Gauland
Die Rache des alten Mannes
2., durchgesehene Auflage. 2018. 176 Seiten. Klappenbroschur
Beck Paperback Band 6326

Verlag C.H.Beck München